古典文獻研究輯刊

三八編

潘美月・杜潔祥 主編

第47冊

《文選集釋》點校（第四冊）

〔清〕朱珔 撰

李翔翥 點校

國家圖書館出版品預行編目資料

《文選集釋》點校（第四冊）／李翔翥　點校 -- 初版 -- 新北市：
花木蘭文化事業有限公司，2024〔民 113〕
目 18+234 面；19×26 公分
（古典文獻研究輯刊 三八編；第 47 冊）
ISBN 978-626-344-750-9（精裝）
1.CST：（清）朱珔 2.CST：文選集釋 3.CST：研究考訂
011.08　　　　　　　　　　　　　　　　112022609

ISBN-978-626-344-750-9

古典文獻研究輯刊
三八編　第四七冊　　　　ISBN：978-626-344-750-9

《文選集釋》點校（第四冊）

作　　者　李翔翥（點校）
主　　編　潘美月、杜潔祥
總 編 輯　杜潔祥
副總編輯　楊嘉樂
編輯主任　許郁翎
編　　輯　潘玟靜、蔡正宣　美術編輯　陳逸婷
出　　版　花木蘭文化事業有限公司
發 行 人　高小娟
聯絡地址　235 新北市中和區中安街七二號十三樓
　　　　　電話：02-2923-1455／傳真：02-2923-1452
網　　址　http://www.huamulan.tw 信箱 service@huamulans.com
印　　刷　普羅文化出版廣告事業
初　　版　2024 年 3 月
定　　價　三八編 60 冊（精裝）新台幣 156,000 元　　版權所有·請勿翻印

《文選集釋》點校（第四冊）

李翔翥　點校

目
次

《文選集釋》卷十九

九歌 東皇太一　屈平

1. 標題下無注

案：《漢書·郊祀志》云：「神君最貴者曰太一，其佐曰太禁、司命之屬，皆從之。」彼所言「太一」，當即此「東皇太一」。所言「司命」，即後之「大司命」、「少司命」也。葉氏樹藩引《史記·天官書》「文昌六星，四曰司命。」《晉書·天文志》：「三台六星，兩兩而居，西近文昌二星曰上台，為司命。」朱子以「上台」為「大司命」，第四星為「少司命」。「太一」，亦見前《甘泉賦》。

2. 吉日兮辰良

《楚辭集注》引沈氏括云：「此蓋相錯成文，則語勢矯健。韓退之《羅池碑》『春與猿吟兮，秋鶴與飛』，用此體也。」

案：宋陳善《捫蝨新話》曰：「《楚辭》以『吉日』對『良辰』，以『蕙肴蒸』對『奠桂酒』，此法本自《春秋》『隕石于宋五，是日，六鷁退飛，過宋都。』說者皆以石、鷁、五、六，先後為義，殊不知聖人文字之法，正當如此。又《困學紀聞》以《論語》『迅雷』、『風烈』為比，皆得其理。」然此處「並」、「藉」與下「皇」、「琅」等字叶韻也。

附案：《日知錄》謂：「《易》：《豐》，多故。親寡，《旅》也。先言『親寡』，後言《旅》，以協韻」，與此正同。

3. 瑤席兮玉瑱

注云：「以瑤玉為席，美玉為瑱。」而「瑱」字未釋。

案：辛氏紹業《九歌解》云：「瑱、鎮，古字通。《周禮》『王執瑱圭』，釋文：『瑱，宜作鎮。』《湘夫人篇》亦有『白玉為鎮』之語。」

余謂「瑱」本為充耳之飾。《釋名》云：「瑱，鎮也。縣當耳傍，不欲使人妄聽，自鎮重也。」是「瑱」取「鎮」義，故《華嚴經音義》引《漢書訓纂》云：「瑱謂珠玉壓座為飾也」，與此正合。

4. 蕙肴蒸兮蘭藉

注云：「蕙肴，以蕙草蒸肉也。」

案：如注說，「蒸」字用《說文》「火氣上行」之義，似未合。朱子《集注》云：「肴，骨體也。蒸，進也。《國語》燕有殽蒸。此言以蕙裹肴而進之，又以蘭為藉也」，較注為允。蓋「殽」與「肴」通，《曲禮》「左殽右胾」，鄭注：「殽，骨體也。」乃《集注》之所本。左氏《宣十六年傳》「王享士會以殽蒸」，《疏》言「禮升殽於俎，皆謂之蒸。」下引《周語》：「禘郊之事，則有全蒸；王公立飫，則有房蒸，親戚宴享，則有殽蒸。」彼注云：「全其牲體而升於俎，謂之全蒸；半解其體而升於俎，謂之房蒸；體解節折乃升於俎，謂之殽蒸。房蒸者，即《傳》之言體薦；殽蒸者，即《傳》之言折俎。」此處正言薦神，則以「肴蒸」為內外《傳》之「殽蒸」甚確，固宜當升俎之時，非在庖之時矣。

5. 靈偃蹇兮姣服

注云：「靈，謂巫也。」

案：下篇《雲中君》「靈連蜷兮既留」，注亦云：「靈，巫也。楚人謂巫為靈子。」蓋一本「靈」下有「子」字也。《廣雅》云：「靈子、醫嫗、覡，巫也。」王氏《疏證》謂：「《楚語》曰：『民之精爽不攜貳者，而又能齊肅衷正，其知能上下比義，其聖能光遠宣朗，其明能光照之，其聰能聽徹之，如是則明神降之，在男曰覡，在女曰巫。』《說文》：『靈，靈巫，以玉事神，從玉，霝聲，或從巫，作靈。』《易林·小畜之漸》云：『學靈三年，仁聖且神。明見善祥，吉喜福慶。』古者卜筮之事，亦使巫掌之，故靈、巫二字並從巫。《離騷經》『命靈氛為余占之』，靈氛，猶巫氛耳。」

余謂下篇「靈皇皇兮既降」，注又云「靈，謂云神」者，《楚辭集注》以

靈為「神降於巫之身者也」。《周禮・司巫》「凡喪事，掌巫降之禮。」鄭注云：「巫下神之體。」是巫以降神，神降而託於巫，即此所謂「既降」矣。

又 雲中君

6. 浴蘭湯兮沐芳

注云：「乃使靈巫先浴蘭湯，沐香芷。」

案：一本無「湯」字，「蘭」與「芳」對舉，則「芳」非泛作「芬芳」字也。《本草》：「白芷，名芳香，又名澤芬。」陶注《別錄》云：「東間甚多，道家以此香浴，又用合香。」吳氏《草木疏》謂：「《集韻》：『芷，諸市切，香艸也。』同音『茝』字，『艸名，虋蕪也。』今《離騷》『茝』亦多作『芷』。蓋『茝』有『芷』音，讀者亂之。『茝』音『芷』者，謂『蘄茝』也。」

余謂《騷經》「雜杜蘅與芳芷」，即「白芷」。云「芳芷」者，合言之耳。李太白詩「沐芳莫彈冠，浴蘭莫振衣」，當是本之此篇。

7. 華采衣兮若英

注云：「衣五采華衣，飾以杜若之英，自絜飾。」

案：吳氏《草木疏》謂：「蘭也，芳也，華也，若也，四者皆香草。」據《北山經》「單狐之山多華草，逢水出焉。」郝氏謂《呂覽・別類篇》草有莘，有蘦。《御覽》引「莘」作「華」，豈此「華草」與？惟彼說云：「獨食則殺人，合而食之則益壽，未知何色。」吳氏又云：「《爾雅》：『葭，一名華。』《說文》：『葭，葦之未秀者。』《詩》『蒹葭蒼蒼』，言其色之青。華為蘆之未秀，蓋尤青嫩時也。」

余謂《爾雅》「葭，華」，《詩正義》引舍人曰：「葭，一名華。」故吳氏為此說。但「華采衣」連文，非與「若英」對舉，義似未的。而朱子《集注》則云：「衣采衣，如草木之英，以自清潔也。」並以「若」亦為虛字矣。

又案：《爾雅》「葭，華」，各本皆同。惟阮宮保《校勘記》云：「華當作葦。」《東京賦》「外豐葭菼」，李善引《爾雅》曰：「葭，葦也。」是唐初本不誤，今本承《開成石經》之訛耳。郭注「葭葦」云：「即今蘆也。」注「葭蘆」云：「葦也。」正彼此互證。又《詩疏》引舍人語「華，亦葦之誤。」觀下文云「成則名為葦也」，知《疏》所引本不誤，不知者乃改之。

余謂舍人語見《豳風》以釋「八月萑葦」，若是「華」字，《疏》何用引之？況《爾雅》邢疏明言「葭，一名華，即今蘆也。」是不以為「華」字。然則「華」與「葦」字形相似而誤，吳氏說亦據誤本耳。至明毛氏晉《陸疏廣要》以「葭華」為即蘆花，風吹如雪者，與上「葦醜芳」一例。然郭注云：「其類皆有芳秀。」「秀」，即是花，何《說文》云「葦之未秀者」耶？吳氏轉云「蘆之未秀為華」，華豈「未秀」之稱？皆非也。

又案：《爾雅》「菼薍芀」為句，「葦醜芀」為句，「葭華」為句，本郭義也。孔氏廣森以為舊失其讀，當與「葦醜」絕之，「菼」、「薍」，「芀」三名，皆葦類也。「芀」者，葭之華也，即今蘆花。如此則「華」非誤字，亦通，並存之，以見古書正未可執一而論。

8. 蹇將憺兮壽宮

注云：「壽宮，供神之處也。祠祀皆欲得壽，故名為壽宮。」

案：《漢書·郊祀志》：「武帝幸甘泉，置壽宮神君。」又置壽宮、北宮，張羽旗，設共具，以禮神君。」臣瓚注亦以壽宮為奉神之宮，即引此語為證。漢蓋效楚制矣。孫氏《補正》則引許說，謂「《呂子·知接篇》『蒙衣袂而絕乎壽宮』，注云：『壽宮，寢宮也。』」然此處正言祭祀神，仍以舊注為允。

9. 聊翱游兮周章

注云：「周章，猶周流也。言雲神居無常處，動則翱翔，周流往來，且游且翱也。」

案：五臣注：「周章，往來迅疾也。」又注《吳都賦》「周章夷猶」云：「恐懼不知所之也。」注《魯靈光殿賦》云：「顧盼周章，驚視也。」王氏《學林》曰：「周章者，周旋舒緩之意。蓋《九歌》有『翱翔』字，《吳都賦》有『夷猶』字，《靈光殿賦》有『顧盼』字，皆與『周章』字相屬，亦優遊不迫之貌。前漢《武帝紀》『元狩二年，南越獻馴象。』應劭注：『馴者，教能拜起周章，從人意也。』所謂『拜起周章』者，其舉止、進退皆喻人意而不怖亂也。而五臣反以為迅疾、恐懼、驚視，誤矣。」

余謂「周章」乃不定之意，觀此處王注可知。《吳都賦》劉注：「周章，謂章皇周流也。」《羽獵賦》「章皇周流」，李善注：「章皇，猶傍徨也。」劉又引《楚辭·湘君篇》「君不行兮夷猶」，王注：「夷猶，猶豫也。」太沖賦正言獵事，故曰：「輕禽狡獸，周章夷猶，狼跋乎絋中」，更何得云舒緩？下文「魂褫

氣懾」，即五臣「恐懼」之義。「不知所之」者，言其傍徨無定也。《靈光殿賦》「俯仰顧盼，東西周章」，蓋極狀殿之宏麗，上下左右，驚視無定也。五臣語無不合。惟馴象拜起周章，似與舒緩義稍近，然亦言其或拜或起，周旋進退，在在若解人意。原不指一事，但非恐懼、驚視。此則各隨文釋之，要其為不定之意，固略同，王氏說殊未的。

又案：「周章」與「譸張」二字，音並同。《爾雅·釋訓》：「譸張，誑也。」《尚書·無逸》「譸張為幻」，蓋亦眩惑無定之意。「譸張」，一作「侜張」。「侜」，一作「倜」。又作「輖張」。本書劉越石《答盧諶詩·序》「自頃輖張」，注云：「輖張，驚懼之貌也。」此與五臣釋「周章」為「恐懼」、為「驚視」相合，則知其以同聲，義得通矣。

又 湘君

10. 邅吾道兮洞庭

注云：「洞庭，太湖也。」

案：吳之震澤，別稱太湖，中雖有洞庭兩山，不得即以為湖名，致混於楚之洞庭。觀下《湘夫人篇》「洞庭波兮木葉下」，注但以為湘水波，則知此處非遠及震澤矣，當是本云大湖也。古多以大為太，傳寫遂作太耳。

11. 望涔陽兮極浦

注云：「涔陽者，江碕名也，近附郢。」

案：《說文》「涔」字，「一曰涔陽渚，在郢」，與王注合。段氏謂：「王、許皆不云有涔水，蓋謂近郢，濱大江之洲渚耳。」然既曰「涔陽」，自當以涔水之陽而名。《水經注》：「澧水入作唐縣，左合涔水，涔水出西天門郡。」在今澧州安鄉縣北，與荊州府公安縣接壤。公安，漢孱陵縣地，而府治則楚郢都也。《方輿紀要》云「公安縣西南百里有涔陽鎮」，即此，固與郢相近矣。

附案：何氏謂：「涔陽，漢之陽也。」引《史記》「沱、涔既道」，涔即潛也。

12. 石瀨兮淺淺

注云：「瀨，湍也。淺淺，流疾貌。」

案：《說文》：「瀨，水流沙上也。」「湍，疾瀨也。」是「瀨」本為水流沙上，瀨之急者，則為湍矣。前《吳都賦》「混濤並瀨」，劉注：「瀨，急湍也。」依《說文》當云「湍，急瀨也。」《漢書・武帝紀》「甲為下瀨將軍」，臣瓚注：「瀨，湍也。」蓋本此注。又云：「吳越謂之瀨，中國謂之磧。」「磧」，亦沙磧也。《史記・南越傳》「為戈船下厲將軍」，「下厲」，即「下瀨」，「厲」與「賴」通也。「淺淺」，即「濺濺」。《廣韻》：「濺，疾流貌。」《集韻・一先》：「濺，或作淺、潺。」又《三十三線》：「濺，水激也。或省作淺，通作湔。」《說文》有「湔」無「濺」。

13. 夕弭節兮北渚

注但云：「渚，水涯也。不言其地。」

案：《水經・湘水篇》注云：「營水西徑營道縣，馮水注之。馮水帶約眾流，渾成一川，謂之北渚。」是「北渚」實有其地，屈子所言，殆即此與？

又　湘夫人

14. 荃壁兮紫壇

注云：「累紫貝為壇。」

案：吳氏《草木疏》曰：「《山海經》『闞澤多茈蠃』，注云：『紫色螺也。』然與上下文所云不類。《河伯篇》：『魚鱗屋兮龍堂，紫貝闕兮珠宮。』用紫貝則宜，紫壇之紫，蓋紫草也。《山海經》『勞山多茈草』，注云：『一名茈莫，中染紫。』《本草》紫草條云：『一名紫丹，一名紫芙，苗似蘭香，莖赤節青。二月有花，紫白色，秋實白，生碭山及楚地。』又紫石華條云：『紫，一作茈。古紫、茈通。』」

余謂此處鋪敘堂室，皆草木之類。惟白玉為鎮，乃坐席，故不嫌異。下文云「合百草兮實庭，建芳馨兮廡門」，正謂此也。且《河伯篇》明稱「紫貝」，而此單言紫，亦有別。吳氏以「紫草」當之，義自可通。「茈莫」，已見前《上林賦》。

15. 播芳椒兮成堂

「播」，朱子《集注》本作「菊」，云：「古播字。」

案：洪興祖云：「字本作𦥛。」盧氏文弨曰：「似當作𦥛，从丑，象舉手之形。四點，米之象也。漢幽州刺史朱君碑：『𦥛芳馨』，魏橫海將軍呂君碑：『遂𦥛聲方表』，皆即『播』字，見《說文》『菊』、『鞠』等字從之。」

余謂「播」字，古文作「𢼸」。若「𦥛」，則在《采部》，為「番」之古文。獸足謂之番，从采、田，象其掌。「𦥛」亦當象獸足之形。段氏謂播以番為聲，屈賦蓋假番為播是也，盧說非許義。

16. 辛夷楣兮藥房

注云：「藥，白芷也。」

案：「白芷」一物，《離騷》異其名者四：曰芷，曰芳，曰葿，曰藥。吳氏《草木疏》以芳為芷，以藥為葿，兩者各別。據《淮南》書云「舞者如秋藥之被風」，則藥至秋猶茂。今白芷立秋後即枯，故東方朔《七諫》云「捐芷藥與杜衡」。王褒《九懷》云「芷室兮藥房」，「芷」、「藥」並舉，其為二物明甚。然《廣雅》云：「白芷，其葉謂之藥。」王氏《疏證》謂：「芷，即葿也。《內則》『婦或賜之葿蘭』，釋文：『葿，本又作芷。』蘇頌《圖經》云：『白芷，根長尺餘，白色，粗細不等。春生葉，相對婆娑，紫色。』是白芷根與葉殊色，故以白芷名其根，別以藥名其葉也。若然，則《九歌》云『辛夷楣兮藥房』、『芷葺兮荷屋』，及《七諫》《九懷》，當並是根、葉分舉，但究為一草。故《西山經》『號山多藥』，與《淮南·修務訓》之『秋藥』，郭璞、高誘注並與王逸同也。《名醫別錄》云：『白芷，一名白葿，一名䖀，一名莞，一名苻蘺，葉名蒚麻。』蓋即以為《爾雅》之『莞，苻蘺，其上蒚』矣。」

余謂如王說，則吳氏《疏》所稱皆不得為芷、藥分別之確證。至「莞」為小蒲，而《疏》亦以「葿」當之，與「芷」、「葿」、「莞」合為一者，疑皆非。「莞」，已見《南都賦》。

17. 疏石蘭以為芳

注云：「石蘭，香草。」後《山鬼篇》「被石蘭兮帶杜衡」，注同。

案：《楚辭》有「春蘭」、「秋蘭」、「石蘭」，王逸皆云「香草」，不分別。吳氏《疏》云：「石蘭，即山蘭也。蘭生水傍及澤中，而此生山側。《荀子》所謂幽蘭生於深林者，自應是一種，故《離騷》以石蘭別之。洪興祖曰：『山蘭似劉寄奴，葉無椏，不對生，花心微黃赤說本陳藏器《本草注》。』」

余謂如《疏》說，正近世之蘭花，但與「石蘭」，是一是二，初無明據。

18. 捐余袂兮江中，遺余褋兮澧浦

注云：「欲捐棄衣物，裸身而行，將適九夷也。」

案：孫氏《補正》引金云：「自此以下六句，與《湘君》歌一律，只是古詩重迭章法，注所云殊欠雅訓。且九夷之說無因，與末四句亦不合。」

余謂朱子《集注》與前篇云：「欲解玦佩以為贈，而又不敢顯然致之以當前身，故但委之水濱，若捐棄而遺失之者，以陰寄我意，而冀其或將取之。如《聘禮》賓將行，而『於館堂楹間，釋四皮束帛，賓不致而主不拜』也。」此捐袂遺褋，即捐玦遺佩之意。然玦佩貴之，而袂褋親之也。所解明晰，不知王注何以為此說。

又案：《韓詩外傳》：「孔子適楚，至阿穀之隧，有處子佩瑱而浣者。孔子曰：『彼婦人其可與言矣乎！』抽絺綌五兩，授子貢曰：『善為之辭，以觀其語。』子貢曰：『吾，北鄙之人也，將南之楚。於此有絺綌五兩，吾不敢以當子身，敢置之水浦。』」可為此處二語之證。

注又云：「褋，襜襦也。」

案：「褋」，《說文》作「襟」，云：「南楚謂襌衣曰襟。」《方言》曰：「襌衣，江淮、南楚之間謂之褋。古謂之深衣。」又《說文》「褕」字云：「一曰直裾謂之襜褕。」《方言》曰：「襜褕，江淮、南楚謂之襜裕。」《廣雅》亦云：「襜裕，襜褕也。」「襜襦」，即「襜褕」，則與「襌衣」有別。屈原，楚人，當用楚語褋為襌衣。故段氏以王注言襜襦為非。惟《釋名》云：「荊州謂襌衣曰布襜，亦曰襜褕，言其襜襜宏裕也」，是以兩者為一耳。

又 少司命

19. 與汝游兮九河，衝飆起兮水揚波

朱子《集注》云：「古本無此二句，王逸亦無注，此《河伯章》中語也，當刪。」

案：《楚辭》多重出語，二句在此，文法亦順。然古本無之，自是錯簡。此外如《騷經》「世幽昧以眩曜兮，孰云察余之善惡。」《集注》云：「善惡，一作中情，非是。上文別有此句，此章韻不叶也。」《九章·惜誦篇》亦同。

據此知《楚辭》固有傳寫訛舛者,然則《騷經》「長太息以掩涕兮」二句,亦以韻叶之,而謂其誤倒,未為不可矣。

又　山鬼

20. 怨公子兮悵忘歸

注云:「公子,謂公子椒也。」下文「思公子兮徒離憂」,注同。

案:以公子為子椒,未確。《騷經》兼及子椒、子蘭,此何以專言子椒,既怨之而又思之也?《集注》云:「公子,即所欲留之靈修」,亦非。惟《楚辭燈》以為「公子,所思者之通稱」,似近之。推此,則上文「留靈修兮憺忘歸」,明是緊承「神靈雨」而言。注以「靈修」為懷王,正林氏所云「句句說到思君上去」,以致「扭捏」是矣。

余謂屈子《九歌》多故作杳冥恍惚之詞,寫其憂鬱,必以何者指為何人,異說紛然,愈成穿鑿耳。

九章 涉江　屈平

21. 欸秋冬之緒風

注云:「欸,歎也。」

案:《說文》:「欸,訾也。」《玉篇》:「欸,呰也。」「呰者,訶也。」段氏謂「訾當作呰」,是也。《廣韻·十六怪》:「欸,怒聲」,正合「呰」義。《十六咍》又曰「歎也」,殆即本此注。《說文·口部》有「唉」字,「譍也。」《言部》有「誒」字,「然也」,二者音義並同,而與「欸」有別,然古亦通用。《方言》:「欸,然也。南楚凡言然者曰欸,或曰譍。」《廣雅》:「欸、譍、然,譍也。」《史記·項羽本紀》:「亞父受玉鬥,拔劍撞而破之,曰:『唉,孺子不足與謀。』」此正怒聲,不作「欸」,而作「唉」。蓋「欸」、「唉」不分矣。若《楚辭·卜居》「悃悃欵欵」之欵。《說文》「意有所欲也」,重文為款,與「欸」絕異。元次山有《欸乃曲》,欸音襖,乃音靄,特行船之聲,借用字。而近人書「欸」為「欵」,此楊升庵所謂「誤益甚」者也。

22. 朝發枉渚兮，夕宿辰陽

注以「枉渚」、「辰陽」皆為地名。

案：《水經·沅水篇》注云：「沅水又東徑辰陽縣南，東合辰水。辰水又徑其縣北，舊治在辰水之陽，故即名焉，《楚辭》所謂『夕宿辰陽』者也。」《漢志》辰陽縣屬武陵郡。《方輿紀要》云：「今辰溪縣北有辰陽城，漢縣治此。」酈注下又云：「沅水東歷小灣，謂之枉渚。渚東里許，便得枉人山。山西帶修溪一百餘里，長川徑引，遠注於沅。」此上文云「乘舲船餘上沅兮」，故二者皆近沅之地也。

23. 入溆浦餘儃佪兮

注云：「溆，水名也。」

案：《說文》「溆」字在《新附》中。《玉篇》：「溆，浦也。」重文為「漵」，云：「水名，在洞庭。」似即以漵水為溆水。《說文》有「澦」字，「漵」或為「澦」之省。然《說文》但云「水名」，未詳何地。《元和志》敘浦縣下引《離騷》此文，云「入敘浦而遭回」，是「敘」不從水。「敘」又與「序」通，《水經·沅水篇》注云：「沅水又東與序溪合，水出武陵郡義陵縣鄜梁山，西北流徑義陵縣，王莽之建平縣也。又西北入於沅。」《方輿紀要》云：「溆水，在今溆浦縣西三十里，一名溆溪，一名溆洲，源出鄜梁山，流入沅。」山在縣東，溆浦縣本漢義陵縣地。葉氏又引《辰州志》「溆浦在萬山中，云雨之氣皆山嵐煙瘴所為也。」故下文云「霰雪紛其無垠兮，云霏霏而承宇。」

24. 哀我生之無樂兮，幽獨處乎山中。吾不能變心而從俗兮，固將愁苦而終窮。接輿髡首兮，桑扈臝行

案：「行」字，古讀杭，與「中」、「窮」韻，是以東入陽矣。《楚辭》如《河伯篇》：「魚鱗屋兮龍堂，紫貝闕兮珠宮，靈何為乎水中。」「堂」與「宮」、「中」韻。《惜誓篇》：「比干忠諫而剖心兮，箕子被髮而佯狂。水背流而源竭兮，木去根而不長。非重軀以慮難兮，惜傷身之無功。」「功」與「狂」、「長」韻。《卜居篇》：「尺有所短，寸有所長。物有所不足，智有所不明明，讀如芒，古音皆然。數有所不逮，神有所不通。」「通」與「長」、「明」韻，皆是其故。由於「江」韻本與「東」、「冬」、「鍾」同用，而「江」又近陽也。顧氏《唐韻》正謂漢人用韻已雜，「東」、「冬」、「陽」、「唐」，往往竝見，歷

舉《老子》《韓非子》《淮南子》諸書以證，而謂為不盡足據。又云：「韓退之《此日足可惜》一篇，兼用陽、唐、庚、耕、清、青，並及東、冬、鐘、江，最為不倫。」然則聲音之轉，當求其所以可通。古人亦有用方音，偶然借韻者，不得因一二字之出入，遂使通部俱混，絕無界限。此又論古音者所宜知也。

卜居　屈平

25. 將突梯滑稽，如脂如韋，以絜楹乎？

朱子《集注》云：「突梯，滑澾貌。滑稽，圓轉貌。」

案：《史記・滑稽傳》索隱正引此語，並引崔浩云：「滑，音骨。稽，流酒器也。轉注吐酒，終日不已。言出口成章，詞不窮竭，若滑稽之吐酒。」故楊雄《酒賦》：「鴟夷滑稽，腹大如壺，盡日盛酒，人復藉沽。」又姚察云：「滑稽猶俳諧也。滑，如字。稽音計。言諧語滑利，其知計疾出，故曰滑稽。」而張氏《膠言》以為與此異義，非也。又引或說「無偶角者謂之突梯」，亦未詳所出。

余謂《廣雅》「突，欺也。」王氏《疏證》引賈子《時變篇》「欺突伯父」是已。《荀子・榮辱篇》「陶誕突盜，以偷生反側於亂世之間。」疑此「突梯」，即「突盜」之通用字。「盜」與「梯」，一聲之轉，皆謂詐欺也，與「滑稽」正相類。

「絜楹」，《集注》：「未詳。一曰楹，屋柱，亦圓物。」

案：《通雅》云：「梁氏謂兩楹酬酢之地。絜楹，猶言盤旋酬酢也。《御覽》引作『絜盈』。黃公紹引《說文》『楹，盈盈然對立之狀今《說文繫傳》語。』《考工》之『桯』與『楹』同，即柱也。猶『欒盈』，《史記》作『欒逞』。《莊子》『舉莚與楹』，楹即桯，謂皆圓物，小大不同耳。一曰屋四角為楹，言旋轉也。一曰猶捧盈之語，言處盈也。」

余謂《集注》引或說疑「絜」如《大學》「絜矩」之「絜」，似正可參看。彼鄭注云：「善持其所有以恕於人。」疏云：「以之加物，物皆從之。」此則言逢迎隨人之狀，矩方而楹圓，兩者相反對矣。「絜」，今本作「潔」，古字通。《集注》謂「潔」，非是。

漁父　屈平

26. 寧赴湘流，葬於江魚腹中

案：「湘流」，《史記》作「常流」。《索隱》曰：「常流，猶長流也。」此云「湘」者，著所沈之地。《水經・湘水篇》注云：「湘水又北，汨水注之。水東出豫章艾縣桓山西南。」又云：「汨水西逕羅縣北，謂之羅水。又西為屈潭，即汨羅淵也。屈原懷沙，自沈於此，故潭以為名。」「汨水又西逕汨羅戍南，西流注於湘。」《史記正義》謂：「故羅縣城在岳州湘陰縣東北六十里。春秋時，羅子國。秦置長沙郡而為縣，縣北有汨水及屈原廟。」湘陰縣，今屬長沙府。

27. 安能以皓皓之白，蒙世俗之塵埃乎

案：《史記》「塵埃」作「溫蠖」。「溫」與「蘊」通，見後《逸民傳論》。蘊，積也。《詩》「云漢蘊隆」，《韓詩》作「鬱隆」。鬱積，有穢雜之意。「蠖」與「濩」通，《山海經》「濩濩之水」，注：「濩，音尺蠖之蠖。」蓋字皆從蒦，故蠖可為濩之假借。《廣雅・釋詁》：「濩，污也。」王氏《疏證》引此二語云：「蠖與濩義相近。」陳氏觀樓曰：「溫蠖，即污之反語也。」然則「溫蠖」，正「塵埃」之義。張氏《膠言》但以為當時楚語，無所取證。

又案：朱子《集注》云：「白音薄，與蠖叶韻。然或漢時楚人改之，必當時解溫蠖為塵埃也。」此說是。而《通雅》云：「北人讀白為幫該切，正與埃叶，不必以此正《史記》之是。」《膠言》駁之，以為不可援北人方言證南人，固然乃其自說遂，可無韻亦非也。上文「清」與「醒」韻，「移」、「波」、「釃」、「為」為韻。「吾聞之」以下，「新浴者必振衣」，「衣」，古讀如殷，故與「受物之汶汶」相叶。則此「白」、「蠖」自是韻，當從《史記》。今《文選》本其後人誤改與？

附案：「埃」，從矣聲。《楚辭燈》以「埃」與「衣」叶，亦通。

九辯　宋玉

28. 惆悵兮而私自憐

案：「憐」，從㷠聲，與「鱗」、「麟」等字同，故本音為力珍切。此處與

上「人」、「新」韻是也，而又與「平」、「生」、「聲」、「鳴」等字韻。則耕、清、青部，亦入真、諄、臻部矣。顧氏謂三百篇竝無此音，孔子傳《易》有之。《易》在明理，不在辨音。苟相近，則可借用。屈、宋後遂多，如《騷經》以「名」從「均」讀，《卜居》以「耕」、「名」、「生」、「清」、「楹」，從「身」讀皆然，當由方音如是。

29. 倚結軨兮太息，涕潺湲兮霑軾

案：《說文》：「軨，車轖間橫木。」戴氏謂：「即《考工記》之『軹轛』也。結軨謂軨之橫從交結，倚軨而涕霑軾，則是倚於轖內之軨，故其涕得下霑軾也。」段氏亦云：「惟此軨乃許所稱若《曲禮》『僕展軨效駕』，軨即輪，亦作轔。《士喪禮》注所云『轉轔展軨』，謂使馬稍動車輪也。《東京賦》『疏轂飛軨』，薛解曰：「飛軨，以緹紬廣八尺當作寸長拄地，左青龍，右白虎，繫軸頭，取兩邊飾。二千石亦然，但無畫耳。此蓋漢制，師古取以注《急就篇》之『軨』，殊誤。《急就》『軹、軾、軨』竝言，正謂橫直結軨耳。」

余謂前《思玄賦》「撫軨軹而還睨兮」，《後漢書·張衡傳》注引《說文》「軨，車轖間橫木也轖，當為轖之誤。」亦以《楚辭》此語為證。彼處「軨」與「軹」竝言，是即「結軨」也。而《禮記》釋文既引盧注「軨，車轖頭軶也」，似如《東京賦》薛注所云。下引舊注「軨，車闌也」，則又《說文》之義，未免混而無別。

30. 白露既下降百草兮，奄離披此梧楸

案：《說文》：「菩，艸也。」《楚辭》有「菩蕭」。段氏謂：「今《楚辭》無菩蕭，惟《九辨》之梧楸，蓋許所見作菩蕭，正『百艸』之二也。」

余謂「菩」、「梧」同音，「蕭」、「楸」亦音近通韻，故或如此作。而王逸注云「痛傷茂木又芟刈也」，則固以為是木非草矣。

招魂 宋玉

31. 帝告巫陽

注云：「女曰巫陽，其名也。」

案：《海內西經》曰：「開明東有巫彭、巫抵、巫陽、巫履、巫凡、巫相。」

郭注即引《楚辭》此語為證。「巫陽」則是古相傳巫名之一也。張氏《膠言》乃因下文言「筮」，遂謂「巫字當作筮」，不知古者巫亦掌筮。《呂氏春秋‧勿躬篇》云：「巫咸作筮」，是其證也。

32. 若必筮予之，恐後謝之茶陵本如是，今作「之謝」，非，不能復用巫陽焉，乃下招曰

注云：「謝，去也。巫陽言如必欲先筮問求魂魄所在，然後與之，恐後世怠懈，必卜筮之法，不能復脩用。」下文云：「巫陽受天帝之命，因下招屈原之魂。」

案：《讀書志餘》云：「觀此注，則『不能復用』為句，『巫陽焉乃下招』為句。『焉乃』者，語辭。猶言巫陽於是下招耳。王注『因』字正釋『焉乃』二字。《遠遊篇》『焉乃逝以徘徊』是其證。『不能復用』者，謂不用卜筮，非謂不用巫陽。且『用』字古讀若『庸』，與『從』為韻。若以『不用巫陽』連讀，則失其韻矣。」外又廣引諸書「焉」字，皆為「於是」之義。並僖十五年《左傳》「晉於是乎作爰田」，「晉於是乎作州兵」，《晉語》作「焉作轅田」，「焉作州兵」尤確。

余謂《顏氏家訓》引葛洪《字苑》云：「焉字訓何、訓安，音於愆反，『於焉逍遙』，『於焉嘉客』，『焉用佞』，『焉得仁』之類是也；若送句及助辭，音矣愆反，『故稱龍焉』，『故稱血焉』，『託始焉爾』，『晉鄭焉依』之類是也。」然所稱「託始焉爾」，見《公羊‧隱二年傳》，彼注：「焉爾，猶於是也。」則「晉鄭焉依」，亦當謂晉鄭於是依也。今不知「焉」字之義，於「巫陽焉」下隔斷為注，而胡氏《考異》不及，則各本皆誤可知。

33. 去君之恒幹

注云：「幹，體也。言魂靈當扶人養命，何為去君之常體。或曰：恒閈。閈，里也。楚人名里曰閈。」

案：「幹」、「閈」，聲相近，作「幹」字解，似曲，宜作「閈」，與次句「何為兮四方」正對，下文「舍君之樂處，而離彼不祥」語意亦一貫。《說文》：「閈，閭也。汝南平輿里門曰閈。」又云：「閭，里門也。」《漢書‧盧綰傳》「綰自同閈」，應劭注：「楚名里門曰閈。」則此注「里」下，亦當有「門」字。

34. 長人千仞

注云：「東方有長人國，其高千仞。」

案：此注本《山海經》為說。據《大荒東經》云「東海之外有大人之國」，郭注：「《河圖玉版》曰：『從昆侖以北九萬里得龍伯國，人長三十丈，生萬八千歲而死；從昆侖以東得大秦人，長十丈；從此以東十萬里得佻人國，長三十丈五尺；從此以東十萬里得中秦國人，長一丈。』准斯以言，則大人之長短，未可限度也。」郝氏謂《列子》夏革云：「龍伯之國有大人，舉足不盈數步，而暨五山之所，一釣而連六鰲。」即郭引《河圖》之說也。《博物志》引《河圖》與郭同，唯「佻人國」作「臨洮人」，「長三十丈」，作「長三丈」。疑此注「佻」字譌，「十」字衍。

余謂《河圖》所云丈數，蓋以遞減，則佻人國，自當為三丈也，此固海外荒遠之說，但如《谷梁傳》之長翟「身橫九畝，斷其首而載之，眉見於軾。」《史記》：「秦時，大人見臨洮身長五丈。」《漢書·王莽傳》：「有奇士，長丈，大十圍，自謂巨無霸」，竟亦享之所有。而此處云「千仞」者，特故為極言之耳。

35. 十日代出，流金鑠石些

注云：「東方有扶桑之木，十日竝在其上，以次更行，其勢酷烈，金石堅剛，皆為銷釋。」

案：《海外東經》：「湯谷上有扶桑，十日所浴，水中有大木，九日居下枝，一日居上枝。」郭注云：「莊周言『昔者十日竝出，草木焦枯。』《淮南子》亦曰：『堯乃令羿射十日，中其九日，日中烏盡死。』《離騷》所謂『羿焉畢日，烏焉落羽』者也。《傳》曰：『天有十日，日之數十。』此云『九日居下枝，一日居上枝』。《大荒經》又云『一日方至，一日方出。』明天地雖有十日，自使以次第迭出運照，而今俱見為天下妖災。故羿稟堯之命，仰天控弦而九日潛退也。」郝氏謂《楚辭·遠游》云：「『朝濯髮于湯谷兮，夕晞余身兮九陽。』九陽，即所云九日也。又云『十日』之說，儒者多疑，至怪奇之迹，理所不無。如《呂氏春秋·求人篇》：『堯朝許由於沛澤之中，曰：「十日出而焦火不息。」』《淮南·兵略訓》：『武王伐紂，當戰之時，十日亂於上。』《竹書》：『帝廑八年，天有祆孽，十日竝出。』」是皆非常所有，與此《經》殊旨。

余謂《山海經》言「十日」者，此外如《海外西經》「女丑之尸，生而十日炙殺之」，及前《騷經》「羲和」、「若木」下所引皆是。郭引《傳》，蓋左氏《昭七年》與《昭五年》之文。杜注：「甲至癸也。」而史傳所載數日竝出，特祅祲之氣，故《論衡》曰：「十日似日，非實日也。」至《山海經》則直謂「日之體有十」，郭云「以次迭出」，正此處「代出」之義。

36. 雕題黑齒

注云：「南極之人雕畫其額，齒牙盡黑。」

案：《海內南經》有「雕題國」，郭注：「點涅其面，畫體為鱗采，即鮫人也。」郝氏謂「伊尹《四方令》云：『正西雕題。』」《桂海虞衡志》「黎人女及笄即點頰為細花紋，謂之『繡面女』」，亦其類也。郭云「即鮫人」，恐非。又《海外東經》有黑齒國，為人黑齒，食稻啖蛇。《淮南·墬形訓》有黑齒民，高注即用《東經》語。郝氏別引《周書·王會篇》「黑齒、白鹿、白馬」以證。又謂伊尹《四方令》「正西漆齒」，非此也。《吳都賦》劉注引《異物志》云：「西屠，以草染齒作黑」，與郭注所引同。

余謂此《海外東經》之文，亦見《大荒東經》。而《楚辭》屬之南方者，彼郭注引《東夷傳》「倭國東四千餘里有裸國，裸國東南有黑齒國」是已，在其南也。《管子·小匡篇》「雕題黑齒」，注：「南夷之國」，與此正合。陳氏逢衡謂黑齒有二，《異物志》所云在西南，而此則在東南，當是也。

37. 蝮蛇蓁蓁

注云：「蝮，大蛇。」

案：《爾雅·釋魚》：「蝮虺博三寸，首大如擘。」《說文》：「蝮，虫也。」又云：「虫，一名蝮，博三寸，首大如擘指。」是「虺」當作「虫」，借作「虺」也_{郭注《南山經》「虫，古虺字」，非是。}《詩·斯干》正義及《漢書·田儋傳》注引郭云：「此自一種蛇，人自名為蝮虺。今蝮蛇，細頸大頭，焦尾，色如艾，綬文，文間有毛似豬鬣，鼻上有針，大者長七八尺，一名反鼻，非虺之類。」《南山經》「猨翼之山多蝮虫」，郭注「大者百餘斤」。又《北山經》「大咸之山有長蛇，其毛如彘豪。」郭注「說者云長百尋。」郝氏謂「彼蓋蝮虫之最大者，即《楚辭·招魂》所稱也。若《爾雅》所釋，乃是土虺，江淮間謂之土骨蛇」，與此固名同而實異矣。

38. 雄虺九首，往來倏忽

此與《天問》云「雄虺九首，儵忽焉在」略同，彼王注云：「虺，蛇別名也。」

案：《海外北經》：「共工之臣曰相柳氏，九首，以食于九山。」又云：「柔利之東相柳者，九首，人面蛇身而青。」《大荒北經》作「相繇」《廣雅·釋地》同，云：「九首，蛇身，自環。」郝氏謂此所云「雄虺」，疑指此也。又桂氏《札樸》云：「《爾雅·釋地》『中有軹首蛇焉』，郭注：『歧頭蛇也。』《楚辭·天問》『中央共牧后何怒？』王注：『言中央之州，有歧首之蛇，爭共食牧草之食，自相啄嚙。』《顏氏家訓》云：『《莊子》魃二首，《韓非子》「蟲有魃者，一身兩口，爭食相齕，遂相殺也。」《古今字譜》云：「魃，亦古之虺字。」』此歧首之虫也，《招魂》所言此九首之虫也。」

余謂《山海經》不直指為蛇，是人是物，語近荒忽。要之，物類有奇鶬之九頭，即可有雄虺之九首。天地間怪變毒螫，未必不實耳。觀近人《廣東新語》說蛇之類甚眾，有兩頭蛇，又有九首蛇，謂即《天問》所稱，亦曰「王虺」，此其證矣。「王虺」，又見《大招篇》「王虺騫只」，《集注》：「王虺，大蛇也。」蓋古有是名。

39. 西方之害，流沙千里

注云：「流沙，沙流而行也。」

案：《海內西經》：「流沙出鐘山西行，又南行昆侖之虛，西南入海。」郭注：「今西海居延澤。《尚書》所謂流沙者，形如月生五日也亦見《大荒西經》。《漢志》張掖郡居延下云：「居延澤在東北，古文以為流沙」，是郭所本。《呂氏春秋·本味篇》高注：「流沙，在敦煌郡西八百里。」《水經·禹貢山水澤地所在》云：「流沙地在張掖居延縣東北。」注云：「亦言出鍾山西行，極崦嵫之山，在西海郡北全氏謂此漢獻帝時曹氏所置之西海郡，非新莽置於金城者。」又云：「流沙西歷昆山，西南出於過瀛之山，又歷員邱不死山之西，入於南海。」

余謂《史記集解》所采《尚書》鄭注引《地理志》：「流沙，居延縣西北。」今《志》與《水經》俱作「東北」，殆「西」字誤也。居延縣，在今甘州府治東北一千五百里。

附案：《夢溪筆談》云：「鄜延西北有範河，即流沙也。人馬踐之有聲，陷則應時皆滅。」

40. 旋入雷淵

注云:「言欲涉流沙,則回入雷公之室。」

案:《海內東經》說流沙內外之國下又云:「雷澤中有雷神,龍身而人頭,鼓其腹,在吳西。」此亦承上「流沙」而言,似「雷淵」即雷澤矣。而彼郭注云:「今城陽有堯冢、靈臺,雷澤在北也。」據《漢志》,城陽屬濟陰郡。《史記正義》引《括地志》云:「雷夏澤,在濮州雷澤縣西北」,亦引《海內東經》,則其地相去絕遠,恐非是。葉氏則引周孟侯云:「雷淵,即西域河源所注之雷翥海。」此見《水經‧河水二篇》注,海在安息國,似為近之。

41. 赤蟻若象,玄蠭若壺

案:《海內北經》云:「大蠭,其狀如螽。朱蛾,其狀如蛾。」郭注即引此語為證。《爾雅》:「蟥,杆蟻。」郭注:「赤駮蚍蜉。」郝氏謂:「杆之為言楨也。楨、杆音近。此蟻、赤駮,故以為名。」又「土蠭」,郭注:「今江東呼大蠭。」陳藏器《本草》云:「赤黑色,穴居,最大螫人至死。」又「木蠭」,《方言》云:「其大而蜜,謂之壺蠭。」郭注:「今黑蠭穿竹木作孔,亦有蜜者,或呼笛師,蓋今之瓠瓤蜂也。」若葉氏所引《八紘譯史》「蟻國在極西,其色赤,大如象。」又「五侯鯖大蜂出崑崙,長一丈,其毒殺象」,豈即因此而傅會與?

42. 其土爛人,求水無所得些

注云:「言西方之土溫暑而熱,燋爛人肉,渴欲求水,無有源泉,不可得也。」

案:《大荒西經》:「有壽麻之國,爰有大暑,不可以往。」郭注:「言熱炙殺人也。」蓋即此類求水無得。則朱子《集注》云:「今環靈夏之間,有旱海六七百里,無水泉」,是其證矣。

43. 虎豹九關,啄害下人些。一夫九首,拔木九千些

案:《海內西經》云:「昆侖之虛在西北,帝之下都,面有九門,門有開明獸守之,百神之所在。」又云:「開明獸,身大類虎,而九首皆人面,東嚮立昆侖上。」此所稱「九關」、「九首」正類,是特益奇其語耳。又《大荒東經》:「有神人八首,人面虎身,十尾,名曰天吳。」彼為水伯,亦略相似。豈以在水者屬陰,故八從偶數;在天者屬陽,故九從奇數與?

44. 往來俇俇

注云：「俇俇，行聲也。《詩》曰：『俇俇征夫』。」

案：《說文》：「俇，行兒」，與此注合，惟「聲」與「兒」稍異。是訓「行」者，當為「俇」。其「眾多」之訓，字本作「甡」。《說文》：「甡，眾生並立之兒。」《大雅》「甡甡其鹿」，用本字，餘多假借。《周南》「詵詵」，《毛傳》《晉語》「莘莘」，韋注並訓「眾多」。《廣雅》《玉篇》俱作「駪」，云「多也。」若此處「俇俇」，注從「行」義，而所引《詩》今作「駪駪」。毛傳：「眾多之貌。」《說文》：「駪，馬眾多也」，下不引《詩》。而《焱部》引《詩》作「莘莘征夫」，《韓詩外傳》及《說苑·奉使篇》引同。《說苑》出劉向，向習《魯詩》，則《魯詩》亦作「莘莘」也。「莘」，又或為「俇」。《天問》「有莘氏」，《呂覽》作「有俇」，蓋皆同音通用。

又案：《說文》：「兟，進也。」義與「行」近。張參《五經文字》據《詩》之「甡」作「兟」。段氏謂「並先為眾進之意」，是又合兩義而一之矣。

45. 土伯九約

注云：「約，屈也。」

案：「九屈」，頗難解。盧氏文弨以為屈乃屈之譌，畢氏沅說同，而引《玉篇》「短尾也」為證，並疑《說文》「屈，無尾也」，「無」字誤衍。段氏於《說文》則以「短尾」釋「無尾」之義。「據《韓非子》『鳥有翢翢者，重首而屈尾。』高注《淮南》云：『屈，讀如秋雞無尾屈之屈。』郭注《方言》『隆屈』云：『屈，尾。』許注《淮南》『屈奇之服』云：『屈，短也。奇，長也。』凡短尾曰屈，引伸為凡短之稱。山短高曰崛，其類也。屈，蓋屈之隸變。」如段說，則《說文》之「無尾」，即「短尾」也。

余謂《爾雅》「鶌鳩」，郭注以為「短尾」。「鶌」字從屈，蓋因其尾之短，故有「鶌」名。是「屈」為「短尾」，信矣。而稱「約」者，《呂氏春秋·本味篇》「旄象之約」，即此「約」字。畢氏言今時牛尾、鹿尾，皆為珍品，是其例也。此處王注其身九屈，正謂其身九尾，與《西山經》「陸吾之神，虎身而九尾」一致。又《酉陽雜俎·廣動植》云：「海間生屈龍，屈龍生容華。」「屈，一曰尾」，亦「屈」為「尾」之一證。張氏《膠言》乃云：「土伯，長身如龍蛇，可盤屈處有九。」觀《呂覽》可知，其非也。

附案：梁氏玉繩謂：「象尾不聞與牛尾並稱珍美。」明謝肇淛《五雜俎》

云：「象體具百獸之肉。惟鼻，其本肉以為炙，肥脆甘美。約，即鼻也。」然約之為鼻，殊無無所據〔1〕。

【校】

〔1〕「殊無無所據」，衍一「無」字。

46. 敦脄血拇

注云：「脄，背也。」

案：《禮記·內則》注：「脄，脊側肉也。」「脄」，即「脢」字，从灰，从每，聲相近。《說文》：「脢，背肉也。」《易》曰：「咸其脢。」子夏《易傳》云：「在脊曰脢。」馬云：「脢，背也。」鄭云：「脢，背脊肉也。」諸家之說，皆略同。

47. 秦篝齊縷，鄭綿絡些

注云：「篝，落也。縷，線也。綿，纏也。絡，縛也。言為君魂作衣，乃使秦人織其篝落，齊人作綵縷，鄭國之工纏而縛之。」

案：《說文》：「篝，答也。可熏衣。」即今之熏籠。「答」與「落」通，但此言為衣，與熏籠無涉。注云「織其篝落」，未明何物，當是「篝」為「褠」之同音借字，已見前《南都賦》。《呂氏春秋·明理篇》注云：「綫，縷格繩也。」後《直諫篇》注作「縷格」。畢氏校本云：「縷格，即縷絡。」《方言》「絡謂之格」，義得通也。

余謂《說文》「縷，衽也。」《爾雅》「衣裗謂之祝。」郭注：「衣縷也。齊人謂之攣。」釋文：「縷，又作褸。」是「縷」即「褸」也。《玉篇》：「綿，新絮也。」《說文》：「絡，絮也。」即《孟子》之「絲絮」。「絡」雖通「格」，而此「綿絡」連文，疑俱謂「絮」。此注以「綿絡」字竝作虛用，恐非。

48. 網戶朱綴

注云：「網戶，綺文鏤也。綴，緣也。」

案：《楚辭集注》云：「網戶者，以木為門扉，而刻為方目，如網狀。」程氏大昌以為今之亮隔也，而云即漢所謂罘罳，非是。《日知錄》曰：「罘罳字雖從网，其實屏也。崔豹《古今注》：『罘罳，屏之遺象也。』《釋名》云：『罘罳在門外。罘，復也。罳，思也。臣將入請事於此，復重思之也。』《越

絕書》：『巫門外罘罳者，春申君去吳，假君所思處也。』魚豢《魏略》：『黃初三年，築諸門闕外罘罳。』參考諸書，當從屏說。又《五行志》：『劉向以為東闕所以朝諸侯之門，罘罳在其外，諸侯之象也。』則其為屏明甚。」而唐時，又有「呼殿檐椽護雀網為罘罳」者，蓋誤，見《酉陽雜俎》。

余謂《廣雅》「罘罳謂之屏。」《禮記·名堂位》疏：「屏，天子之廟飾也。」鄭注：「屏謂之樹，今桴思也。」是「罘罳」不屬戶，與此「網戶」不同矣。方氏《通雅》乃云：「《禮記》疏屏，《正義》疏刻也。屏、樹之間，必窠棋雕刻網綴，故呼罘罳。蓋罘罳加网，狀其刻鏤，欂櫨、宮闕、屏門皆有之，即《楚辭》所稱『網戶朱綴，刻方連也。』」此以「罘罳」扭合「網戶」為一義，殆亦不然。

注又云：「門戶之楣，皆刻鏤綺文，朱丹其橡。」「橡」，疑「緣」之誤。《大戴禮·盛德篇》言「明堂之制，赤綴戶也。」孔氏廣森《補注》即引此文，謂「以朱緣戶，惟明堂有之，故諸侯受九錫，乃得朱戶以居。」是「朱綴」即飾戶者，不謂楣橡也。

又案：前沈休文《應王中丞詠月詩》「網軒映珠綴」，注引此語為證，則非珠玉之珠，故善疑傳寫之誤。然「珠」與「朱」亦同音通用。

49. 冬有突夏

注云：「突，複室也。」

案：「突」字已見《上林賦》「岩窔洞房」下。又《說文》：「窘，地室也。」引《詩》「陶窘陶穴」。此處「複室」，不必定鑿地、鑿岩為之，及《左傳》之「窟室」也。《禮記·名堂位》有「復廟」，疏云：「上下重屋也」，頗近之。抑或取「深邃」之義，如今之曲房，為冬溫室，故稱「複室」，與《楚辭集注》但引《爾雅》「東南隅謂之突」，似不相合。

50. 砥室翠翹

注云：「砥，石名也。」

案：《說文》：「底，柔石也。」重文為「砥」。《谷梁·莊二十四年傳》：「天子之桷，斲之，礱之，加密石焉。」室之用「砥」，當類此。《史記·樂毅傳》「故鼎反乎曆室。」《戰國·燕策》作「歷室」，蓋形似而誤。「曆」、「砥」聲相近。畢氏沅謂「曆室」，猶此「砥室」，是也。

附案：陳氏本禮引《史記・范雎傳》「周有砥砨」，蓋玉之美者，然玉亦石也。

51. 絓曲瓊些

案：「瓊，从夐聲。」段氏云：「《招魂》與寒、湲、蘭、筵為韻。」「戇音僑」字，夐聲，可證也。

余謂奐亦從夐省聲，而為寒部之去聲。《毛詩》「于嗟洵兮」，《韓詩》「洵」作「夐」，故《集韻》「瓊音旋，與琁同。」蓋本《說文》「琁」為「瓊」之重文。段於彼處辨其誤，不知此正以同音而得叶也。吳氏《韻補》「瓊，渠陽切」，下屬光、張、璜為韻。今韻陽、庚部通，似亦順。但《廣韻》「瓊」在《十四清》，顧氏《音論》言「耕、清、青三韻，古無與陽、唐同用者，西京下始雜。」則《韻補》之叶未的。

52. 翡阿拂壁

注云：「翡，翡席也。阿，曲隅也。拂，薄也。」

案：《讀書志餘》云：「王以『阿』為床隅，則上與『翡』字不相承，下與『拂壁』二字不相屬。『翡』當與『弱』同。『阿』，細繒也。言以弱阿拂床之四壁也。弱阿，猶言弱緆。《淮南・齊俗篇》『弱緆羅紈』是也。」

余謂翡為蒲子，而《考工記・輪人》「以為之弱」，注云：「弱，箈也。」今人謂蒲本在水中者為弱，是其類也。則「翡」可省作「弱」，即「弱」可為「翡」矣。「阿緆」，已見《子虛賦》。

53. 九侯淑女

注云：「言復有九國諸侯好善之女。」

案：以「九侯」為「九國」，似無著。據《史記・殷本紀》：「紂以九侯為三公，九侯有好女，入之紂。九侯女不憙淫。」此乃藉以言之。下文「弱顏固植，謇其有意」，注云：「美女弱顏易愧，心志堅固，不可侵犯，則發言中禮意。」殆所謂「不憙淫」也。朱子《楚辭集注》說正如是。

54. 盛鬋不同制

注云：「鬋，鬂也。制，法也。言九侯之女，裝飾兩結，垂鬂下髮，形貌詭異。」又下文「長髮曼鬋」，注言：「曼，澤也。美人工結，鬂鬋滑澤其狀。」

案:《說文》:「鬢,頰髮也。」「髳,女鬢垂皃也。」《上林賦》「靚糚刻飾」,郭璞曰:「刻畫鬍鬢也。」是「鬢」本下垂而加刻飾矣。段氏云:「髳,主謂女鬢,不施於男子。《曲禮》『不蚤鬍』,《士虞禮》『蚤鬎』。鬎或為鬍,鬍皆鬎之假借字也。《喪大記》『爪手鬎須』可證。」

余謂王注但訓「鬍」為「鬢」,而《說文》專言「女鬢」者,正因女子以垂鬢為飾耳。後之稱「鴉鬢」、「蟬鬢」者,已昉與此。

55. 雜茇荷些

注云:「茇,菱也。秦人謂之薢茩。」

案:史繩祖《學齋佔畢》引馬大年《嬾真子》之說,辨王注以茇為薢茩之誤。攷《說文》「蔆」字云:「茇也。楚謂之茇,秦謂之薢茩。」《廣雅》亦云:「蔆、茇、薢茩也。」是茇之為薢茩,相承自古,不獨逸說。惟《爾雅》「薢茩,英光。」郭注:「英,明也。或曰蔆也。關西謂之薢茩。」郝氏謂下文有「蔆,蕨攗」而不言即「英光」,故郭氏疑未能定耳。但郭氏明有後說,何得轉謂蔆非薢茩。王氏《廣雅疏證》曰:「蕨攗、英光、薢茩,正一聲之轉。」段氏亦云:「薢與茇韻,同在《十六部》,徐言之,則云薢茩;蔆以角得名,蔆之言棱也;茩之言角也,茩、角雙聲。」然則蔆也、蕨攗也、薢茩也、英光也,邵氏謂一物而四名者是也。

余謂蔆一名茇,直五名矣。凡物或一物而數名,或同名而異實,似此者多有。如郭氏前說「決明」或蒙「英光」之名,猶《廣雅》所稱「羊蹢蹢」之亦名「英光」可也。若《本草》有「決明」,竝不云名「薢茩」,《廣雅》於「蔆、茇、薢茩」下即云「決明,羊角也。」是「決明」之非「薢茩」,信矣。馬氏誤以「英光」為「英光」,史氏駁之固當,而史氏乃謂「蔆字從阝,非從氵,蔆與蔆為二物」,此尤誤也。《爾雅》之「蔆、蕨攗」,陸本作「蔆」,《釋文》云:「字又作菱,本今作蔆」,其非異字可知。

56. 紫莖屏風

注云:「屏風,水葵也。或曰紫莖,言荷葉紫色也。屏風,謂葉障風也。」

案:楊氏慎云:「後說是。屏音丙,『屏風』與『緣波』為對,最工致。」

余謂非也。丙音殊牽附,本非對語,何得以為工。此種偶對,恐宋玉時不應有。且言莖,亦無緣說葉,荷葉又復不紫。據《本草綱目》:「水葵,即蓴也

見《南都賦》，莖紫色，大如筯，其短長隨水深淺，則羅羅有文。」正所謂「文緣波」矣，宜從前說。

附案：《名醫別錄》：「防風，一名屏風。」

57. 軒輬既低

注云：「軒、輬，皆輕車名也。」

案：「軒」、「輬」，蓋車之有蔽者。「軒」，已見《甘泉賦》。古書多「輼輬」竝稱。《廣雅》云「輼輬，車也。」王氏《疏證》謂：「《史記·秦始皇紀》『棺載輼涼車中』，涼與輬通。《漢書·霍光傳》『載光尸柩以輼輬車』，注引孟康曰：『如衣車有窗牖，閉之則溫，開之則涼，故名之輼輬車也。』師古曰：『輼輬，本安車，可以臥息。各別一乘，隨事為名。後人專以載喪，又去其一，總為藩飾，而合二名呼之耳。』」此說是也。《說文》：「輼，臥車也。」「輬，臥車也。」《韓非子·外儲說》云：「有乘輼車至李史門者」，此單言「輼」。《楚辭·九辯》云：「前輕輬之鏘鏘兮」第九章，《選》不載，此單言「輬」。然則「輼」、「輬」各一車，而非喪車明矣。

余謂後人以為喪車者，殆因《秦紀》而誤。《漢書注》文穎曰：「輼輬車，如今喪轜車也。」臣瓚曰：「始皇道崩，祕其事，載以輼輬車，百官奏事如故，此不得是轜車。」然文云「如原不以為即轜車也。」此處「輬」與「軒」類，尚在始皇之前，無喪車之說。

58. 大苦鹹酸

注云：「大苦，豉也。」

案：《說文》：「尗，配鹽幽尗也。」重文為「豉」，云「俗尗，从豆。」《廣雅·釋器》「䜾謂之䤈。」《集韻》：「䜾，幽豆也。䤈之言暗，謂造之幽暗也。」《釋名》云：「血䐹，以血作之，增有酢豉之味，使甚苦，以消酒。」是豉本苦矣。而左氏《昭二十年傳》「水、火、醯、醢、鹽、梅」，疏云：「《楚辭·招魂》備論飲食，不及豉。史游《急就篇》乃有蕪荑鹽豉，蓋秦漢以來始為之。」惠氏《禮說》亦謂漢始有豉。如依王注，則周時已有。今觀正文不言豉，注以大苦為豉，未明所據。考《爾雅》「蕎，大苦。」蓋甘艸也。又「苄，地黃。」《廣雅疏證》云：「苄與苦通，大苦者，大苄也。」古人飲酒亦無用甘艸與地黃者。《公食大夫禮》「鉶芼羊苦」，注：「苦，苦茶也。」今文「苦」為「苄」，意者此「大苦」，即謂「苦茶」，而非「豉」與？但《爾雅》

—618—

「鴀，鋪豉。」《說文》：「䖆，鋪豉也。」「䖘」字，篆文不應自漢造耳。

59. 肥牛之腱，臑若芳些

注云：「腱，筋頭也。臑若，熟爛也。」

案：《說文·筋部》：「笏，筋之本也。从筋，省夗，省聲。」重文為「腱」。此云「筋頭」，正合《說文》。《內則》注曰：「餌，筋腱也。」「餌」，《篇韻》作「胭」。又《說文》「臑」字云：「臂羊矢也《禮記》釋文引作羊矢。」此云「熟爛」，則當作「胹」。《說文》：「胹，爛也。」《方言》：「胹，熟也。自關而西，秦晉之郊曰胹。」蓋从需與从而通也見《吳都賦》。段氏謂「臑之言濡也。濡，柔也。」亦「熟爛」之義。故《內則》「濡豚」、「濡雞」等。「濡」字，《釋文》音「而」，固讀若「胹」矣。此下云「濡鱉」，與《內則》一例。後《七發》「熊蹯之臑」，本《左傳》，今《傳》作「胹」。

余疑此「若」字，當是虛用，與下句「和酸若苦」同。注中「若」字，或誤衍。《讀書志餘》以為「若，猶而也。言既熟而且芳也。顧懽《老子義疏》：『若，而也。』《夬》九三：『遇雨若濡』。言遇雨而濡也。《金縢》『予仁若考』，言予仁而巧也。『而』、『若』，語之轉。『若』無熟義，不得與『臑』同訓」，說正合也。

60. 粔籹蜜餌

注云：「以蜜和米麵熬煎作粔籹。」

案：「粔籹」字，《說文》在《新附》中，云：「膏環也。」鈕氏樹玉謂：「《御覽》引《通俗文》『寒具謂之餲』，具與巨通。《水經注》巨洋水，《國語》所謂具水是也。疑粔字，古作巨，後人加米旁耳。籹，疑即黍。《說文》：『黍，禾屬而黏。』《方言》《博雅》竝作『䴢，黏也。』《釋名·釋飲食》云：『糝，䴢也。猶黏，䴢也。』是䴢當即黍，俗又作籹也。」

余謂具、巨同音，籹、黍同韻，義固通。惟黍為穀名，其性黏，非黍即黏也。籹既為䴢，《廣雅》䴢與䴴俱訓黏。《說文》：「䴴，黏也。」引《左傳》「不義不䴴」。「䴴」，今《傳》作「暱」。䴢、䴴、黏，皆一聲之轉，而䴢與䴴音尤近。䴢亦俗字，然則籹或可作䴴與？「膏環」者，《廣韻》「粔」下引《新字解訓》曰：「粔籹，膏環。」《齊民要術》：「粔籹，名環餅，象環釧形也。」《廣雅》又謂之「秲粠」，王氏《疏證》謂《北戶錄》注引《證俗音》云：「今江南呼饊飯已煎米，以糖餅之字者為秲粠是矣。」

注又云:「搗黍作餌。」

案:《廣雅》:「餕、餈、餳、饋、餛,餌也。」王氏《疏證》云:「《說文》:『鬻,粉餅也。』或作餌。《方言》:『餌謂之餻,或謂之餈,或謂之餳,或謂之饋,或謂之餛。』《太平御覽》引《方言》餻作餛,又引郭注音恙,未知孰是。《周官·籩人》『糗餌粉餈』,鄭注:『此二物皆粉稻米、黍米所為也。合蒸曰餌,餅之曰餈。』疏云:『今之餈糕,名出於此。』」

余謂《說文》「餻」字在《新附》,無「餛」字。《玉篇》《廣韻》則兩字竝存,餛云「餌也」,餻云「餻糜」。《集韻》:「餻,或作餻。」然至今相傳稱餻,未聞以為餛者。戴氏《方言疏證》不及餻、餛之異,疑餻、餛形相近,餛又為饋之聲轉,因有餛字,亦猶餈為餈之別體,而音遂隨之而變與。

61. 有餦餭些

注云:「餦餭,餳也。」

案:《說文》:「餳,飴和饊也。」「饊,熬稻粻餭也。」《方言》曰:「餳謂之餦餭。」郭注:「即乾飴也。」《廣雅》亦云:「餦餭,餳也。」《說文》無「餭」,篆蓋古字當作「張皇」,故《周頌·有瞽篇》正義、釋文引《方言》竝作「張皇」。段氏謂張皇者,肥美之意也。

62. 瑤漿蜜勺

注云:「勺,沾也。言食已,復有玉漿以蜜沾之。」

案:朱子《集注》云:「蜜,古本作蠠。蠠,見《禮經》,通作冪,以疏布蓋尊者。勺,挹酒器也。言舉冪用勺酌酒而實爵也。」攷《說文》:「蠠,蠭甘飴也。」重文為「蜜」。然則作「蠠」,亦仍是「蜜」字,非「冪覆」字也。惟上句既言「蜜餌」,此又言「蜜勺」,以「冪」義解之正可通。《儀禮》屢言「扃鼏」,注竝云:「古文鼏作密。」未嘗加「虫」為「蠠」也。

63. 挫糟凍飲

注云:「挫,捉也。言盛夏則為覆蠠乾釀,捉去其糟,但取清醇,居之冰上,然後飲之。」

案:《酉陽雜俎》言「伊尹干湯,天子可具三羣之蟲。又列五味、三材、九沸、三臡、七菹,具酸、楚酪、芍藥之醬,秋黃之蘇,楚苗、挫糟、山膚大苦。」所云「挫糟」,蓋即此矣。彼書多本之《呂覽》,而亦有《呂覽》未載者,

不知更何本。

又案：葉氏引《梁四公記》：「高昌國獻凍酒，杰公辨其非八風凍成，又以高寧酒和之者，因謂此凍飲，乃酒之製為凍者」，舊注疑誤。然注言「乾釀」，釀即酒也。去糟取醇，亦是製，則與所說本無甚差別。

附案：《說文‧畾部》小徐引張說，《梁四公子記》《廣韻》「畾」字亦引之。此引脫「子」字。

64. 《涉江》《采蔆》，發《揚荷》些

注云：「楚人歌曲也。言涉彼大江，南入湖池，采取蔆芰，發揚荷葉。」

案：孫氏《補正》云：「揚荷，當作陽阿。五臣本『揚』作『陽』，張銑注：『《涉江》《采菱》《陽阿》，皆楚曲名。』荷，當為阿。」

余謂上已有「雜芰荷」，此又云「發揚荷葉」，似複，亦不辭。且注明言歌曲，則下為贅語矣。後《七啟》《七命》注兩引《淮南子》曰：「歌《采菱》，發《陽阿》，不若延露以和。」「發《陽阿》」三字，正與此同。《采菱》，亦曲名，此處卻似虛用，疑當謂涉大江，采蔆芰，而發《陽阿》之曲也。「阿」，乃為「荷」者。《釋名‧釋邱》云：「偏高曰阿邱。阿，何也。如人儋何物，一邊偏高也。」今「擔荷」字，《說文》作「儋何」，故或通用。

65. 娭光眇視，目曾波些

注云：「波，華也。言美人顧望娭戲，身有光文，眺視曲眄，目采眇然，精若水波而重華也。」

案：方氏《通雅》云：「曾，重也。摹寫娭笑輕眇，回波層折之態。《大招》用『曾頰』，《淮南‧修務訓》『流眄曾撓』，正謂眇視若笑也。」

余謂「娭」，已見《上林賦》。《說文》「層」字云：「重屋也。」引伸為凡重之稱，古多作曾。曾祖、曾孫，亦此義。此因笑而及目，即《詩》之言「倩」、「盼」也。「曾波」，乃後人「秋波」字所本。

66. 激楚之結

注云：「激，感也。結，頭髻也。言鄭、衛妖女，工於服飾，其結殊形，能感楚人。」

案：孫氏《補正》云：「上文『發激楚』，注：『激，清聲也。』複作激楚之聲，以發吳音，此不應兩解。朱子《集注》云：『蓋歌舞此曲者之飾也。』

金云：『結字解，當就《上林賦》「激楚結風」參之。《七發》亦云：「發激楚之結風」。』《七命》云：『激楚廻，流風結。』」

余謂《七發》下句云「揚鄭衛之皓樂」，正與此「鄭衛妖玩」同。彼注引文穎曰：「結風，回風，亦急風也。」「結」、「急」音相近，注說殊迂。

又案：前顏延年《侍游曲阿後湖》詩「河激獻趙謳」，注引《列女傳》趙津女娟事，云：「簡子南擊楚，將渡河，用楫者少一人，娟攘袂而請，遂與渡，中流發河激之歌。」

余疑「激楚」，即擊楚之意。「激」、「擊」同聲，豈後人傳此曲，遂以「河激」為「激楚」與？

67. 菎蔽象棊，有六簙些

注云：「菎，玉。蔽，簙箸以玉飾之也。或言菎蕗，今之箭囊也。投六箸，行六棊，故為六簙也。」

案：《說文》：「箘箘，竹也。」段氏以為「《吳都賦》之『射筒』也。『菎』，即『箘』之異體。王逸云：『箭囊，即射筒之異詞。』無底曰囊，通簫曰筒，皆自其無節言之，謂之好箭幹耳。」《說文》：「一曰簙，棊也。」《方言》：「簙，或謂之箘，秦晉之間謂之簙，吳楚之間或謂之蔽，或謂之棊，或謂之箭裏。」又《廣雅·釋器》：「簙箸謂之箭」。「簙」通作「博」，《韓非子·外儲說》秦昭王以松柏之心為博箭。《西京雜記》云：「許博昌善陸博法，用六箸，以竹為之，長六分；或用二箸。」據此知「菎蕗」字竝當從竹。注云：「菎，玉」，為異說矣。「箘箘」可以為矢笴，而此處則謂「簙箭」。「蔽」，即《方言》之「蔽」也。箭用竹棊，或用象牙耳。《說文》：「簙，局戲也。六箸十二棊也。古者烏曹作簙。」此注云「行六棊」者，蓋棊十二枚，六白，六黑也。

又案：《廣雅》：「箘、蕗、簵，箭也。」《淮南·原道篇》「彎棊衛之箭」，《兵略篇》「栝淇衛箘簵」。《讀書雜志》云：「衛與簵通，淇與棊通，非淇園為衛地也。戴凱之《竹譜》『簵竹中博箭』，是簵與棊一物。以簵為博箭，謂之棊；以簵為射箭，亦謂之棊。棊者，箭莖之名。《說文》：『萁，豆莖也。』豆莖謂之萁，箭莖謂之棊，聲義並同。」然則棊不專屬博，而此處言「博象棊」者，或飾以象，如《玉藻》之「笏，士竹，本，象可也。」「棊」，尤非今之「奕棊」。

68. 成梟而牟，呼五白些

注云：「倍勝為牟。五白，簙齒也。」

案：《列子‧說符篇》釋文引《六博經》云：「博法，二人互擲采行棊，棊行到處即豎之，名為驍棊。」「驍」與「梟」同音通用。《廣雅‧釋言》：「牟，倍也。」王氏《疏證》謂：「《淮南子‧詮言訓》『善博者不欲牟。』《太平御覽》引注云：『博以不傷為牟。牟，大也，進也。』義與《楚辭》注同。倍勝謂之牟，猶多取利謂之牟利，故高誘注《時則訓》云：『牟，多也。』」葉氏又引鮑宏《博經》：「所擲瓊有五采，刻一畫者謂之塞，刻兩畫者謂之白，刻三畫者謂之黑，一面不刻者，五塞之間謂之五塞。」

69. 晉制犀比

注云：「言晉國工作簙棊箸，比集犀角以為雕飾。」

案：《周禮》：「故書箭為晉，杜子春云：『晉當為箭』。」段氏謂：「《吳越春秋》『晉竹十廋』，晉竹，即箭竹，假借字。」

余疑此「晉」非國名，當亦借字。蓋承上「五白」而言簙齒嚆白，「犀比」者，即《詩》之「齒如瓠犀」也，義與注異，或可備一說。

70. 路貫廬江兮，左長薄

注云：「廬江、長薄，地名。」

案：《漢志》廬江郡下云：「廬江出陵陽東南，北入江。」「陵陽」，已見前謝玄暉《郡內登望》詩。《水經》云：「廬江水出三天子都，北過彭澤縣西北，入于江」，蓋即此水。酈注顧專言廬山，且云廬江之名，山水相依，互舉殊稱，是以廬江為廬山之水。錢氏坫曰：「廬江，即今之清弋江也。」《海內東經》「廬江出三天子都入江」下釋云「彭澤西」，此彭澤非九江郡彭澤縣也，丹陽郡宛陵縣有彭澤聚，乃此彭澤耳。《水經》衍一「縣」字，而善長更以尋陽之廬山當三天子都，不知漸江水出三天子都，與此同發一地。漸江出三天子都，在今黟縣；廬江出三天子都，在今太平縣，相去密邇。彭澤聚在宛陵西南，則為今寧國縣西境地，聚在東，江在西，則為青弋江無疑。惟青弋江有三原，中原出太平縣南山，即黟山，亦曰黃山，為廬江之正原，今曰舒溪。其東原出旌德縣東礨山，今曰梅溪者，則即清水也，亦曰涇水。西原出石埭縣分水嶺，今曰陽溪者，則又廬江之別原也。下流統名曰青弋江，亦曰魯陽江，于蕪湖縣南入江。古字「廬」、「魯」同聲，故轉「廬」為「魯」，與「舒」

亦同，又轉為「舒」耳。後世存青弋之名，而無廬江之目，遠求之莫得其實，遂成巨謬。

余謂郭注《山海經》云：「彭澤，今彭蠡也，在尋陽彭澤縣。」亦以彭澤為縣名，未及「陵陽」，與《漢志》乖。郝氏既引《漢志》陵陽，而於尋陽仍無別，殊為淆紊。酈注之誤，正與郭同，錢氏駁之是已。但《漢志》丹陽郡陵陽下云：「桑欽言淮水出東南，北入大江。」錢氏謂欽似以廬江水為淮水也。近洪氏亮吉為我邑修《志》，亦著之云：「桑欽所言淮水，與班固所言廬江，所出同，所入同，道里又同。是淮水即廬江水也。」青弋江乃宛陵下所云：「清水西北至蕪湖入江者也。」考「清水」，即《說文》之「泠水」，韋昭以為涇水三字音同，此與淮水各一源，而其委則合。《南陵縣志》「淮水出縣南呂山」。《一統志》引《水經注》云：「東溪水出南里山，即桑欽所謂淮水。」呂、里亦音同而轉，今呼為小淮水。附案：錢氏謂淮水即今大通河，似別為一水，未知孰是，河亦多淺澀。然淮水既為廬江水，若其源僅出於此，則《漢志》何以言出陵陽，酈道元何以言出三天子都乎？據《水經·沔水下篇》注云：「旋溪水出陵陽山下，逕陵陽縣西，又北合東溪水」，則出陵陽者，乃旋溪，非東溪也。東溪水北歷蜀由山，又北，左合旋溪，北逕安吳縣東。洪氏謂蜀由山，即今太平縣之由山也。又云：「石埭縣東有陵陽潭，在舒溪東南岸，長一里許，下注舒溪。」舒溪，一名涎溪。涎、旋音同，則旋溪水，即今舒溪也。校其道里及下與涇水合，無一不符。是則桑欽所云淮水亦合涇溪，而北入大江，與今淮水異。古今形勢不同，或水失其故道也。由此而知，古之淮水與清水雖異源，而統匯於青弋江。《漢志》分列之，殆正可互證之與。其名廬江水者，廬江，即今之魯港二字，皆音之轉。《方輿紀要》於蕪湖縣云：「魯明江附案：明，疑陽之誤。或謂有魯明仲者居此，因名，非是其上源即青弋江，匯於石硊渡西北，注大江。」又石埭縣云：「舒溪自太平縣西北流入，合于麻川而入涇縣界，下流為青弋江，至蕪湖之魯港，入于江。」然則青弋江實眾水之經流，錢氏以為廬江水，固非無據也。要之，廬江水不在尋陽亦明矣。若此注下又云：「屈原行，出廬江，過歷長薄。在江北時東行，故言左者。」此以二者為地名。《紀要》又引胡氏云：「漢文帝初，分淮南為廬江國，本在江南。班《志》廬江郡則在江北。」蓋郡治屢有移徙，大抵在舒皖之間，叔師據其時郡治言之耳。長薄地，今無可考。

71. 與王趨夢兮，課後先。君王親發兮，憚青兕

《楚辭集注》云：「先，叶音私，《柏梁詩》此字入時韻也。兕，叶音詞。」

案：上文「步及驟處兮，誘騁先。抑鶩若通兮，引車右還。」兩「先」字重韻，而以一作仙音，韻還；一作私音，韻兕，未免兩歧。疑犀、兕同類，兕，或本作犀。又唐《饒娥碑》魏仲犀所撰，「仲兕」或作「仲犀」，是「兕」亦通「犀」，即有犀音。「犀」之叶「先」，猶「西」之與「先」通也。《詩》「吉蠲」，《韓詩》作「吉圭」，《漢書·匈奴傳》「黃金犀毗」，師古曰：「犀毗，亦曰鮮卑」，此其類矣。陳氏第《屈宋古音考》未及，姑附此說。

招隱士 劉安

72. 樹輪相糾兮，林木茷骩

注云：「枝葉盤紆。茷音跋。」

案：朱子《集注》本「茷」作「莐」，云：「一無『林木』二字。莐，音跋；又音旆；一作茷。」王氏《學林》曰：「《玉篇》《廣韻》『茷』字分三音：一音扶廢切，與吠同聲；一音博蓋切，與貝同聲；一音房越切，與伐同聲。雖分三音，而同訓以為草木葉茷多之貌也。」《詩釋音》云：「茷，蒲害反」，則讀與「旆」同。字書無此音，當讀音貝。此「茷骩」，茷字亦當音貝，骩與委通用。「茷骩」，木之枝葉茷盛也。五臣注：「茷，音蒲末反」，非是。

余謂《說文》「茷，艸葉多，从艸，伐聲，符發切。」引《春秋傳》「晉蘿茷」，見《成十年》。「茷」既伐聲，與「芨」近。《說文》「芨」為草根。此作「芨」者，「茷」之借字也。其讀去聲，如《詩·泮水》「其旂茷茷」，與下「鸞聲噦噦」為韻，而《羣經音辨》引作「其旂伐伐」。《六月》「白旆央央」，本又作「茷」。《生民》「荏菽旆旆」，正「茷茷」之假借。《出車》「彼旟旐斯，胡不旆旆。」即《泮水》之「茷茷」，亦即《采菽》之「其旗淠淠」。故段氏謂《小弁》「萑葦淠淠」，亦當云「萑葦茷茷」也，蓋皆同音通用字。至《長發》「武王載旆」，《荀子·議兵篇》作「武王載發」，可知為聲之轉，不得謂「茷」無「旆」音也。王氏言《左傳》人名「茷」者，皆音扶廢反，而以《釋文》「又音蒲發反」。設兩音為非，不知《說文》「蘿茷」已从伐聲矣。且既云三音同訓，又議五臣不當音「蒲末反」，似未免矛盾。「骩」者，《說文》「骨耑骩奊也。」《玉篇》「骨曲也。」引伸為凡屈曲之稱。《漢書·枚乘傳》

「其文骪骳」，師古曰：「骪骳，猶言屈曲也。」前《上林賦》「崔錯癹骪」，郭璞曰：「癹骪，蟠戾也。」然則此「茷骪」，蓋言枝葉多而蟠屈，以申上「相紏」之義，不當混舉此二字，俱作「茂盛」解也。《學林》說亦未晰。

《文選集釋》卷二十

七發 枚叔

1. 中若結軨

注引《說文》曰:「軨,車籍交革也段本改籍為箱。」

案:「革」字,今《說文》作「錯」。顏師古《急就篇》注亦作「交革」,段本及姚嚴《校議》竝從之。段云:「交革者,交,猶遮也。謂以去毛獸皮鞔其外。《考工記》『飾車欲侈』注曰:『飾車,革鞔輿也。』凡革鞔謂之軨。《說文》所云『約軝』者,蓋在未鞔革之前,約以固之。鞔之,則格空遮蔽,故曰軨。軨之言嗇也,引申之為結塞之偁。」

余謂《集韻》云「重革之蔑,所以覆軨也。」「結軨」,與《九辨》「結軨」義同。軨為車轄閒橫木,從橫交結,本有阻閡之狀,革鞔之,則愈堅。此言邪氣襲逆,其中堅結,以「結軨」喻之,故著「若」字,蓋不獨借軨為塞矣。

2. 臥不得暝

案:《說文》:「暝,翕目也。从目、冥。」《韻會》引小徐曰「會意。」段氏云:「此以會意包形聲也,武延切。」

余謂「眠」為「暝」之俗,今入先部。故前《招魂篇》「致命於帝,然後得暝。」「暝」與「千」、「佚」、「淵」等字為韻。而此處乃與「醒」、「聲」、「生」、「平」、「傾」為韻,是又入耕、清、青部矣。然則「暝」亦從冥得聲,「冥」與「眠」雙聲字也。

3. 命曰怢懙之機

注引《呂氏春秋》曰：「出則以車，入則以輦，務以自佚，命曰怢懙之機。」高誘曰：「怢，至也。懙、機門內之位也。」

案：高意以「懙」通「檆」。《說文》：「檆，門梱也。」以「機」通「畿」，《詩‧邶風》「薄送我畿」，毛傳：「畿，門內也。」但如所說，則「懙」、「機」一物，而曰「怢懙之機」，文義不可通。「怢」，今《呂覽》作「招」。畢氏沅校本云「招致也。懙者，痿懙，過佚則為致懙之機括。」黃東發亦言高誤。而《廣雅‧釋詁》：「貽、止、待、逗也。」王氏《疏證》云：「《玉篇》《廣韻》貽、怢，竝丑吏切，義相近。《說文》：『怢，癡兒。』《漢書‧司馬相如傳》『仡以怢儗兮』，張注：『怢儗，不前也。』《莊子‧山木篇》『儻乎其怠疑』，怠疑與怢儗義亦相近。怢之言待也，止也。不前謂之怢，不動亦謂之怢，怢懙謂痿懙不能行也。凡人過佚，則血脈凝滯，骨幹痿弱，故有怢懙不能行之病，是出車入輦，即怢懙之病所由來。《七發》作『懙痿之機』，正同。善注引《聲類》：『怢，嗣理切。』《集韻》《類篇》竝云：『怢，象齒切。』《呂覽》高誘讀，則舊本作『怢』明甚。今本作『招』者，後人不解『怢』字義而妄改耳。」

余謂「怢」與「招」形相近，如畢說，意亦頗順。但宜從舊本，自以王說為長。怢訓至，至亦止也。善注引《呂覽》作「怢」固當，乃用高注義，謂乘好奇而改之，則非。

4. 雖令扁鵲治內

注引《史記》曰：「扁鵲，渤海鄭人也。」

案：今《史記》「鄭」作「鄚」。徐廣曰：「鄭當作鄚。鄚，縣名，今屬河間。」《索隱》亦云：「勃海無鄭縣」，許說是也。然《漢志》鄚屬涿郡，亦非勃海。《史記》後文扁鵲自言「臣齊勃海秦越人也，家在於鄭。」蓋史公合言之耳。《酉陽雜俎》云：「扁鵲，姓秦字越人《史記》以越人為名，扁，縣郡，屬勃海。」而兩《漢志》勃海郡竝無扁縣之名。《集韻》云：「扁，姓也，古有扁鵲」，二者皆非。《史記正義》曰：「《黃帝八十一難序》云：『秦越人與軒轅時扁鵲相類，仍號之為扁鵲。又家於盧國，因命之曰盧醫也。』」《漢書‧高帝紀》注引韋昭曰：「泰山盧人」，蓋班《志》盧縣，屬泰山郡。即《左傳‧隱三年》「尋盧之盟」者也。後漢屬濟北國，是與鄚縣又異。

又案：韋昭曰：「扁鵲，魏桓侯時醫也。」臣瓚曰：「魏無桓侯。」趙琴士

云：「齊有桓侯，魏，疑為齊之譌。」但《史記》載晉昭公時，趙簡子專國政一事；又載虢君太子及齊桓二事。傅玄曰：「是時，焉得有虢。」又曰：「是時，齊是桓侯。」裴駰曰：「謂是田和之子桓公午也。與趙簡子頗相當，而無以為號解也。」今據《六國表》，簡子卒於定王十一年，歲在癸未；齊桓公午，卒於安王二十三年，歲在壬寅，相距八十年。況所紀者，非簡子卒時事。而自晉昭公卒至簡子卒，又六十五年，蓋一百四十餘年，而裴氏謂相當何耶？又《韓非子》亦引此事，謂蔡桓侯時有虢君矣，又不能下及趙簡子。意太史公故為荒幻之辭，《傳》內云「或在齊，或在趙」，不必為何方；為盧醫，為扁鵲，不必為何名；或在春秋初，或在春秋末，不必為何時，以見扁鵲為非常人，一如其師長桑君耳。

余謂黃帝時，先有扁鵲，此與羿及公輸正同。在齊、在趙，不妨一人前後處兩國。若時代錯迕，或當是傳聞異詞，史公亦無以定之與？

5. 使琴摯斫斬以為琴

注云：「師摯工琴，謂之琴摯。猶京房善《易》，謂之易京。」

案：梁氏《瞥記》云：「師摯工琴，未見他出。《廣韻》：『琴，姓也。』」據此，似謂琴摯非魯師摯。琴之為姓，孔門有琴牢，即《孟子》之琴張，亦見左氏《昭二十年傳》。杜注：「琴張，字子開，名牢。」《家語・弟子解》：「牢，一字張。」豈琴摯與琴張類耶？但梁氏於《人表考》「太師摯」又云：「一曰琴摯」，本無定說。此處言琴，自屬樂官事，不聞別有琴摯，其人當仍作師摯。若《孟子》趙注「子張善琴，號琴張。」是以琴牢為顓孫師，則因同字子張而誤矣。

6. 師堂操暢

注引《韓詩外傳》：「孔子學鼓琴於師堂子京。」

案：今《外傳》「堂」作「襄」，與《史記・孔子世家》《列子・湯問篇》《淮南・主術訓》竝同。而《初學記》引《韓詩》亦作「師堂子」，蓋堂、襄音相近也。子京，當為堂之字。梁氏《人表考》云：「師襄子是衛樂師，非《論語》擊磬襄，故《表》判列兩人。自王肅偽撰《家語》，其《辨樂論篇》襲《韓詩外傳》而妄增擊磬為官之言，遂合二襄為一。小司馬《索隱》、朱子《集注》皆仍其誤。高誘注《淮南》云：『魯樂太師尤屬舛駁，不特師襄非魯伶官，而

魯襄職司擊磬,豈得稱太師耶。』」

余謂《史記‧禮書序》云:「仲尼沒後,受業之徒沉湮而不舉,或適齊、楚,或入河海。」吳氏人傑曰:「師摯以下八人,蓋以雅樂受業於孔子。」則孔子所從學琴,非即擊磬襄可知。

7. 犓牛之腴

注引《說文》曰:「犓,以芻莝養圈尤本誤作國牛也。」

案:今《說文》脫「圈」字,「莝」,誤作莖。「莝」者,斬芻也。《小雅》「摧之秼之」,借「摧」為「莝」。「犓豢」字,經傳多省作「芻」,注云:「犓或為豏,未詳。」蓋字書無「豏」字也。注又引《說文》曰:「腴,腹下肥者。」段氏謂:「此主謂人。《論衡‧傳語》曰:『堯若腊,舜若腒,桀紂之君,垂腴尺餘』,是也。若《少儀》『羞濡魚者進尾,冬右腴』,及此處『腴』字,皆假人之稱稱之也。」

8. 冒以山膚

注引《禮記》鄭注曰:「芼,菜也,謂以菜調和之也。冒與芼,古字通。山膚,未詳。」

案:所引鄭注見《內則》「芼羹」下,疏云:「芼菜者,用菜雜肉為羹。」《公食大夫禮》:「三牲皆有芼,牛藿、羊苦、豕薇也。」又「雉兔皆有芼」,注云:「芼,謂菜釀也。」凡釀必以菜,如鶉羹、雞羹、駕、釀之蓼是已。《昏義》「牲用魚,芼之以蘋藻」,亦菜也。《內則》惟有麋膚配以魚醢,而非芼,是芼無用獸膚者。此處既云「肥狗之和」,則不得復以獸肉芼之,且與上「菜以筍蒲」一例可知。五臣注謂「山膚」,即《七啟》「玄熊素膚」之「膚」,恐非。「山膚」,已見《招魂》引《酉陽雜俎》。方氏《通雅》「或曰石耳之類」,說近是。但《雜俎》與「山膚」下復有「石耳」,蓋不以為一物。方氏又引《隋志》「山膚,水豢」,亦未審何屬。

9. 薄耆之炙

注云:「薄耆,未詳。一曰薄切獸耆之肉,而以為炙也。耆,今人謂之耆頭。」

案:盧氏文弨疑「耆」即「鰭」之省文,「鰭」與「鮨」通。攷《說文》:「鮨,魚膾醬也。」段氏謂:「《公食大夫禮》『牛鮨』,注曰:『《內則》鮨為

膾。」然則膾用鮨，謂此《經》之『醢牛鮨』，即《內則》之『醢牛膾』也。聶而切之為膾，更細切之，則成醬為鮨矣。鮨者，膾之最細者也。牛得名鮨，猶魚得名膾也。鄭曰：『今文鮨作鰭，鰭是假借字。《說文》有耆無鰭。』據此知耆固可為鰭，但鰭已成醬，不應復言炙。

余謂《公食大夫禮》注「寢右進鬐也」，《士喪禮》《士虞禮》皆有「進鬐」，注竝云：「鬐，脊也。」又云：「古文鬐為耆。」《說文》「鬐」字在《新附》中，是正當作「耆」。《儀禮》之「進鬐」，雖指魚言，而獸之脊亦通稱。「脊，背呂也。」故揚雄賦「兗鋋瘢耆」，耆謂馬脊。然則李注所云「獸耆」，殆即此耳。若薄為薄切者，《說文》：「牒，薄切肉也。」《少儀》曰：「牛與羊、魚之腥，聶而切之為膾。」注：「聶之言牒也。先藿葉切之，復報切之，則為膾。」《醢人》注引《少儀》「聶皆作牒」。《腊人》注云：「膴，亦牒肉大臠。」段氏謂「如許、鄭說，牒者，大片肉是也。」盧氏既以耆為鰭，而從注「薄切」之義，殊未合。張氏《膠言》言採盧說，又自云：「薄耆，即獸耆之薄者，取其易炙，未必即是薄切。」則鰭本為醬，尚何厚薄之有。惟為獸脊，乃俱通順。然不如即說魚耆，既與《儀禮》合，且後《七命》言「范公之鱗」、「紫翼青鬐」，曰「秋蟬之翼，不足擬其薄」，即「薄耆」也。與下句「鮮鯉」，一言炙，一言膾，固亦不同矣。

10. 螭龍德牧

注云：「竝鳥形，未詳。」

案：孫氏《補正》云：「呂向注：『螭，雌龍也。鳳背上文曰牧，腹下文曰德。』據《廣雅》：『鳳首文曰德，翼文曰順，背文曰義，腹文曰信，膺文曰仁。』與呂不同。」

余謂《廣雅》本《南山經》，今《經》作「翼文曰義，背文曰禮」，餘如《王會解》、《韓詩外傳》、《說苑·辨物篇》、《書序》正義引《陰陽書》，皆不言曰「牧」，呂向注，殆未足據。

11. 淑漻蓫蓼

注引《字書》曰：「蓫，葅草也。」

案：《廣雅》：「蕩，藷蔗也。」王氏《疏證》謂《齊民要術》引《廣志》云：「蔗有冬春二種：有胡蔗、木蔗、山蔗。」又引崔寔《四民月令》云：「二月別小蔗，六月別大蔗，夏蔗曰小，冬蔗曰大。」此「蕩，藷蔗」，未知

何種也。

余謂蕎，《玉篇》《廣韻》作「藊」。「藕」，《廣韻》《集韻》作「藉」。《說文》：「藉，艸也。」不言何物，當即「藊」矣。別有「莖」字云：「莖，藉艸也。」此《爾雅》之「茮，莖藉」，即《本草》之五味，與單呼「藉」者異。

又案：《讀書志餘》云：「李注：『言水清淨之處，生藊、蓼二草』，非也。『淑漻藊蓼』四字皆疊韻，謂草貌也。既言『寂漻』，又言『藊蓼』者，文重詞複以形容之。若《風賦》之『被麗披離』，《子虛賦》之『罷池陂陀』，《上林賦》之『崴磈嵔廆』、『傑池茈虒』矣。」

余謂注引《上林賦》「悠遠長懷，寂漻無聲」，似與水合，故為此說。「藊蓼」實字作虛用，亦苦無證。惟《西京賦》「摎蓼浲浪」，薛注所求徧也，「摎」與「藊」音近而義未合，太抵形容之語，祗可以聲會，非可以義求。即如《羽獵賦》「鮮扁陸離」，服虔以「鮮扁」為軍陳戰鬭之貌，何從確指其義之所在哉。

12. 蔓草芳苓

注云：「苓，古蓮字也。」

案：後《七啟》「寒芳苓之巢龜」，注引《史記》「有神龜在江南嘉林中，常巢於芳蓮之上。」「苓」亦與「蓮」同，彼所引見《龜策傳》，乃褚先生語也。前太史公言：「余至江南，問其長老，云龜千歲乃遊蓮葉之上。」徐廣曰：「蓮，一作領。領與蓮聲相近，或假借字也。」《集韻·一先》「蓮」字下列「苓」字。《十五青》「苓」字亦作「薴」，蓋從令之字，多入先部。如「先零羌」之零，音憐。《詩·車鄰篇》「令」與「顛」韻，《采苓篇》「苓」亦與「顛」韻，皆是。故「苓」、「蓮」可通用也。徐氏文靖《管城碩記》以此芳苓為苓耳，即卷耳，謂：「芳苓之巢龜，實苓耳也。」引《博物志》「龜三千歲，遊于蓮葉、卷耳之上。」《宋書·符瑞志》「龜三百歲，遊于蓮葉之上；三千歲，遊于卷耳之上。」邱遲《謝青毛神龜啟》「翱翔卷耳之陰，浮游蓮葉之上」為證。

余謂子建既於《七啟》作「芳苓」，而其所譔《神龜賦》又云「赴芳蓮以巢居」，明是苓即蓮，與《史記》合，則子建以前竝無「苓耳」之說。自張華《博物志》始，二者兼言，當因見前人，或作蓮，或作苓，遂以為二物。而沈約《宋書》、邱遲《啟》俱本之，又易千歲為三千歲。《宋書》更屬臆分，恐不

足據。且龜即歲久身輕，亦惟蓮之葉大而莖差不弱，故可巢。若芩耳，細莖蔓生，龜何以能巢乎？至朱氏彝尊謂《詩》之采芩，即此所稱芳芩，而芩為蓮。毛傳云：「芩，大苦者《爾雅》蓋，大苦。今甘草是也」，乃箋釋之誤，則又非矣。閻氏若璩辨之甚當，大抵草木同名者多，芩可為蓮，亦可為蓋，即可為芩耳並茯苓，亦稱芩，固名同而實異耳。

13. 杜連理音

注云：「杜連，未詳。」

案：孫氏《補正》引劉良注云：「杜連，即田連，善鼓琴者。」

余謂杜與田，雙聲字，故田或作杜。前《琴賦》「田連操」，張注引《韓子》曰：「田連、成竅，天下善鼓琴者也，然而田連鼓上，成竅撅下，而不成曲。或曰：『成連，古之善音者，《琴操》伯牙學琴於成連先生。』」據此，《韓子》分田、成二姓，而或說田連即成連，當是也。否則，此又有杜連，不應善音者三人俱名連。殆即一人，而所傳偶別。

14. 乘牡駿之乘

案：《讀書志餘》云：「『牡』當為『壯』。《爾雅》：『駿，壯大也。』又『奘，駔也。』《說文》：『奘，駔大也。』『駔，壯馬也。』《楚辭·九歎》『同駕贏與乘駔兮』，王注：『乘駔，駿馬也。』《魏都賦》『冀馬填廄而駔駿』，然則『壯』、『奘』、『駔』、『駿』四字，名異而實同。壯駿即駔駿也。作『牡』者，字之誤耳。」據此知「壯」、「牡」形似，「牡」與「駿」不相稱，作「壯」是也。而校本俱未及，但馬不獨貴其大，當從《廣雅》「壯，健也」之訓，「壯」言其健，「駿」言其迅也。

15. 幾滿大宅

注云：「大宅，未詳。」

案：方氏《通雅》云：「《黃庭經》『靈宅既清玉帝遊』，梁邱子注：『面為靈宅，一名大宅。』《大洞經》：『面為尺宅，或作赤澤。』程泰之揣枚乘在漢，已見道書，而李善等不詳所出。」

余謂上文明言陽氣見於眉宇之間，則主面部說為是。若孫氏《補正》所引《後漢書》馮衍《顯志賦》「游精神於大宅」，章懷注：「大宅，謂天地。」又《莊子·則陽篇》「比于大澤」，釋文：「澤，本又作宅」，皆非此義，即「大宅」

可通「尺宅」。而《素問‧至真要大論》「尺澤絕」，注云：「尺澤，肺脈氣也」，雖言身體，義亦異。

16. 徽墨廣博

注云：「墨，燒田也。墨或為壐。」

案：「墨」為燒田，他無所見。云「壐」者，《周禮‧地官‧序官》「壐人」注：「故書壐為壇，杜子春讀壇為壐。」《禮記‧祭法》注：「封土曰壇，除地曰墠。」《說文》：「墠，野土也。」經典多用「壇」為「墠」，古音畧同也。《詩‧鄭風》「東門之墠」，「壇」即「墠」字。毛傳曰：「除地町町者，町町，平意。」則此「壐」即「墠」之同音借字矣。《周禮‧大司馬職》言田獵云：「虞人萊所田之野」，後鄭謂「萊，芟除可陳之處」，正除地之義。而前又言「火弊」，注云：「春田主用火，因焚萊除陳草，皆殺而火止。」據此知，墨之為壐，可與燒田之訓通也。「壐」、「墨」，字形相近。除地焚之，則土黑，故為墨耳。《玉篇》：「徽，邊塞也。」《史記‧司馬相如傳》「南至牂牁為徽」，《索隱》引張揖曰：「以木柵水為蠻夷界。」此田獵除地，亦必有界，故下句云「觀望之有圻」也。

17. 純粹全犧，獻之公門

注引《尚書》「乃攘竊神祇之犧全牲。」

案：「全」，今《書》作「牷」。《說文》：「牷，牛純色。」《周禮‧牧人》注訓「犧」為「純毛牷，為體完具」，與許異。此「全犧」，則鄭義也。「牷」，或省作全。「純」，亦全也。見《儀禮》《士昏禮》《鄉射禮》等注。獻用「全犧」者，《穀梁‧昭八年傳》「面傷不獻」是已。「門」，即《大司馬職》「以旌為左右和之門」也。

18. 袒裼身薄

注引《詩》「襢裼暴虎」。又《書傳》曰：「薄，迫也。」

案：《詩》釋文：「襢，本又作袒。」《說文‧衣部》：「袒，衣縫解也。」蓋即《內則》衣裳綻裂之「綻」。《人部》：「但，裼也。」經典「袒裼」字當作「但裼」，此處「襢」字，《說文》作「膻」，云「肉膻也」，引《詩》「膻裼暴虎」。「薄」與「搏」通，已見《東京賦》。《孟子》「善搏虎」，「搏虎」，即暴虎。《爾雅‧釋訓》：「暴虎，徒搏也。」暴又通薄，《漢書‧宣帝紀》「為取

暴室嗇夫」，徐廣《漢女》注云：「薄，亦暴也。」「暴」與「薄」，一聲之轉，故《匡謬正俗》云「暴有薄音。」

19. 竝往觀乎廣陵之曲江

注云：「《漢書》廣陵國，屬吳也。」

案：廣陵之濤，後人皆以為錢唐，蓋自酈善長注《水經·漸江水篇》始。至元時，省試《羅刹江賦》，獨錢惟善以錢唐為曲江，著聞於時，論者遂翬然從之。觀李氏此注及後文引《南徐州記》，則仍屬江都，惟赤岸之說，與《江賦》注互異，為無定見耳。近汪氏中有《廣陵曲江證》極詳辨，特備錄焉，其辭曰：

廣陵，漢縣。今為甘泉及天長之南竟。江，北江也。本篇李善注引山謙之《南徐州記》：「京江，《禹貢》北江。春秋分朔，輒有大濤至江，乘北激赤岸，尤迅猛。」《南齊書·地理志》：「南兗州廣陵郡，土甚平曠。刺史每以秋月多出海陵觀濤，與京江對岸，江之壯闊處也。」二文竝明覈可據。本篇「凌赤岸，篲扶桑。」李善因「扶桑」之文，竝「赤岸」疑在遠方。然郭璞《江賦》「鼓洪濤于赤岸，淪餘波於柴桑」，正承用《七發》文。則《七發》「扶桑」當作「柴桑」之誤也。今潮猶至湖口之小孤山而回，目驗可知。《江賦》注：「赤岸，在廣陵輿縣今本輿，誤作興。」《寰宇記》：「赤岸，在六合東三十里，高十二丈，周四里。土色皆赤，因名。」顧祖禹《方輿紀要》引《南兗州記》：「潮水自海門入，衝激六七百里，至此其勢始衰。郭璞《江賦》所謂『鼓洪濤于赤岸』也。」今按：此山府縣志所載，土俗所稱，均無異議。故曲江之為北江，非孤證矣。

往者吾鄉江辰六以「廣陵濤」牓其齋，朱竹垞檢討與書爭之，以為《七發》所云在錢唐。其言實謬。檢討所據者，本篇「彄節伍子之山，通厲骨母之場。」依注以「骨母」為「胥母」之譌，而不言二地所在。又節酈氏《水經·漸江篇》注以為證。不知越之北竟，至今之石門浙江，非吳地。故《越語》：「句踐之地，北至禦兒。」韋昭注：「今嘉興語兒鄉也。」《吳語》大夫種謀伐吳，曰：「吾用禦兒臨之。」韋昭注：「禦兒，越北鄙，在今嘉興」，是也。

《爾雅·釋地》：「吳、越之間有具區」，其言審矣。於時戰地並在今蘇州、嘉興二府之境，故《春秋》定十四年：「於越敗吳師於檇李」，杜預注：「吳郡嘉興縣南醉李城。」《傳》：「吳伐越，越子句踐禦之，陳於檇李。」又，「闔

盧還，卒于陘，去檇李七里。」哀元年《傳》：「吳王夫差敗越于夫椒」，注：「吳郡吳縣西南太湖中椒山。」《越語》：「句踐即位，三年，興師伐吳。戰於五湖，不勝」，是也。吳、越交兵凡三十二年，內、外《傳》所謂「江」，竝吳江也。故《春秋傳》哀十七年：「越子伐吳，吳子禦之笠澤，夾水而陳。」《吳語》：「越王句踐乃率中軍泝江以襲吳，入其郭。」韋昭注：「江，吳江也。」又：「吳王起師于江北，越王軍於江南。」韋昭注：「江，松江，去吳五十里」是也。吳殺子胥，投其尸于江，亦吳江也。《七發》注引《史記》：「吳王殺子胥，投之于江。吳人立祠于江上，用名胥母山。」《史記·伍子胥列傳》：「吳王取子胥尸，盛以鴟夷革，浮之江中。吳人憐之，為立祠于江上。」張晏曰：「胥山，在太湖邊，去江不遠百里，故云江上。」《正義》引《吳地記》曰：「越軍於蘇州東南三十里，又向下三里，臨江北岸，立壇，殺白馬，祭子胥，杯動酒乾盡。後立廟于此江上。」《吳太伯世家》正義引《吳俗傳》：「子胥亡後，越從松江北開渠至橫山東北，築城伐吳。子胥乃與越軍夢，令從東南入，破吳。越王即移向三江口岸，立壇，殺白馬，祭子胥。杯動酒乾盡，越乃開渠。子胥作濤，蕩羅城東開，入滅吳，至今號曰示浦，門曰鱣鮟」是也。吳投子胥之尸，其有舍其本國南竟五十里之吳江，乃入鄰國三百餘里，投之浙江哉！然則伍子之山，胥母之場，固與浙江無涉，不得引以為證。《吳越春秋》：「句踐殺大夫種，葬於國之西山。一年，伍子胥從海上穿山脇而持種去，與之俱浮於海。故前潮水揚波者子胥，後重水者大夫種也。」其言固誕，但言「海潮」而不言浙江也。《論衡·書虛篇》：「吳王殺子胥，投之江。子胥恚恨，驅水為濤以溺殺人。今時會稽丹徒大江，錢唐浙江，皆立子胥之廟，蓋欲慰其恨心，止其怒濤也。」二江竝祭子胥，乃在東漢之世。《水經·淮水篇》注引應劭《風俗通》：「江都縣有江水祠，俗謂之五相廟也。子胥但配食耳。歲三祭，與五岳同。」子胥之配食大江，是惟命祀。《漸江篇》《吳越春秋》以《七發》所云專屬之浙江，則誤矣。

　　檢討又云：「曾鞏序《鑑湖圖》，有所云廣陵斗門者，在今山陰縣西六十里，去浙江不遠。」今以其地準之，實在浙江之東，自吳至浙，不經其地。且係堰埠小名，何取於是，而以之冠曲江之上哉？是時，吳王濞都廣陵。北江在國門之外，故強太子往觀之。若踰江湖千二百里以至浙江，則病未能也。

　　檢討又云：「江陵之更名廣陵，在元狩三年。時乘已卒，不應先見於文。」則尤謬。《史記·五宗世家》：「江都王建自殺，國除，地入于漢，為廣陵郡。」

據《漢書·諸侯王表》《地理志》，竝在元狩二年。其時所更名者，廣陵郡也。而廣陵郡自有廣陵縣，為郡治，為吳、江都、廣陵三國都，其名則在楚、在秦、在荊、在吳、在江都皆有之。故《史記·六國表》：「楚懷王十年，城廣陵。」《項羽本紀》：「廣陵人召平，於是為陳王徇廣陵。」《樊酈滕灌列傳》：「灌嬰渡淮，盡降其城邑，至廣陵。」《吳王濞列傳》：「孝景前三年正月甲子，初起兵於廣陵。」不得謂元狩三年之前無廣陵之名也。漢所置郡國，若宏農、陳留、平原、千乘、丹陽、桂林、零陵、武都、安定、朔方，皆取縣名名郡。廣平、真定、信都、廣陽、高密，皆取縣名名國。此例甚多。故江都之為國，廣陵之為郡、為國，皆以縣也。

檢討不根持論，雖越俗好鬼，錢唐廣陵侯之淫祀，舉子所業，錢惟善之試卷皆備舉之。而於經史正文反屏而不觀，及一引《漢書》，而其謬若是，亦後學者之大戒已。至廣陵城，本在蜀岡上，邗溝環其東南，江即在其外。故《水經·淮水篇》注云：「昔吳將伐齊，自廣陵城東南築邗城，城下掘深溝，謂之韓江，亦曰邗溟溝。」今自廣陵驛而北，為舊城之市河，北至堡城，折而東至黃金壩，會於運河，是其故址。自此入淮，一名中瀆水。故云：「中瀆水首受江於廣陵郡之江都縣，縣城臨江」，是也。晉以後江益徙而南，故《沔水篇》云：「毘陵縣丹徒北二百步，有故城，舊去江三里，岸稍毀，遂至。城北有揚州刺史劉繇墓，淪于江」，是也。今揚州城外運河，唐王播所開，事見播傳。其時江猶至於揚子橋。而東關以外，在漢則江潯也。然則城東小水之稱「廣陵濤」，固非無據。

凡檢討所云，惟《水經注》承酈氏之誤，其餘無是者。恐後人習謬而不知，故為正之。

余謂汪君此《證》，張氏《膠言》以為「止於一二地名，逞其快論，而於江之名曲，絕無詮釋，濤之形狀，亦不置喙。」然則地有指實者，不足據；而空言其名狀者，轉足據乎？無是理也。況《江賦》內如「激逸勢以前驅，乃鼓怒而作濤」，「協靈通氣，潰薄相陶。流風蒸雷，騰虹揚霄」及「觸曲匡以縈繞，駭崩浪而相礧」諸文，正本之《七發》，即其形狀可知。惟《潛邱箚記》云「梁孝王薨于景帝中六年丁酉」，則此七作於丁酉前。考爾時會稽郡省並入江都國《漢志》會稽郡注云：景帝四年，屬江都。是江都之所統不獨至錢唐江，且遠至建寧、福州（古名冶縣）者，其疆域如此。作者本欲云江都之曲江，但以二江字相犯，易古地名曰廣陵耳。此似作調人之見，謂地是江都，江是

錢唐。然因二江字，故易其名，語殊牽強。且江都名國時，原仍有廣陵縣，則汪《證》中已言之矣。聊附其說，以俟明者。

又案：王氏《商榷》亦同汪說，謂廣陵之名，據《吳越春秋》夫差時已有。復引李白集《送友人尋越中山水》詩：「湖清霜鏡曉，濤白雪山來。八月枚乘筆，三秋張翰盃。」似足證廣陵濤在錢唐。而竹垞未及，但上文別有《送當塗趙少府赴長蘆》詩：「我來揚都市，送客迴輕舸。因誇吳太子，便觀廣陵濤。仙尉趙家玉，英風凌四豪。維舟至長蘆，目送烟雲高。」王琦注：「唐有兩長蘆：一長蘆縣，隸河北道滄州。一長蘆鎮，在淮南道揚州之六合縣南。」則此詩仍以「廣陵濤」在淮南矣。

余謂太白詩非為考據，故竝用之。然可見唐時於兩者已無定論，無怪乎後人之紛紛也。至吳氏曾《能改齋漫錄·地理篇》因《七發》有「弭節伍子之山」，即「胥山」，遂謂曲江在蘇州，王斥其謬不足論。

20. 附從太白

注引《淮南子》曰：「昔馮遲太白之御，入雲霓，游微霧，鶩忽荒。」許慎曰：「馮遲太白，河伯也。」

案：此所引見《原道訓》，今本作「馮夷大丙」，高誘注：「夷，或作遲。丙，或作白。皆古之得道能御陰陽者也。」莊氏逵吉校云：「《詩》『周道倭遲』，《韓詩》作『郁夷』，故『夷』或為『遲』。『丙』、『白』，字形相近。」

余謂李氏蓋因正文作「太白」，故從許注本也。「馮夷」，已見前《江賦》。「大丙」，則《東京賦》「大丙弭節」，注引《淮南子》曰：「若夫鉗且、大丙之御也，馬莫使之而自走。」高誘曰：「二人，太一之御也。」彼所引見《覽冥訓》。下文又云：「鉗且、大丙不施轡銜，而以善御，聞於天下」，皆不作「太白」。

附案：《列子·周穆王篇》云：「主車則造父為御，泰丙為右。」秦氏恩復校本謂：「泰丙，即泰丙，見《淮南子》，一作奔丙。」

21. 初發乎或圍之津涯，㜘畛谷分

注云：「畛，轉也。言涯如轉，而谷似裂也。一曰涯如草轉也。㜘，謂草根。一本無㜘字。」

案：五臣本翰注：「㜘，隴也。畛，隱也。如山隴之相隱，川谷之區分也。」校者謂「涯」字屬上句讀，文法較明，惟以「㜘」為「隴」，亦屬臆斷。

余謂無「茇」字，則「涯」屬下讀，固不礙文義。若翰注之訓「隴」，蓋以「茇」為「陔」之假借字。本書《補亡詩》注引《聲類》曰：「陔，隴也」，是也。翰不言「茇」與「陔」同音可通用，而李注直以「茇」為「草根」，殊迂。

22. 便娟詹何之倫

注引「《淮南子》曰：『雖有鉤鍼芳餌，加以詹何、娟嬛之數，猶不能與罔罟爭得也見《原道訓》。』高誘曰：『娟嬛，白公時人。』《宋玉集》曰：『宋玉與登徒子偕受釣於玄淵。』《七畧》曰：『娟子，名淵，楚人也。』然三文雖殊，其一人也。」

案：所引《宋玉集》，蓋《釣賦》也。《困學紀聞》謂：「玄淵，唐人避諱，改『淵』為『泉』，《古文苑》又誤為『洲』。」萬氏《集證》云：「《漢藝文志》攷》：『《娟子》十三篇，名淵，楚人。』《史記‧孟荀列傳》：『環淵，楚人，學黃老道德之術，著上、下二篇。』應璩《與從弟書》又作『便嬛』。」

余謂前《琴賦》注引《列仙傳》：「涓子者，齊人，好餌朮，著《天地人經》三十八篇，釣於澤，得符鯉魚中。」雖言齊人，與諸書作楚人異，似亦為一人。蓋皆音相近，各據所聞，無以定之。

七啟 曹子建

23. 精粺

注云：「《說文》曰：『稗，禾別也。』稗與粺古字通。」

案：「粺」、「稗」俱旁卦切，故同音通用，而義實各別。《漢書‧藝文志》注引如淳曰：「《九章》細米為粺。」《廣雅》「精」、「繫」、「粺」並云「小也」。蓋皆以「稗」為「粺」。王氏《疏證》謂：「《詩‧大雅》『彼疏斯粺』，毛傳云：『彼宜食疏，今反食精粺。』鄭箋云：『米之率，糲十，粺九，繫八，侍御七。』《正義》曰：『《九章》粟米之法：「粟率五十，糲米三十，粺二十七，繫二十四，御二十一。」言粟五升，為糲米三升，以下米漸細，則數益少也。』」據此，是「繫」細於「粺」。而《說文》：「粺，毇也。」「毇，糲米一斛，舂為八斗也。」又「糲米一斛，舂九斗曰繫。」則是「粺」細於「繫」，未知孰是段氏謂《說文》八、九二字互譌。

余謂說雖稍異，而「粺」要為米之細者，不得與「黃」、「粺」相混。此處「精粺」字，正本毛傳，宜用《說文》「粺」字本義。李注乃引「粺」字之訓，失之矣。

24. 霜蓄

注云：「《毛詩》曰：『我行其野，言采其蓫。』鄭箋曰：『蓫，牛蘈。』蓫與蓄，音義通。」

案：《詩》釋文：「蓫，本又作蓄」，以二字音相近也。毛傳以為惡菜者。「蓫」，即羊蹄。《齊民要術》引《義疏》云：「今羊蹄，似蘆菔，莖赤。煮為茹，滑而不美，多噉，令人下痢是也。」《疏》又云：「幽州謂之羊蹄，揚州謂之蓫，一名蓨。」蓋即《爾雅》之「蓨，蓨」，亦曰「苖，蓨」。《說文》：「菫，艸也。」《廣雅》：「菫，羊蹄也。」《集韻》：「菫，或作苖，通作蓫，羊蹄也郝氏謂苖為蓫者，猶笛之作篴也。」《神農本草》：「羊蹄，一名東方宿，一名連蟲陸，一名鬼目。」《名醫別錄》云：「一名蓄。」陶注：「今人呼為禿菜，即是蓄音之誤」，引《詩》「言采其蓄」。郝氏謂：「苖，郭音他六反，正讀為禿也。」菫，亦通苖、蓫者，《說文》菫讀若釐。而《廣韻·一屋》菫，許竹、丑六二切。段氏則謂：「菫、蓄同物，而誤讀菫同蓄也。」王氏《廣雅疏證》云：「菫更有一種味酸者。《齊民要術》引《字林》云：『菫似冬藍，蒸食之酢。』陶注《本草》羊蹄云：『又一種極相似而味醋，呼為酸摸。』《本草拾遺》云：『酸摸，葉酸美，人亦折食其英，葉似羊蹄。』《爾雅》：『須，蕵蕪。』郭注：『似羊蹄，葉細味酢，可食。』是羊蹄一種，名蓫，名蓄。一種名蕵蕪，名酸摸，而總謂之菫也。」若鄭箋以「蓫」為「牛蘈」者，《爾雅》：「蕦，牛蘈。」郝氏謂「蓫通蓄，蓄有禿音，與蕦、蘈聲相轉也。」

余謂鄭意豈以牛蘈即羊蹄與，亦猶菫為羊蹄？而《玉篇》：「菫，一名蕁」，則又混於《爾雅》之「芨，菫草」，緣「菫」與「菫」字形相似耳。草木之名，彼此淆亂，大抵如是。《爾雅》又有「蓫薚，馬尾」，即《廣雅》之「蔏陸」，《說文》單呼為「募」，而不得單呼為「蓫」，與此亦不相涉也。

25. 露葵

注引宋玉《諷賦》：「煮露葵之羹」。

案：《本草綱目》云：「古人採葵必待露，《解故》曰露葵，今人呼為滑菜，言其性也。其最小者，名鴨腳葵。六七月種者為秋葵，八九月種者為冬葵，經

年收採。正月復種者為春葵。」王禎《農書》曰:『葵為白菜之主,備四時之饌』,而今人不復食。」

余謂《爾雅》有「蒤,苨葵。」又有「菺,戎葵」,即蜀葵,或名吳葵、胡葵,皆非此類。

附案:陸氏《埤雅》云:「葵有紫莖、白莖二種。」陳氏《稽古編》謂:「即露葵,闤民所烹,指此。」

26. 珠翠之珍

注云:「珠翠,珠柱也。《南方異物記》曰:『採珠人以珠肉作酢也。』」

案:《禹貢》「蠙珠」,本蚌類,其肉可食。「珠柱」,殆即今之江珧柱也。但注以「珠翠」合言,似為一物,恐非。據《呂氏春秋‧本味篇》「肉之美者,雟燕之翠。」高注:「翠,厥也。翠通作膵。」《玉篇》:「膵,鳥尾上肉也。」《廣雅‧釋言》:「膵,肥也。」又《釋親》:「膵,髁臀也。」臀與厥同。《說文》:「髖,臀骨也。」畢氏沅謂:「《內則》有舒鴈翠、舒鳧翠,皆不可食者。今閩、廣人以此為美。」疑即此所謂「翠」矣。

27. 捷忘歸之矢

注引《儀禮》:「司射搢三挾一箇。」鄭玄曰:「搢,插也。」

案:胡氏《考異》云:「插,當作捷。宋潭州本《儀禮‧鄉射》釋文:『捷,初給反。』又《士冠禮》:『捷栖,初洽反。』本又作『插』,此正文作『捷』,善所引亦作『捷』,不知者改之。」

余謂釋文既云「本又作插」,則「插」非誤字。且《禮》注本亦不同,《士喪禮》「搢笏」注:「搢,捷也。」《內則》「搢笏」注:「搢,猶扱也。」《說文》:「捷,獵也。」「扱,收也。」「捷」與「扱」,皆「插」之假借字。然則正文作「捷」,注不妨作「插」,但當云「捷與插,古字通」耳。「搢」字,《說文》在《新附》中,祇當作「晉」。《周禮》「王晉大圭」,先鄭注云:「晉,讀為搢紳之搢,謂臿於紳帶之間。」「臿」,即「插」也。

28. 班輸無所措其斧斤

注引《禮記》鄭注云:「公輸若,匠師也。般、若之族多巧伎者也般,即班。」

案:此所引見《檀弓》,校者謂似分班、輸為二人。

余謂「公輸」者，氏也。「若」與「般」，蓋二人名。「若」雖匠師，而年尚幼。故《記》云：「方小，其多伎巧者，則般也。」鄭意竝未以班、輸為二人。《孟子》稱「公輸子」者，「般」之名已著，但舉其氏，即可知也。《易林·乾之既濟》稱「輸班」，特省文耳。至《列子·湯問篇》稱「班輸」，而此處因之。若郭茂蒨《樂府·古艷歌行》「誰能為此器，公輸與魯班」，則直作二人矣。故《賓戲》「班輸權巧于斧斤」，《漢書·敘傳》注亦採或說，引《樂府》作二人解。

又案：《海內經》言「少皞生般，始為弓矢。」是公輸本取古人以為名，猶堯時有羿善射，而有窮之君亦以善射名羿也。《國策》諸子多稱「班輸」，與墨翟攻守事較之。《檀弓》所載般在季康子時，相距甚遠，固當非一人也。近梁氏玉繩引唐上官昭容《流杯池》詩云：「公輸與班爾，從此遂韜聲。」謂王爾，古巧匠。見《韓子·姦劫弒臣》《淮南·本經》，劉畫《新論·知人》。故漢劉歆《西京雜記》下載鄒陽《几賦》「王爾、公輸之徒」，中山王文《木器賦》「乃命班、爾」，而昭容詩以「班爾」對「公輸」，似割截《檀弓》語用之。

余謂昭容固以輸、班為二人，爾者，自指王爾也。上舉一人，下舉二人，語亦無不可通。或「班」字為「王」字之誤。若因《檀弓》「般」下有「爾」字，遂以「班爾」為人名，不應昧於文義如是。

附案：《西京賦》「命般爾之巧匠」，注：「般，魯班；爾，王爾，皆古之巧者也。」其稱二人竝同。

29. 御文軒，臨洞庭

注云：「洞庭，廣庭也。《莊子》曰：『黃帝張咸池之樂於洞庭。』」

案：善意不以「洞庭」為澤名，故訓曰「廣庭」。但所引《莊子·天運篇》本作「洞庭之野」，此與《竹書》「夏帝啟舞九韶于大穆之野」相同，乃刪去「之野」二字以就其說，非也。篇中「補敘聲樂，祇係設言」，借用《莊子》語，不妨即為楚之大澤。觀上文云「既游觀中原」，結尾又云「子能從我而游之」可見。然則「御文軒」者，謂駕車而臨洞庭也。注引《尸子》「文軒無四寸之鍵則車不行」正合。而前為「殿檻」之釋，及《新語》「文軒彫窗」，義殊乖剌。陳氏校本以為誤贅是已。若謂「嘉樂不野合」，則《漢志》編與？西陵皆有雲夢宮，豈洞庭之側不可有離宮乎？

七命　張景陽

30. 采奇律於歸昌

注引《韓詩外傳》曰：「鳳舉曰上翔，集鳴曰歸昌。」

案：「舉」下當有「鳴」字。張氏《膠言》謂今《外傳》無此文。然《太平御覽》亦引《韓詩外傳》云：「鳳昏鳴曰固長，晨鳴曰發明，晝鳴曰保章，舉鳴曰上翔，集鳴曰歸昌。」是今本佚脫，非注誤也。《廣雅·釋鳥》與《外傳》同，惟「保章」作「保長」。《毛詩義疏》則云：「朝鳴曰發明，晝鳴曰上翔，夕鳴曰滿昌，昏鳴曰固常，夜鳴曰保長。」《初學記》引《論語·摘衰聖》則云：「行鳴曰歸嬉，止鳴曰提扶，夜鳴曰善哉，晨鳴曰賀世，飛鳴曰郎都。」蓋所傳各異耳。

31. 啟中黃之少宮

注引《禮斗威儀》曰：「少宮主政。」宋均曰：「聲五而已，必加少宮、少商者，以君臣任重，為設副也。」

案：《廣雅·釋樂》云：「神農氏琴上有五弦，曰宮商角徵羽。文王增二弦，曰少宮、少商。」王氏《疏證》謂：「《後漢書·仲長統傳》注引《三禮圖》與《廣雅》同。又《初學記》引《琴操》云：『琴長三尺六寸六分，廣六寸。五弦，大弦為君，小弦為臣。文王、武王加二弦，以合君臣之恩。』」

余謂此承「中黃」言，當本《呂氏春秋》：「黃帝令伶倫取竹於嶰谿之谷，斷兩節間，長三寸九分而吹之，以為黃鍾之宮，曰含少。」《古樂經傳》云：「總其全體，命之曰黃鍾之宮，而以所穴之孔為黃鍾，所含之少聲也。」是殆為「中黃之少宮」矣。

32. 浮三翼

注引《越絕書·伍子胥水戰兵法內經》曰：「大翼一艘，長十丈；中翼一艘，長九丈六尺；小翼一艘，長九丈。」

案：注所引今《越絕書》無此語，亦無此篇名。惟《太平御覽·舟部》引云：「闔閭見子胥，問船運之備。對曰：『船名大翼、小翼、突冒、樓船、橋船。令船軍之教，比陵軍之法，乃可用之。大翼者，當陵軍之重車；小翼者，當陵軍之輕車；突冒者，當陵軍之衝車；樓船者，當陵軍之行樓車也；橋船者，當陵軍之輕足驃騎也。』」洪氏《容齋四筆》又引《水戰兵法內經》

曰：「大翼一艘，廣一丈五尺三寸，長十丈；中翼一艘，廣一丈三尺五寸，長九丈；小翼一艘，廣一丈二尺，長五丈六尺。」據《四庫提要》謂《崇文總目》稱《越絕書》有《內記》八、《外傳》十七。今文題闕舛，裁二十篇。是此書在北宋初已佚五篇。《選注》所引，蓋佚篇之文。但洪氏引之甚具，不似有闕佚。而今本祇十五篇，較之《崇文總目》所云二十篇者，又闕其五。《提要》言今本為大德丙午所刊，乃元成宗之十年。《容齋四筆》之成在慶元三年，中間相距已百年有餘，《選注》所引必二十篇之本原有之。故洪氏得見今本無之者，正在後闕五篇之內。然則此文實佚於南宋之末，非北宋之初也。特洪氏所言中翼、小翼之長，其丈數，與《選注》不符，未知孰是。洪又謂三翼皆巨戰船，而昔之詩人乃以為輕舟。梁元帝云「日華三翼舸」，又云「三翼自相追」。張正見云：「三翼，木蘭船。」元微之云「光陰三翼過」，其它亦鮮及者。若此處下句曰「戲中沚」，亦不應用大戰艦借作輕舟，當即自景陽始。

33. 駕紅陽之飛燕

注云：「紅陽、飛燕，未詳。或曰《駿馬圖》有含陽、侯驃。疑含即紅，聲之誤也。」

案：如或說，以二者皆為馬，無此文法。孫氏《補正》引趙云：「以下句『唐公之驪騵』例之，則紅陽乃人名也。」《尸子》曰：「我得民而治，則馬有紫燕、蘭池。」

余謂下句言人，不必上句亦言人，疑是地名。《漢志》南陽郡有「紅陽」，但不聞其出馬。若「飛燕」，則《西京雜記》云：「文帝自代還，有良馬九匹，一名飛燕騮。」前謝靈運《會吟行》「飛燕躍廣途」，注已引之。而此處云「未詳」，何也？「飛燕」，以鳥名馬，與《廣雅・釋獸》馬之屬有「飛鴻」正同。

又案：前《赭白馬賦》注引傅玄《乘輿馬賦》曰：「形便飛燕，勢越驚鴻。」此雖借擬，但馬名「飛燕」，本是比況，則亦可旁證也。

附案：漢《鐃歌・君馬黃》云蔡有赭紅陽與蔡陽，俱屬南陽郡。又紅陽為今舞陽縣，縣有不羹城，即《左傳》所謂「城陳、蔡、不羹」者也，則其地近蔡可知，或指此與？

34. 布飛纍，張脩罠

注云：「《爾雅》：『麛罟謂之纍。』或作罠。又云纍或為羅。」

案：《爾雅》郭注：「羉，幕也。」郝氏云：「謂幕絡之。釋文：『羉，又莫潘反。』此音是也。羉、幕，一聲之轉。釋文又云：『羉，本或作罠，忘巾反。』罠、羉亦聲轉也。《吳都賦》『罠蹏連綱』，劉注：『罠，麋網。』《廣雅》：『罠，兔罟。』《說文》又云：『罠，釣也。』其不同如此。羉為羅者，羉音力端反，則與羅聲轉。《御覽》引舍人曰：『貀剛惡齧人，故張網而羅之也。』然則舍人本殆即或本羉作羅矣。」

余謂注又云：「夫然羉、罠一以為對，恐互體。」蓋言羉既或作罠，是羉與罠一物。今已稱羉，復稱罠，用作偶語，殆互言之也。語意如是，而胡氏《考異》疑其誤，非是。然《爾雅》乃傳本不同，未必遂以羉、罠為一字，故此處可以分列。《廣韻》云：「罠，貀網」，則從作罠之本耳。

35. 鋸牙捭

注引《說文》曰：「捭，兩手擊也，補買切。」

案：金氏甡云：「《禮運》『燔黍捭豚』，注：『捭豚，擘析豚肉也。』此亦當作擘開之義，非搏擊之謂。」孫氏《補正》引之而云：「捭字有擲義，左思《吳都賦》『莫不衄銳挫鋩，拉捭摧藏』，注：『鳥獸莫不衄挫鋒鋩，拉擲折挫之也。』景陽用字本此。捭音拜，上聲，與『捭豚』之捭，音博厄切者，又異。」

余謂《禮記》本借捭為擘，非捭字別有博厄切之音也。景陽亦未必是用左語。拜之上聲，正補買切。《吳都賦》注作擲義者，特望文生解耳。彼處「拉捭」連文，「拉」，如《史記·齊世家》「襄公使彭生拉殺魯桓公」，則即以捭為擘之假音字，固得通。而此與「鷹」為韻，自宜從「補買」之音矣。

又案：《廣雅·釋詁》：「捭，開也。」王氏《疏證》云：「捭之言擘也。《西京賦》『置互擺牲』，薛注：『擺謂破礫懸之。』《後漢書·馬融傳》注引《字書》『擺亦捭字』。《周禮》『以疈辜祭，四方百物』，故書疈為罷。鄭眾注云：『罷辜，披礫牲以祭。』捭、擺、罷，聲義竝同。」據此知「捭」正有「擘」義，而音仍讀「補買切」也。

36. 邪溪之鋌，赤山之精

注引《越絕書》曰：「當造此劍之時，赤堇之山破而出錫，若耶之溪涸而出銅。」

案：《水經·漸江水篇》注云：「西連稽山，東帶若邪溪，《吳越春秋》所

謂歐冶涸以成五劍。溪水上承嶕峴麻溪，溪之下，孤潭周數畝，甚清深。」
《方輿紀要》云：「若邪山在今紹興府東南四十五里，山下有若邪溪，流入鏡
湖。赤堇山在府東三十里，一名鑄浦山。《國策》破堇山而出錫，又寧波府奉
化縣東五十里有赤堇山，亦曰堇城山，相傳歐冶子造劍處。」堇，草名，加
邑為鄞。趙氏一清謂「漢取山名以氏縣也」。蓋奉化本漢鄞縣地，此殆相傳不
同。

37. 銷踰羊頭，鏷越鍛成

注引《淮南子》許慎注曰：「銷，生鐵也。」

案：許於《說文》「銷」字云：「鑠金也。」此言「生鐵」者，蓋一字兼
二義矣。注又云：「鏷，或為鏷。」《廣雅》：「鏷，鋌也。」今本《廣雅》「鋌」
字條脫「鏷」字，而《廣韻》「鏷」字注引之，與此正合。「鏷」、「鏷」同。
《說文》：「鋌，銅鐵樸也。」別無「鏷」字。是本當作「樸」，後人別其為銅
鐵之類而易金旁耳。《玉篇》《廣韻》竝有「鏷」字云：「鏷，鏷矢名。」而《左
傳》作「僕姑」，《廣韻》亦云字不從金也。

38. 鷰髀

注引《呂氏春秋》伊尹說湯曰：「肉之美者，巂鷰之髀。」

案：「髀」，今本作「翠」，已見《七啟》，注引作「髀」，不知孰是。若
「巂」，今作「雋」；「鷰」，今作「臄」，皆誤字也。附案：《讀書志餘》謂：「此本
借『臄』為『巂』。因由畔『巂』字誤作『雋』，左畔『角』字又下移於『燕』字之旁，故譌
為『雋臄』二字。《初學記・器物部》引作『攜燕』，『攜』即『臄』之譌也。」

「巂」，本子規之名。此以屬燕者，《說文》「巂周，燕也」義。《正義》引
舍人曰：「巂周，名燕。燕又名鳦。」孫炎曰：「別三名。」段氏、郝氏皆以為
「燕名巂周之證也。」

余謂「燕髀」、「燕翠」似不得稱味之美。注又引崔駰《博徒論》有「鷰
臛」，豈即今之燕窩與？

39. 氂殘象白

注云：「殘、白，蓋煮肉之異名也。」

案：孫氏《補正》引劉良注曰：「殘，謂猛獸所食之殘者，亦猶豺殘也。」
余謂李注太混，然獸之食餘，何得列於美味？《說文・歺部》：「殘穿也。

從又、冎。」段氏謂:「又者,手也,所以殘穿也。殘穿之去其穢雜,故从又、冎,會意。是去其穢雜,即存其精華矣。」以此解「殘」字似合。「冎」,亦讀若殘。劉又云:「白,謂脂也,亦猶熊白。」蓋與今之食河豚白者相類,取其最蠡美也。此說則得之。

40. 萊黃之鮐

注引《鹽鐵論》曰:「江湖之魚,萊、黃之鮐,不可勝也。」

案:吳氏志伊《山海經廣注》言:「鮐即鱴鮐,今之河豚已見前《吳都賦》。」徐氏文靖非之云:「《漢書·貨殖傳》『鮐鮆千斤』,顏師古注:『鮐,海魚也。音胎,又音沰。』而吳氏以為即鱴鮐,音夷,非惟失於訓物,亦不知音矣。」

余謂顏注語本之《說文》,此注亦引之。《說文》:「鮐,從魚,台聲。」台本音怡,又音臺,二音相通。《詩》之「台背」,《爾雅·釋詁》作「鮐背」,兩處釋文竝云:「鮐,一音夷。」郝氏謂「今登萊海上人呼此魚,正如臺,無音夷者。惟鱴鮐魚,音夷耳。」此特方音稍別,不得謂鮐之不可音夷也。《詩》鄭箋:「台之音鮐也。」人老則背有鮐文,今鱴鮐背上青黑有黃文,正相合。張氏《膠言》又調停其說,謂:「或單言鮐為海之大魚,而音待來。然《說文》鮐字云海魚,與鮊、鰒、鮫等為類,非如鱣之獨別稱海大魚也。」則亦臆為之說。

注又云:「《漢書》東萊郡有黃縣。」今其故城在登州府黃縣東二十五里。

41. 荊南烏程

注引盛弘之《荊州記》,已見《吳都賦》。又引《吳地理志》曰:「吳興烏程縣酒有名。」

案:李氏兩說竝引,蓋莫定其地。高氏《緯略》曰:「說者以荊南為荊州,然烏程縣在今湖州,與荊州相去甚遠,縣南五十步有若溪。若,一作箬,居人取水釀酒曰箬下酒。荊溪在縣南六十里,以其出荊山,因名之。」張玄之《山墟名》曰:「昔漢荊王賈登此山,故稱荊山。」所謂「荊南烏程」,即荊溪之南耳。以《湖州圖經》考之,烏程縣以古有烏氏、程氏居此,能醞酒,因此名焉。荊溪,別在長興縣西南六十里,此溪出荊山。

余謂荊州之烏程鄉,湖州之烏程縣俱出名酒,故易混。據《元和志》,長城縣本漢烏程縣地,有若溪,水釀酒甚濃,俗稱若水酒。而荊溪別在義興縣,即今之荊溪縣,以近荊南山得名。高氏亦知荊溪之非若溪,乃附合為一,

失之。「荊南」與下「豫北」對舉，當皆屬州名，則烏程之酒仍在荊州矣。何氏從高說，非。

42. 單醪投川，可使三軍告捷

注引《黃石公記》曰：「昔良將之用兵也，人有饋一簞之醪，投河，令眾迎流而飲之。」

案：《水經·漸江水篇》注云：「昔越王為吳所敗，以五千餘眾栖於稽山，卑身待士，施必及下。《呂氏春秋》曰：『越王之栖於會稽也，有酒投江，民飲其流，而戰氣自倍。』所投，即浙江也。」據此知為越王句踐事，注失引。酈云「浙江」，而《寰宇記》言「會稽縣西三里有投醪河」，《方輿紀要》亦名「簞醪河」，又名「勞師駟」，今合於運河。蓋其地傳聞之異耳。此處正文「單」字，當作「簞」。

43. 言有怒之，而齊王之疾痊

注引《呂氏春秋》齊閔王病痟云云。

案：今本作「齊王疾痟」，高誘注：「齊王，湣王也。湣與閔通。」梁氏玉繩謂：「《論衡·道虛篇》作『齊王病痟』。痟，蓋即《周禮·天官·疾醫》之所謂『痟首』也。盧云：『痟首，常有之疾，未必難治，此或與消渴之消同。』」

余謂「痊」字與「痟」、「痟」皆形相似。作「痊」者，誤也。「痟」、「消」同音字。

賢良詔 漢武帝

44. 昔在唐虞，畫象而民不犯

注引《尚書大傳》曰：「唐、虞象刑而民不敢犯。」

案：《虞書》「象以典刑」，又曰：「方施象刑，惟明。」孫氏星衍疏引《大傳》說：「唐、虞之象刑，上刑赭衣不純，中刑雜屨，下刑墨幪，以居州里而民恥之。」鄭注：「純，緣也。幪，巾也，使不得冠飾也。」又《荀子·正義篇》「古無肉刑，而有象刑。墨黥；慅嬰；共，艾畢；菲，對屨；殺，赭衣而不純。」楊倞注引《慎子》「慅嬰」作「草纓」，是「墨黥」俱刑在面，故以草為冠飾也。「共，艾畢」者，共當為宮，宮刑，別異其蔽前，以艾色為韠也。

「菲,對屨」者,菲當為荆。楊倞云:「對或為蒯。」言荆刑,蒯屨也。《御覽・刑法部》引《慎子》曰:「有虞氏之誅,以蒙巾當墨,以草屨當剕,以菲屨當刖,以艾韠當宮,布衣無領當大辟。」《周禮・司圜》疏引《孝經緯》云:「『三皇無文,五帝畫象,三王肉刑。』畫象者,上罪墨蒙、赭衣、雜屨;中罪赭衣、雜屨;下罪雜屨而已。」是象刑,自古傳之。鄭注「司圜」云:「弗使冠飾者,著墨幪,若古之象刑與?」知鄭亦同古說也。

余謂今《書傳》云:「象,法也。法有常刑,用不越法。」蓋不以為畫象。然《大傳》出伏生,固今文家言。《史記集解》引馬融曰:「言咎繇制五常之刑,無犯之者,但有其象,無其人也」,與鄭不異。馬、鄭皆習古文者,然則象刑之法,今古文同,而東晉書不足據矣。

45. 北發

注引晉灼曰:「北發,似國名。」善自說同。

案:《漢書》注臣瓚曰:「《孔子三朝記》『北發渠搜,南撫交阯』,此舉北以南為對也。」師古曰:「北發,非國名,言北方即可徵發渠搜而役屬之。瓚說近是。」亦見《韓安國傳》「北發月氏,可得而臣也。」師古曰:「發,猶徵召也。」錢氏《考異》云:「《大戴禮・少閒篇》『海外肅慎、北發、渠搜、氏羌來服』之文凡四見,而『南撫交阯』僅一見,其文又不相屬,則非以南北對舉明矣。孔子三見哀公,為《三朝記》七篇,今在《大戴記》,即《千乘》《四代》《虞戴德》《誥志》《小辨》《用兵》《少閒》七篇也。瓚不攷而妄為此說。師古從之,誤矣,但誤亦有因。《公孫弘傳》載元光五年制詞,有『北發渠搜,南撫交阯』之語,明以南北相對,訓為徵召,於義似允。然此實制詞之誤,平津對策,畧而不言,蓋知其誤而不欲訟言之耳。渠搜,西域之國,以為北方,亦未通於地理。後《新序・雜事篇》有此語,又承武帝制詞之誤。」

余謂此詔「海外肅慎」以下十二字,全用《大戴》文,當作一句讀。《文選》及《漢書》竝截斷為注,非是。盧辯注《大戴》以「北發」為北狄地名。而《史記・帝舜紀》則與「交阯」同屬之南,已見前《吳都賦》「北戶」下。《紀》下文又云「北山戎、發、息慎」,疑單稱「發」者為北狄,與在南之「北發」非一地也。《索隱》乃謂「北發為誤,山戎下少一北字」,恐不然。劉氏敞曰:「北發,國名,亦見《管子》書。」今考《管子・揆度篇》《輕重甲篇》兩言「發、朝鮮之文皮」,是亦單稱「發」,正合《史記》。且與「朝鮮」相連,

俱出「文皮」，則其在北方可知。此又錢所未及。

冊魏公九錫文　潘元茂

46. 蘄陽之役，橋蕤授首

注引《魏志》曰：「袁術侵陳，公東征之。術棄軍走，留其將橋蕤。公擊破蕤等，斬之。」又云：「蘄縣屬沛，在陳之東也。」

案：《漢志》沛郡蘄下云「都尉治」。《續志》屬沛國，云「有大澤鄉，陳涉起此。」《方輿紀要》謂蘄城在今宿州南二十六里。陳於前《志》屬淮陽國，後漢為陳國，即今之陳州府治。時曹操在許，許在陳西，故云「東征」。術畏曹軍，不敢越陳而西，乃退屯於陳東之蘄陽。術旋欲至青州，蓋益東遁矣。

47. 篅于白屋

注引《博物志》之「篅于」，而云：「本竝以篅于為單于，疑字誤也。」

案：胡氏《考異》謂「正文作『單』，善依《博物志》定為『篅』。」蓋「篅」與「單」字形相近也。

余考《王制》北方曰狄，《正義》引李巡注《爾雅》云：「一曰月支，二曰穢貊，三曰匈奴，四曰單于，五曰白屋。」段氏校本「單」亦改「篅」，當即本此。或以「單于」乃匈奴之號，非別一種故耳。但《說文》無「篅」字。《魏志》載此文，正作「單于」。而善注下文又引《魏都賦》注「北羈單于白屋」及《後漢書》單于謂耿恭曰：「若降者，當封為白屋王」以證。是善意不以作「單」為誤。惟正文作「篅于」，故云「本竝以篅于為單于。」若本作「單于」，則此語不可通，《考異》說非。至匈奴號單于者，北狄之中，匈奴最強大，豈既吞併單于之地，誇其雄長，遂自稱大單于與？善疑字誤，似即疑「篅」字之誤。

宣德皇后令　任彥昇

48. 不改參辰而九星仰止

注引《周書》王曰：「余不知九星之光。」周公曰：「九星，星、辰、日、月、四時、歲。」

案：所引見《小開武篇》，周公曰：「在我文考，順道九紀，一辰以紀日，二宿以紀月，三日以紀德，四月以紀刑，五春以紀生，六夏以紀長，七秋以紀殺，八冬以即藏，九歲以紀終。」《困學紀聞二》謂：「『九紀』與《洪範》『五紀』相表裏。《文選》之『九星』，即『九紀』也。」翁氏注云：「《小開武解》『在我文考，順明三極。』又曰：『三極，一維天九星，二維地九州，三維人四左。』孔晁注：『九星，四方及五星也。』是本篇之『九星』、『九紀』當有分別。盧氏文弨以為《文選》所云乃『九紀』也，孔以經緯釋『九星』，甚當。」

余謂此處「九星」，若作「九紀」，則下偶句「不易日月而二儀貞觀」，不應上九星復及日月，盧說未免兩歧，似孔注得之。四方，即蒼龍、白虎、朱雀、玄武，經星也；五星，緯星也。凡星統是矣。近汪氏師韓言當指「北斗九星」，張氏《膠言》因之，義亦通。《困學紀聞九》又引「《素問》：《太始天元冊文》有『九星』之言。王冰注云：『上古世質人淳，九星垂明，中古道德稍衰，標星藏曜，故星之見者七焉。九星謂天蓬、天芮、天衝、天輔、天禽、天心、天任、天柱、天英。』」是亦謂北斗九星，而別為之名。與《曲禮正義》引《春秋運斗樞》及洪興祖補注劉向《九歎》不同，然非以證此處「九星」也。

附案：《九歎》作「九魁」，一作「魁」。洪云：「魁音祈，星名也。」

49. 推轂樊鄧

注引何之元《梁典》曰：「拓跋宏既退，高祖據樊城。」

案：樊城在襄陽，《漢志》襄陽屬南郡，而鄧縣屬南陽郡。《方輿紀要》云：「樊城在今襄陽府城北漢江上，與襄陽城隔江對峙。《志》云周仲甫所封樊國也。鄧城在府東北二百里〔1〕，本春秋鄧國之地。後漢初平二年，袁術使孫堅擊劉表，表遣黃祖逆戰于樊、鄧間，堅擊破之，遂圍襄陽。梁承聖三年，西魏宇文泰遣于謹攻江陵，軍至樊、鄧，梁王詧率眾會之。」

余謂高祖但據樊城而兼稱鄧者，蓋二地形勢連接，故兵爭所及，往往竝言之也。後任彥昇《策秀才文》亦云「朕長驅樊鄧」。

【校】

〔1〕「二百里」，顧祖禹《讀史方輿紀要》卷七十九作「二十里」。

50. 五老游河，飛星入昴

注引《論語比考讖》仲尼曰：「吾聞帝堯率舜等升首山，觀河渚，乃有五老游渚。曰知我者，重瞳黃姚。視五老飛為流星，上入昴。」注曰：「入昴宿，則復為星。」

案：《晉書·天文志》：「昴七星，天之耳也。」丹元子《步天歌》亦云：「昴，七星一聚實不少。」而《詩正義》引《元命苞》云「昴六星」，說已不同。《正義》又釋「三五在東」云：「下章『維參與昴』，昴不五星，則三亦非參。」蓋以申毛傳「三心五噣」之義。近王氏引之《經義述聞》即據《文選》此注，謂：「漢以前相傳昴宿五星，故有降精為五老之說。《詩》上章言三五，舉其數也；下章言參昴，著其名也，其實一而已。《宋書·符瑞志》不知昴本五星，而以五老為金、木、水、火、土五星之精，其說非是。五緯之精，無為上入昴也。且堯時亦無五緯舉昴之事。」

余謂《符瑞志》本沈約所撰，故其注《竹書》亦載「五老游河」，而以為「五星之精」也。然《毛傳》「五噣」，「噣」與「咮」同。《爾雅》：「咮謂之柳。」《詩正義》引《元命苞》云：「柳五星」，而《晉志》及《步天歌》皆云「柳八星」矣。陳氏啟源《稽古編》曰：「星體離合，天官家各有師授，古今多不相同。如《詩》之參，古以為三星，《考工記》數伐而為六星，丹元子不數伐而數左右肩股為七星，其餘增損不一。甚或古有而今無，如折威，農丈人之類。」然則昴今七星，不妨古為五星。《緯書注》既云「還復為星」，似以昴星之精為五老者，近是。

為宋公修張良廟教　傅季友

51. 游九京者，亦流連於隨會

注引《禮記》鄭注：「京，當為原。」未言九原何在。

案：《漢志》太原郡京陵下云「莽曰致城」，無「九京」之名。以為即「九京」者，顏師古注也。《續志》云：「京陵，春秋時九京」，劉昭注引《禮記》為證。《水經注·汾水篇》同。自是《元和志》《寰宇記》皆從之。但《元和志》又於「太平縣」云：「晉公孫杵臼、程嬰墓並在縣南二十一里。」趙盾墓塋中不云「九原」，猶可謂盾墓前別為地。而《寰宇記》於「正平縣」云正平，即絳州治：「九原，一名九京，晉大夫趙盾葬所。」《禮記》謂趙文子觀處，是

又一「九原」。《方輿紀要》因亦兩處竝存,蓋疑不能定也。惟《日知錄》謂:「古者卿大夫之葬,必在國都之北,不得遠涉數百里而葬於今之平遙也《紀要》今平遙縣東七里京陵城。《志》以為太平之西南二十里〔1〕有九原山,近是。」《紀要》云「九原山在今絳州西北二十里」,與《志》異者,太平本亦屬絳州也。近洪氏《圖志》於「絳州九原山」云「晉大夫趙盾葬所」,而「京陵」下不言,是亦依顧說矣。若《紀要》又於「遼州和順縣」云「九京山在縣北五里,亦名九原山。」洪《志》同,此更不相涉耳。

【校】

〔1〕「二十里」,顧炎武《日知錄》卷三十一作「二十五里」。

永明九年策秀才文　王元長

52. 清畎冷風

注引《呂氏春秋》后稷曰:「凡耕之道,畝欲廣以平,畎欲小以清。」

案:所引見《辯土篇》。「清」字,今本作「深」。《亢倉子》作「畎欲深以端深」者,即《孟子》所謂「深耕」也。故惠氏士奇《禮說》云:「低為畎,高為隴。一晦,三畎,三隴,廣深各尺,苗葉方生。隤隴附根,及苗壯盛,隴盡畎平,耐風與旱,是為深耕。後世耕淺有風災,旱則立槁矣。」據此說,知作「深」者是也。善注「清」字,豈因就正文而易之乎?

余謂「清畎」,他無所證。惟《路史·炎帝紀》云:「蹠窮髮,跋芄野,制耒清畎,分龍斷而戒之耕。」此雖宋人之書,當必有所本也。注又引《呂覽》云:「正其行,通其風,夬必中央,師為冷風。」高誘曰:「夬,決也。必於苗中央。師師然肅冷風以搖長也。」今本「必」作「心」,「師」作「帥」。注云:「心於中央〔1〕。帥,率也。嘯冷風以搖長之也。夬或作使。」

【校】

〔1〕「心於中央」,許維遹《呂氏春秋集釋》作「心於苗中央」。

53. 若爰井開制,懼驚擾愚民

注引《漢書》曰:「歲耕種者,為不易上田;休一歲者,為一易中田;休二歲者,為再易下田;休三歲,更耕之,自爰其處見《食貨志》。」又引賈逵《國

語》注:「爰,易也。」

　　案:如《漢志》之說,是田有三易,與《周官》異。惠氏士奇謂:「大司徒之易田,有田有萊。每歲種百晦,休百晦,為一田一萊,謂之一易。每歲種百晦,休二百晦,為一田二萊,謂之再易,是為中地、下地。而六遂上地,又加萊五十晦焉,所謂上地,食者參之一。蓋以其地三分之而休其一,則天下無不易之田也。」據此知田無休三歲者矣。若此「爰井」,即爰田也。《左傳·僖十五年傳》「晉於是乎作爰田」,杜注:「分公田之稅應入公者,爰之於所賞之眾。」《正義》曰:「服虔、孔晁皆言賞眾以田,易其疆畔」,疑特權宜之計。惠氏云:「何休謂肥饒不得獨樂,磽埆不得獨苦,三年一換主易居;張晏謂周製三年一易,以同美惡;孟康亦謂古制三年,爰土易居。此乃秦晉之爰田爰換也,猶移換獄辭謂之爰書,而以當《周禮》之易田,誤也。」

　　余謂如何休等說,直是彼此互易,固屬紛繁,即如漢之代田歲代處也,雖猶得易田之遺意,然民食維艱,安能使之休其田而不耕?故云「懼驚擾」也。

　　又案:《說文》「趄」字云:「趄田,易居也。」段氏謂:「與《左傳》『爰田』及何休言『換主易居』,《地理志》『秦孝公用商君制轅田』,爰、轅、趄、換,四字音義同」是也。但以《周禮》之制,得三等田者,彼此相易,則混「易田」於「爰田」,殆不然,宜從惠說。

54. 四支重罰,爰創前古

　　注引《呂氏春秋》越王勾踐曰:「孤雖首足異處,四支布裂。」
　　案:注云「四支布裂」,則似謂車裂之刑矣。《說文》:「轘,車裂人也。」引《春秋傳》「轘諸栗門」,此左氏《宣十一年傳》也。又《周禮·條狼氏》「誓僕右曰殺,誓馭曰車轘。」注云:「車轘,謂車裂也。」是周時已有此刑。而注下文乃引《周禮》五刑之法,墨、劓、宮、荆等者,以其亦殘支體耳。

55. 文條炳於鄒說

　　注云:「鄒說,未詳。」
　　案:此條問明時改憲,蓋屬天事。《史記·孟荀列傳》云:「騶衍之術,迂大而閎辯,齊人頌曰:『談天衍』。」此「鄒說」,疑即謂衍所說也。「鄒」與「騶」通。《史記》又云「衍乃深觀陰陽消息」,「先序今以上至黃帝」,「因載其禨祥度制」。劉向《別錄》亦云:「衍之所言五德終始,天地廣大。」殆此所謂「文條」與?

56. 其驪翰改色

注引《禮記》：「殷人尚白，戎事乘翰。」鄭注：「翰，白色馬也。」

案：此所引見《檀弓》，彼注下引《易》「白馬翰如」為證，乃《賁卦》六四爻辭也。上句云「賁如皤」，「如皤」，亦白也。《正義》引鄭注云：「九三，位在辰，得巽氣，為白馬。」玫《爾雅》說馬無翰名。《禮記》釋文：「翰，本又作鶾。」《說文》：「鶾，馬尾長也。」亦非白。惟《山海經·西山經》云「播冢之山多白翰」，郭注：「白鶾也。」《爾雅》：「鶾雉、鶾雉。」注云：「今白鶾也。江東呼白鶾，亦名白雉。」是雉之白者曰翰，則馬之白者亦可稱翰矣。《家語·五帝篇》亦云「戎事乘翰」，注與鄭同。

永明十一年策秀才文　王元長

57. 淮汴崩離

注引應劭《漢書注》曰：「汴水在滎陽西南。」

案：所引見《地理志》河南郡，乃班自注，下則小顏引應說也。彼注又云：「有狼湯渠亦作莨蕩首受沋，東南至陳入潁。」汴水本為汳水，段氏謂：「變汳為汴，未知起於何代，恐是魏晉都雒陽，惡其從反而改之也。」然《漢志》已作「卞」矣。狼蕩渠，亦曰陰溝。《說文》：「汳水受陳留浚儀陰溝，至蒙為雝水，東入於泗。」段氏又謂「雝當作獲字之誤也。」《水經》曰：「汳水出陰溝於浚儀縣北，又東至梁郡蒙縣，為獲水。獲水出汳水，東至彭城縣北，東入于泗。」與《漢志》梁國蒙下云：「獲水首受甾獲渠，東北至彭城入泗」正合。許書當同，不得為雝水。《爾雅》河出為雝，非自河出為汳。既而為雝也，且許言汳受陰溝，則非受河可知。《方輿紀要》云：「汴水，春秋時謂之邲水。宣十三年，晉楚之戰楚軍于邲，即是水也。秦漢間曰鴻溝。」《史記》「滎陽下引河東南為鴻溝，以通宋、鄭、陳、蔡、曹、衛，與濟、汝、淮、泗會。」孔氏曰：「即汳水也。汳水首受濟即沋也，東南與淮通也。」滎陽，今仍為縣，屬開封府。

又案：善注未及「崩離」。孫氏《補正》云：「《宋書·明帝紀》：『泰始二年，以郢州刺史沈攸之為中領軍，與張永俱北討，大敗，遂失淮北四州及豫州、淮安地』，是其事也。

58.「加以納欵通和」數語

注亦無證。

案:《綱目》:「永明十年,齊遣使如魏。」據《南齊書·魏傳》,使者為司徒參軍蕭琛、范雲。蓋自元年冬,遣驍騎將軍劉纘、前軍將軍張謨使魏,魏亦報聘,後此歲使往來,故云「歌皇華而遣使,賦膏雨而懷賓」也。至十一年,北地人支酉聚數千人於長安城北西山起義,遣使告梁州刺史陰智伯、秦州人王度人起義應酉。秦、雍間七州民皆響震,各自保壁,望朝廷救其兵。時魏主欲遷都洛陽,詐言南侵,及是聞關中危急,乃退師。此下所云「關洛動南望之懷,獯夷邊北歸之念」,當即指其事矣。

天監三年策秀才文 任彥昇

59. 輼輬青紫

注引《說文》曰:「輬車前,衣車後為輼。」本書《廣絕交論》注引同。

案:今本《說文》「輼,輬車前,衣車後也。」「輬,輼車也小徐作輬車也。」皆誤「輼」字之訓。《左傳·定九年》疏引云:「輼輬,衣車也,前後有蔽。」「輬」字之訓,《後漢書·袁紹傳》注引作「衣車」也。蓋舊本如此,當從之。《校議》云:「輼與輬,皆衣車屬,衣車前戶,輼旁戶;輼載重,輬載輕。」《戶部》:「戾,輼車旁推戶也。」《釋名》云「衣車前戶」,又云:「輼車,載輼重臥息其中之車。輬車,四面屏蔽。輼、輬之形同,有邸曰輼,無邸曰輬。」《宋書·禮志》引《字林》:「輬車有衣蔽,無後轅,其有後轅者,謂之輼。」「後轅」,即《釋名》之「邸」矣。段氏謂「衣車,蓋有衣蔽之車。非《釋名》所云『載衣服之車』。《霍光傳》『昌邑王畧女子載衣車』,李注《東京賦》引張揖云:『輼重,有衣車也。』《左傳》『陽虎載蔥靈』,杜注:『蔥靈,輼車名。』賈逵曰:『蔥靈,衣車也,有蔥有靈。』又《周禮》『車僕掌苹車之萃』,鄭注:『苹猶屏也,所用對敵,自隱蔽之車。』杜子春云:『苹車,當為輬車。』據此,則兵車亦有輬車矣。」

余謂後漢《輿服志》「皇太后出,非法駕,則乘紫罽輬車。」《列女傳》齊孟姬曰:「妃后踰閾必乘安車輼輬。今立車無輬,非所敢受命也。」故《釋名》以輬車為婦人所乘車,而要亦通言之,特非士大夫以上不得有,故此注引《袁紹傳》「賓客所歸,輼輬紫轂,填接街陌」也。若《後漢書·梁冀傳》作「平

上軿車」，章懷注：「《蒼頡篇》云：『衣車也。』形制上平，異於常也。」此不以軿車為異，乃言其侈泰，改易輿服之制耳。

薦禰衡表　孔文舉

60. 激楚陽阿，至妙之容，掌技者之所貪

注無釋。五臣云：「主技樂之人，所以貪愛。」

案：桂氏《札樸》云：「下文『飛兔腰褭，絕足奔放，良樂之所急也。』王良、伯樂兩人，則『掌技』亦當為二。《後漢書·禰衡傳》作『臺牧』，注云：『未詳』。《孔融集》作『堂牧』。」

余謂此處文義本稍參差，上有「者」字，與下直言「良樂」異，桂說非也。考晉有「總章伎」，見前陸士龍《為顧彥先贈婦》詩，漢時當已有之。「伎」與「技」通，此謂主其事者，五臣注近是。若「堂牧」，殆「掌技」形近而譌。「臺」又「堂」之譌也。

出師表　諸葛孔明

61. 五月度瀘，深入不毛

注引《漢書》曰：「瀘水出牂柯郡句町縣。」

案：今《漢志》句町下作「盧唯水」，《續志》無之。《水經·若水篇》：「東北至犍為朱提縣西，瀘江水注之。」注云：「禁水北注瀘津水，又東逕不韋縣北而東北流，兩岸皆高山數百丈，瀘峯最為傑秀，孤高三千餘丈。水之左右，馬步之徑裁通，而時有瘴氣，三月、四月經之必死，非此時猶令人悶吐。五月以後，差得無害。故諸葛言『五月渡瀘，並日而食四字今《表》所無。』《益州記》曰：『瀘水源出曲羅巂，下三百里曰瀘水。兩峯有殺氣，暑月舊不行，故武侯以夏渡為艱。瀘水又下合諸水而摠其目焉，故有瀘江之名矣。』」

余謂《方輿紀要》言「瀘水即若水，水出黎州所西徼外，其源曰若水，下流曰瀘水。」然證以《水經》「若水至朱提，瀘江水注之」，則是二水而合為一水也。明朱氏國楨《湧幢小品》言「瀘水乃今之金沙江，而金沙江實為古之繩水。」《紀要》又云：「金沙江出吐番界，經雲南西北境，至會川衞界，而合於

瀘水。」則是瀘水與金沙江亦二水之相合也。齊氏召南《水道提綱》云：「鴉龍江，即古若水，又名打沖河，即古瀘水。」洪氏《圖志》亦言「打沖河乃瀘水之俗名」，而《紀要》以打沖河與瀘水分列，似不謂一水，但其所稱「打沖河下流至會川衛境，合金沙江。」又引《志》云：「打沖河兩山壁立，水勢洶湧，狼牙相距」，則與酈註兩岸高山云云相符，固當是一水矣。瀘水在今四川寧遠府界，其地有廢瀘州，北近瀘水，乃元時改置，明代已廢。與今之瀘州為漢之犍為郡江陽縣地者，不相涉也。

附案：余氏《音義》引沈黎志云：「孔明南征，由今黎州路，黎州四百餘里至兩林蠻，自兩林南瑟琶部三程至巂州，十程至瀘水，瀘水四程至弄棟，即姚州也。」

求自試表　曹子建

62. 臣昔從先武皇帝，南極赤岸，東臨滄海，西望玉門，北出玄塞

注云：「《七發》『凌赤岸』。《漢書》『燉煌郡龍勒縣有玉門關』。玄塞，長城也。北方色黑，故曰玄。」

案：《魏志》：「興平元年，太祖征陶謙，拔五城，遂畧地，至東海。」此所謂「東臨」也。建安十二年，北征三郡、烏丸，引軍出盧龍塞，涉鮮卑庭，東指柳城。所謂「北出」也。十六年，西征韓遂、馬超，圍楊秋於安定。二十年，西征張魯，出散關，至河地，攻氐。王寶茂所謂「西望」也。又屢征孫權，或至濡須口，或至居巢，即所謂「南極」也。舉「赤岸」者，地與建康隔江相對，言已臨吳境耳。此注引《七發》及《南徐州記》，則「赤岸」即《江賦》所云，而《七發》注疑在遠方者，乃不定之論也。孫氏《考異》於《七發》既從汪氏中說，而《補正》仍以廣陵在浙江，未知赤岸何地，是自相矛盾矣。《輿地廣記》「玉門關在壽昌縣西北百十八里。」據《方輿紀要》：「沙州衛有壽昌城，漢之龍勒城亦在焉。今屬燉煌縣，關在縣西一百五十里。」

求通親親表　曹子建

63. 昔周公弔管蔡之不咸

注引《左傳》富辰曰：「周公弔二叔之不咸。」馬融曰：「二叔，管、蔡

也。」

案：此傳為《僖二十四年》。「二叔」，杜注：「指夏、殷。」孔疏云：「鄭眾、賈逵皆以二叔為管、蔡，馬融以為夏、殷叔世，故杜同之」，與李善所引絕異。據《詩·常棣·序》「閔管蔡之失道」，鄭箋即本《左傳》為說。疏引《鄭志》張逸問云：「周仲文仲文，漢世儒者以左氏論之，三辟之興，皆在叔世，謂三代之末，即二叔，宜為夏殷末也。」答曰：「此注左氏者，亦云管、蔡耳。又此《序》子夏所為，親受聖人，足自明矣。」觀《傳》下文，征引此《詩》，是與《序》合。云召穆公作者，疏謂《詩》本周公作，召公述之。亦可云作末言召穆公，亦云是其證也。然則二叔，確宜為管、蔡。其指夏、殷者，乃周仲文之說，非馬融之說也。果係馬說，則鄭嘗師馬，何《鄭志》轉不之及？故馬說，引者兩歧，當以《選注》為準。子建此《表》直言管、蔡，尤為明白。若杜云管、蔡、霍三叔，不得稱二叔，則三監本為管、蔡及武庚，無霍叔。《定四年傳》：「管蔡啟商，惎間王室，王於是乎殺管叔，而蔡蔡叔」，不及霍叔，是也。辨見王氏引之《經義述聞》。

又案：杜氏以為夏、殷者，意蓋因《傳》下文舉管、蔡、郕、霍。疏云：「案其封建之中，方有管、蔡，豈傷其作亂，始封建之。」然管、蔡雖以流言見黜，而蔡仲旋封，見於《書序》。《逸周書》有囚霍叔于郭淩之文，與東晉古文囚蔡叔異。而霍滅於晉，在春秋閔元年，是霍國未除，管可類推。周家忠厚，不應管叔獨絕其世。《通志·氏族略》「管氏，管叔鮮之國，子孫以國為氏」，則此《傳》所言得封，正當謂作亂以後，且與下魯、衛、晉諸國同稱。疏言康叔、伯禽、唐叔之封，俱成王時，故富辰竝屬之周公。方見《常棣》詩義，安得以為夏、殷之叔世乎？

64. 隕霜

注引《淮南子》曰：「鄒衍盡忠於燕惠王，王信譖而繫之，鄒子仰天而哭，正夏而天為之降霜。」

案：後江文通《詣建平王上書》云：「賤臣叩心，飛霜擊於燕地」，注所引與此同。今《淮南》實無其文，然又見《後漢書·劉瑜袁紹傳》注及《初學記》卷二，不應皆誤，當是今本逸耳。後張說《獄箴》「匹夫結憤，六月飛霜。」李白《古風》「燕臣昔慟哭，五月飛秋霜」，蓋亦用之。

讓開府表　羊叔子

65. 有隱才於屠釣之間

注引《尉繚子》曰：「太公屠牛朝歌。」《史記》曰：「呂望以漁釣干周西伯。」

案：《呂氏春秋》云：「太公釣於茲泉，遇文王。」《水經注》云：「磻磎中有泉，謂之茲泉，積冰為陣，即太公釣處，今謂之丸谷。」《說苑》云：「呂望年七十，釣於渭渚。」是太公之釣，諸書皆然。此兼言屠者，《史記》云：「呂尚，蓋嘗窮困年老矣。」《索隱》引譙周曰：「呂望嘗屠牛於朝歌，賣飯與孟津」，與《尉繚》正同。《離騷經》亦云：「呂望之鼓刀兮，遭周文而得舉」，固相傳有此說也。本書任彥昇《為蕭揚州薦士表》云「藏器屠保」，注亦引《鶡冠子》「伊尹酒保，太公屠牛」為證。

勸進表　劉越石

66. 撫軍大將軍冀州刺史左賢王渤海公臣碑

案：《晉書·元帝紀》「冀州」作「幽州」，下別有冀州刺史祝阿子邵續，則此《表》「冀」乃「幽」之誤也。錢氏大昕《晉書考異》云：「《匹碑傳》不言封渤海公，然《帝紀》載勸進者一百八十人，匹碑列銜，亦作左賢王渤海公。」與此《表》正同，殆本傳有遺漏與？

67. 符瑞之表，天人有徵，中興之兆，圖讖垂典

案：《元帝紀》云：「帝移檄四方，徵天下之兵，剋日進討。于時有玉冊見於臨安，白五麒麟、神璽出於江寧，其文曰：『長壽萬年，日有重暈』，皆以為中興之象焉。建武元年，即王位，四方競上符瑞」，即此所稱。及下文云「一角之獸，連理之木，以為休徵者，蓋有百數」，是已。

為吳令謝詢求為諸孫置守冢人表　張士然

68. 成湯革夏而封杞，武王入殷而建宋

注引《漢書》酈生曰：「昔湯放桀，封其後於杞。」《呂氏春秋曰》曰：

「武王入殷，立成湯之後於宋。」

案：《大戴禮‧少間篇》「成湯放桀，遷姒姓於杞」，與此正同。而《樂記》及《史記‧夏本紀》世家皆言武王封杞，或以為非。然《史記》明云「殷時或封或絕。周武王克紂，求禹之後，得東樓公，封之於杞，以奉夏后氏祀。」是湯所封之杞，久已失國，武王乃復封之。故《漢志》陳留郡雍邱下亦云「故杞國，周武王封禹後為東樓公也。」酈生說士欲高祖封六國後，故於封杞及封宋，皆溯其始言之耳。《樂記》云「投殷之後於宋」，言「投」與上言「封」有別。鄭注云：「投，舉徙之辭也。時武王封紂子武庚於殷墟，所徙者，微子也。後周公更封而大之。」疏引《發墨守》云：「六年制禮作樂，封殷之後，稱公於宋」是也。又《書序》云：「成王既黜殷命，殺武庚，命微子啟代殷後。」彼疏與《詩‧有客》疏引鄭注云：「微，采地名。微子啟，紂同母庶兄也。武王投之於宋，因命之，封為宋公，伐殷後[1]，承湯祀。」攷《史記》言微子歸周，武王釋之，復其位如故。殆是仍居采地，如畿內稱子之舊。後移之於宋，而爵未崇，至成王始加封以宋，為上公與？

又案：馬氏驌《繹史》後論曰：「微子歸周之說，非實也。孔子曰：『微子去之』，初不言其何之。《殷本紀》云：『微子數諫，不入，與太師、少師謀而去。』其後比干剖，箕子囚，二師乃持其祭器奔周。二師，不言何名，而《周本紀》以為疵與彊也。是當日蓋有持器以歸周者，而非微子。至《宋世家》則又謂武王伐紂，微子持祭器造於軍門。遷之自為牴牾如此。夫微子之去，其自籌審矣，度紂終不可諫，身為懿親，姑遜避於荒野。即其自靖之言觀之，惓惓忠愛，恐一旦溘先朝露，則無以穀我先王。惟是各盡其所自獻，未暇計及身之禍福，顧忍以重器適他人乎？若《左傳》所云：『面縛銜璧』，特楚臣權辭以導其君，未可據也。況入殷之後，釋箕子囚，封比干墓，恩禮遍舉，獨不及微子。以微子遜荒，未之獲也。迨武庚既叛而誅，始封微子於宋，以備三恪。然後微子於此義固不可辭爾。」王氏鳴盛《尚書後案》亦云：「《論語》馬融注：『微子見紂無道，早去之。』下一『早』字，知微子與父師、少師商論去就既定，即先決計長往，武王求之不得，故封武庚以續殷祀，直至武王崩，武庚以叛誅，微子方歸周而受封于宋也。若使宗國阽危之時，則恝然而遠引；新王革命之際，則抱器而來歸，孔子肯以『仁』許之邪？」

二說持議甚正，意皆主封宋在成王時。《殷本紀》與《魯宋管蔡世家》竝同。張氏《膠言》謂「《留侯世家》載酈生之言及《陳杞世家》又以為武王封

之，自相矛盾。」今謂《陳杞世家》但言殷破，周封之於宋，不云武王。殷破者，即《書序》「黜殷命」也。《留侯世家》乃述酈語與封六國事相印證，不能改易，非史公自為說，此不足病其矛盾者。在微子於克殷時即歸周，既云肉袒面縛，是兩手已反縛矣。下又云「左牽羊，右把茅」，實不可通。張守節《正義》已言之，此自是史公疏畧處也。張氏又云：「《呂覽‧廉誠篇》載武王使召公盟微子，曰：『世為長侯』，則知初封宋為侯爵。孔穎達言微子初封不知何爵者，蓋未檢《呂覽》。」

余謂《呂覽》之文與《莊子》畧同，其云：「武王即位，觀周德，則王使叔旦就膠鬲於次，四內而與之盟，曰：『加富三等，就官一列。』為三書同辭，血之以牲，埋一於四內，皆以一歸。又使保召公就微子於共頭之下，而與之盟，曰：『世為長侯，守殷常祀，相奉桑林，宜私孟諸。』為三書同辭，血之以牲，埋一於共頭之下，皆以一歸。」如其然，則是周未伐殷之先，已以侯爵餌微子，並預指其封之於宋。而微子亦黽勉從之，直視項伯之傾心漢高，殆有甚焉。宜馬氏斥莊生為放誕誣聖，而呂、賈從而信之也，顧可援為實事乎？

附案：如前說，微子之歸周在武王時，可圓《樂記》之義；如後說歸周，直在成王時，二者雖異，要皆謂宋非微子之始封。疑《樂記》因武王封先代之後而連及之耳。

【校】

〔1〕「伐殷後」，阮元《毛詩正義》、孫星衍《尚書今古文注疏》、皮錫瑞《今文尚書考證》皆作「代殷後」。

為宋公求加贈劉前軍表　傅季友

69. 外虞既殄，內難亦荐

注引《宋書》曰：「義熙五年，慕容超數為邊患，公抗表北伐。公之北伐也，徐道覆乃有闚覦之志，勸盧循承虛而下，循從之。」

案：注意似以慕容為「外虞」，徐、盧為「內難」，故不他引。然徐、盧亦正在外，非內也。據《宋書‧武帝紀》，義熙八年，公知劉毅不能居下，誅其從弟藩及謝混，自襲江陵，殺毅。九年，殺豫州刺史諸葛長民。十一年，又擊荊州都督司馬休之，休之奔秦。所謂「內難」，當指此等也。

為齊明帝讓宣城郡公第一表　任彥昇

70. 驃騎上將之元勳

注引《漢書》曰：「霍去病征匈奴，有絕漠之勳，始置驃騎將軍，位在三公上。」

案：余氏《音義》云：「《漢書·百官表》《霍去病傳》不言驃騎將軍位在三公上。《續漢志》曰『明帝以東平王蒼為驃騎將軍，以王故，位在三公上。』言以王故，即非驃騎將軍本在三公上也。《東觀漢紀》曰『驃騎將軍位次公』。蔡質《漢官》、沈約《宋志》並云『位次丞相』。韋昭《辨釋名》曰『秩本二千石』，《晉志》曰『位從公』，《齊志》曰『驃騎將軍加大字，位從公。』徧檢眾書，知李氏注誤引，非《漢書》古今本異。」

余謂據《百官表》漢初仍秦制，主武事者為太尉，次丞相一等。元狩四年，置大司馬以冠將軍之號。元壽二年，復賜大司馬印綬，位在司徒上。《漢官儀》曰：「王莽時，定三公之號，曰大司馬、大司徒、大司空」，世祖因而不改。然前《表》已云「司馬主天，司徒主人，司空主土，是為三公。」《續志》云：「將軍比公者四，第一大將軍，次驃騎將軍，次車騎將軍，次衛將軍。初，武帝以衛青數征伐有功，以為大將軍，欲尊寵之。以古尊官唯有三公，皆將軍始自秦、晉，以為卿號，故置大司馬官號以冠之。」是彼時大司馬實為三公之首，而衛青以大將軍為之，霍去病以驃騎將軍為之也。《續志》又言世祖中興，吳漢以大將軍為大司馬，景丹為驃騎大將軍，位在公下。和帝以舅竇憲為車騎將軍，征匈奴，位在公下；還復有功，遷大將軍，位在公上。安帝時，鄧騭亦然。蓋中間又稍詘，而後益隆矣。

71. 尚書古稱司會

注引《周禮》：「司會，中大夫二人。」鄭注曰：「司會主天下之事，若今之尚書。」

案：今鄭注作「主天下之大計，計官之長。」賈疏云：「『主天下之大計』者，司會職言逆邦國、都鄙、官府，是句考徧天下。云『若今尚書』者，漢之尚書亦主大計，故舉以況之也。」據《百官表》，尚書乃少府之屬，成帝建始四年置，尚書員五人。《續志》云尚書六人，凡六曹。劉昭注亦引司會鄭注為證。又尚書令一人，秩祗千石。尚書僕射一人，與六曹尚書，俱六百石。尚不及太僕、鴻臚。然則此尚書比司會者，約如今之部郎耳。若《續志》

云「每帝初即位，輒置太傅錄尚書事」，注引《新論》曰：「昔堯試於大麓，領錄天子事，如今尚書官矣。」此直是百揆之職，與六曹尚書尊卑懸殊。李氏引作「主天下之事」，誤也。《宋書・百官志》於尚書云「舜命龍作納言」，即其任也。下亦引「司會」注，而後又以為東京太傅錄尚書事，及王肅注大錄萬機之政云云，數者混合為一，殆不然。

72. 中書實管王言

注引《宋書》曰：「置祕書令，典尚書奏事。文帝黃初初，改為中書令。」

案：《宋志》有中書令一人，中書舍人一人，中書侍郎四人，中書通事舍人四人。又有祕書監一人，祕書丞一人，祕書郎四人。下云：「魏武帝為王，置祕書令，典尚書奏事。文帝置中書令，而祕書改令為監。晉武帝以祕書並中書，省監，謂丞為中書祕書丞。」是中書與祕書曩為二職，後乃並一職也。《志》又云：「惠帝復置箸作郎，掌國史。周世左史記事，右史記言，即其任也。」魏世隸中書，晉武世繆徵為中書箸作郎。元康中，改隸祕書，後別自為省。而猶隸祕書箸作郎，謂之大箸作，專掌史任，故此云「管王言」矣。

為蕭揚州薦士表　任彥昇

73. 豈直鼮鼠有必對之辨

注引摯虞《三輔決錄注》曰：「竇攸舉孝廉，為郎。世祖大會靈臺，得鼠如豹文，以問羣臣，莫能知者。攸對曰：『鼮鼠也。』問何以知之，對曰：『見《爾雅》。』詔案秘書，如攸言，賜帛百匹。」

案：《爾雅》：「鼮鼠，豹文鼮鼠。」郭讀以「豹文」下屬，云：「鼠文采如豹者。漢武帝時得此鼠，孝廉郎終軍知之，賜絹百匹。」近臧氏琳《經義襍記》云：「《廣韻》《藝文類聚》《太平御覽》竝引《竇氏家傳》，以為竇攸，《文選》注同。《水經注・穀水》云：『靈臺，漢光武帝所築，世祖嘗宴於此臺，得廷鼠於臺上。』攷《漢書・終軍傳》無辨豹鼠事，諸書皆言竇攸，而郭氏屬之終軍，蓋傳聞之誤。《玉篇》承襲其說辨亦見宋王楙《野客叢書》。」又《唐書・盧藏用傳》：「其弟若虛，有獲異鼠者，豹首虎臆，大如拳。職方辛怡諫謂之鼮鼠而賦之。若虛曰：『非也。此許慎所謂鼤鼠，豹文而形小』，一

坐盡驚。」段氏謂：「他人讀《爾雅》皆『豹文鼮鼠』為句，許讀『鼮鼠豹文』
為句，其是非訖難定也。許書有鼮無鼮，疑《爾雅》六字為一物。」

《文選集釋》卷二十一

上書秦始皇　　李斯

1. 迎蹇叔於宋，來邳豹公孫支於晉

　　注引《史記》百里奚謂繆公曰：「臣不及臣友蹇叔賢，而世莫知。繆公使人厚幣迎蹇叔，以為上大夫。」又《左傳》杜注：「公孫支，秦大夫子桑也。」

　　案：《史記索隱》云：「於宋、於晉，未詳所出。」《正義》引《括地志》曰：「蹇叔，岐州人，時游宋，故迎之於宋。公孫支，亦岐州人，游晉，後歸秦。」

　　余謂《括地志》所言當即本李斯此《書》。斯既云「不產于秦」，則以為二人俱岐州人者，恐未足據。蹇叔之迎，《史記》有明文，疑本宋人，而百里奚乃得友之。《通志・氏族略》謂「公孫支，嬴姓」，果爾，是秦公族，尚得云「非產於秦」耶？

　　又案：注引《左傳》「晉卻芮、丕鄭、丕豹奔秦。」孫氏《補正》引趙云：「據《左傳》，是『晉卻芮，殺丕鄭，其子丕豹奔秦』，注引乖舛。」

　　余謂當是「芮」下脫「殺」字，而校者失之耳。

2. 惠王用張儀之計，拔三川之地

　　注云：「《史記》：『惠文君八年，張儀復相秦，攻韓宜陽，降之。』又武王謂甘茂曰：『寡人欲通車三川，窺周室。使甘茂伐宜陽，拔之。』然通三川是武王，張儀已死。此云惠王，疑誤。」

案：《秦本紀》惠王后十年，伐取韓石章。十一年，敗韓岸門。竝無降宜陽之事。胡氏《考異》謂「此注決非善舊，不知何時竄入」，當是也。至拔宜陽，係武王四年，下注不誤。《方輿紀要》云：「宜陽城在今宜陽縣東北十四里，韓城也。」孔氏曰：「宜陽，韓之大郡，伐取之，三川路乃通。」「三川」，即洛陽地，以河、洛、伊三川為名，莊襄王元年始置郡。

余謂秦通三川，雖由甘茂，而《張儀傳》儀於惠王時已言「下兵三川，塞斜谷之口。」又云：「三川、周室，天下之朝市也，而王不爭。」則三川之拔，實出儀之本計，故《索隱》亦云云。張儀者，三川是儀先請伐故也。

又案：《六國表》秦惠文王三年，拔韓宜陽，乃韓昭侯之二十四年。《韓世家》同。而《秦本紀》不載，豈拔之而仍入於韓與？然與此注「八年」亦不合。

3. 西幷巴蜀

注云：「張儀伐蜀，滅之。」

案：《秦本紀》：「惠王後九年，司馬錯伐蜀，滅之。」《索隱》云：「儀為秦相，雖錯滅蜀，歸功於相。」《史記志疑》曰：「攷《華陽國志》，伐蜀，乃儀為主將，而司馬錯副之，豈徒歸功已哉？」

余謂此注但云儀滅，殊未晰。《張儀傳》敘伐蜀於惠王前十年，之先當因與司馬錯爭論，而究其後事，非謂即此時也。徐氏孚遠校本引《索隱》曰：「《六國年表》在惠王二十二年，蓋惠王以十四年更為元年，數至九年，正二十二年矣。」然今《表》實作「後九年」。又引《正義》曰：「《表》云秦惠王後元年十月，擊滅之。」則「元年」，乃「九年」之誤。

4. 北收上郡

注云：「《史記》言孝王納上郡。此云惠王，疑誤。」

案：《秦本紀》明云惠文君十年，張儀相秦，魏納上郡十五縣。《六國表》、《魏世家》竝同，即魏襄王之七年。此注以為孝王，殊乖戾。胡氏《考異》亦謂非善舊也。《方輿紀要》云：「《括地志》上郡故城在上縣東南五十里，為今之綏德州。其郡界，則《史記正義》以為丹鄜、延綏等州，北至固陽是已。」

5. 南取漢中

注云：「攻楚漢中，取地六百里，置漢中郡。」

案：此見《秦紀》「惠王後十三年，庶長章擊楚於丹陽，虜其將屈匄，斬首八萬。」《楚世家》為「懷王十七年」。《張儀傳》亦云「取丹陽、漢中之地。」徐廣曰：「丹陽在枝江。」《正義》曰：「漢中，今梁州也，在漢水北。」先孝公元年，「楚自漢中，南有巴、黔中」，至是入於秦。《方輿紀要》云「即今之漢中府」。齊湣王遺楚懷王書曰「王欺于張儀，亡地漢中」，是也。

上書吳王　鄒陽

6. 越水長沙，還舟青陽

注引《秦始皇本紀》曰：「荊王獻青陽之田，已而背約，要擊我南郡。」

案：「之田」二字誤，今《秦紀》作「以西」。《集解》引張晏曰：「青陽，地名。」蘇林曰：「青陽，長沙縣是也。」此注亦引蘇說，而以為水名。袁、茶本皆無此注，則非善舊矣。

又案：此處文義頗晦，注以為錯亂其辭，善自說亦未晰。上文「臣恐救兵之不專」，孟康曰：「不專，救漢也。」如淳曰：「皆自私怨宿忿，不能為吳也。」似如說近是。據《漢書·吳王濞傳》遺諸侯書中有趙王及故長沙王子。又云：「素事南越，而趙王與胡王有約，轉胡眾入蕭關。」疑此謂胡不足信，引之以來或至襲趙，故上言「胡馬遂進窺於邯鄲」也。南越與長沙或遷延觀望，退舟不進，亦不足恃，故此云「越水長沙，還舟青陽」也。「青陽」，即長沙地，以上言「長沙」，變文耳。

7. 壤子王梁代

注引晉灼曰：「《方言》：『梁益之間，所愛諱其肥盛曰壤。』」

案：今《方言》「壤」作「膜」，云：「盛也。秦晉或曰膜，凡人言盛及其所愛偉其肥䐃謂之膜。」注中「諱」乃「偉」之誤也。《說文》「孃」字「一曰肥大也。」與《肉部》「膜」字，音義皆同。故郭注《方言》云：「肥膜，多肉。」此處作「壤」，蓋「孃」、「膜」字之假借。

又案：《漢書》顏注云：「『文帝之二子』下亦引晉說。又或曰，言深割嬰兒王之壤。壤，土也。壤字當上屬。」非也。

獄中上書自明　鄒陽

8. 是以申徒狄蹈雍之河

注引服虔曰：「殷之末世人也。」如淳曰：「庄周云：『申徒狄諫而不聽，負石自投河。』」

案：申徒狄負石自沈，亦見《淮南・說山訓》。高誘注云：「殷末人也，不忍見紂亂，自沈於淵。」《史記索隱》引韋昭說則云「六國時人」，與高、服異。考《莊子》語，見《盜跖篇》，本承鮑焦之下。郭象注云：「申徒狄將投於河，崔喜止之曰：『吾聞聖人仁士，民之父母，若為濡足故，不救溺人，可乎？』申徒狄曰：『不然。昔桀殺龍逢，紂殺比干，而亡天下；吳殺子胥，陳殺泄冶，而滅其國。非聖人不仁，不用故也。』遂沈河而死。」蓋本之《韓詩外傳》。後任彥升《勸進牋》注亦略引之。據此，狄自言「紂殺比干」，固不得以為當紂之時。且引子胥、泄冶，已在春秋末，則謂為六國時人者，近之。

又案：《漢書・功臣侯表》「留侯以韓申都下韓」，《史記》作「申徒」。徐廣曰：「申徒，即司徒。申、司音相近。申都，又申徒之聲轉。」《兩漢刊誤補遺》云：「申徒為韓之官，而《史記》『高祖與魏申徒武滿攻昌邑』，則魏亦有申徒之官。韓、魏分晉而王，豈申徒本晉故官耶？」

余謂此申徒狄當是以官為氏，晉以僖侯廢申徒，或因之氏，亦改稱申徒與？然則申徒，三晉始有之，亦不得殷時已以申徒為氏，此又一證也。惟《楚辭・九章・悲回風》云「悲申徒之抗迹」，與上「從子胥而自適」竝言，意二人時代相近，且屈原、莊周俱已稱之。亦見《荀子・不苟篇》。或當在春秋、戰國間矣。

善注又云：「《爾雅》『水自河出為雍』。言狄先蹈雍而後入河也。」

案：《史記》作「自沈於河」，《索隱》曰：「《漢書》云『自沈於雍河』。」今《漢書》亦作「蹈雍之河」，《索隱》誤也。顏注先引服虔曰「雍州之河也」，而自說引《爾雅》，義與善注同。然既負石自沈，何能蹈雍而復入河耶？故孫氏《補正》引金說亦謂「善注迂曲，依服說為是」，但服說亦未為確。《讀書雜志》云：「雍讀為甕，謂蹈甕而自沈於河也。《井》九二『甕敝漏』，《釋文》：『甕作雍』。《北山經》『縣雍之山』，郭璞曰：『音汲甕。』《水經・晉水篇》作『縣甕』。是甕與雍古字通。《史記索隱》引《新序》作『抱甕自沈於

河』。今《新序・雜事篇》作『蹈流之河』，後人改之也。《新序》言『抱甕』，此言『蹈甕』，義相近。『蹈甕之河』與下句『負石入海』，皆欲其速沈于水耳。《莊子》謂申徒狄負石自投於河，意與此同。《漢紀・孝成紀》荀悅曰：『雖死，猶懼形骸之不深，魂神之不遠。故徐衍負石入海，申徒狄蹈甕之河。』此尤其明證也。」得此說，而「蹈甕」之義始的。且「蹈甕之河」、「負石入海」正相偶。若作蹈雍州之河，則文義參差矣。至《莊子》於申徒狄亦言負石，而此與《新序》《漢紀》俱是「蹈甕」，殆相傳各異。

9. 宋信子冉之計囚墨翟

注云：「未詳。」

案：「子冉」，《史記》作「子罕」。《索隱》曰：「左氏司城子罕，姓樂，名喜，乃宋之賢臣也。」《漢書》作「子冉」，不知「子冉」是何人。

余謂文穎云「子冉，子罕也。冉、罕音相近。」但子罕見《左傳・襄六年》及《九年》，而墨翟見《戰國・齊策》，時世不相及，疑「子冉」別是一人矣。

又案：《困學紀聞》引《韓非》曰：「宋君失刑而子罕用之，故宋君見劫」，且屢與田常竝言。《史記・李斯列傳》略同。亦見《韓詩外傳》及《說苑》，其非樂喜無疑。梁氏玉繩謂「戰國時，宋亦有昭公，其時亦有子罕逐君擅政」，如諸書所說耳。然則「囚墨翟」者，或即此與？

附案：梁氏又引《左通》曰：「韓子《內儲說》言皇喜殺宋君而奪其政」，蓋皇喜亦字子罕，遂誤以為樂喜。然皇喜無考。

10. 封比干之後，修孕婦之墓

案：《史記志疑》云：「二事經傳無考。《通志・氏族略》謂譜家言『比干為紂所戮，其子堅逃長林之山，遂為林氏。』說出林寶《元和姓纂》，鄭氏已糾其妄。又《書・泰誓》疏引《帝王世紀》云：『紂剖比干妻以視其胎』。或者修孕婦之墓，即是封比干墓與？」

余謂《周本紀》但云「命閎天封比干之墓」，鄒陽尚在史遷以前，東晉古文亦不足據。當是周、秦間相傳，分一事為兩事耳。

11. 荊軻湛七族

注引應劭曰：「荊軻為燕刺秦王，不成而死，其七族坐之。沈，沒也。」

案：《史記志疑》云：「《論衡・語增篇》言『秦王誅軻九族，復滅其一

里』，而《漢書》作『軻湛七族』，師古曰：『此無「荊」字。尋諸史籍，荊軻無湛族之事，不知陽所言何人？』《野客叢書》又云：『湛之為義，言隱沒也。軻得罪秦，凡軻親屬皆竄跡，不見於世，非謂其滅七族。高漸離變姓名匿於宋子，正此意。』未知孰是。」

余謂以暴秦之威脅燕，滅軻族，當為事之所有。鄒陽，漢初人，必有所聞。王充語惟七族、九族稍別，而意正同，特史傳偶闕未載耳。小顏因其無姓而疑為他人，非也。王楙說亦近迂，且至軻之同類，如高漸離等，尚俱深匿，則族之不免可知，此不必委曲以解之。

上書諫獵　司馬長卿

12. 猶時有銜橛之變

注引張揖曰：「銜，馬勒也。橛，騑馬口長銜也。」

案：《漢書》顏注：「橛，謂車之鉤心也。銜橛之變，言馬銜或斷，鉤心或出，則致傾敗〔1〕。」考《說文》「亅」為部首，「鉤逆者謂之亅。象形。讀若橛。」段氏云：「鉤者，曲金也。《史記集解》引徐廣曰：『鉤逆者謂之橛』，《索隱》引周遷《輿服志》『鉤逆者為橛』，皆謂橛為亅之假借字。清道而行，中路而馳，斷無枯木朽株之難，故知必謂鉤也。」

余謂《說文》：「橛，弋也。」若作本字解，即枯木朽株之義。段故以橛為亅。但「馬口長銜」，亦曲金為之，與亅之為鉤，原不相背。注下引《莊子·馬蹄篇》伯樂曰：「吾善治馬前有橛飾之患，而後有鞭筴之威。」釋文：「橛，司馬云『銜也』，崔云『鑣也』。飾，司馬云『排銜也，謂加飾于馬鑣也。』」《說文》：「鑣，馬銜也。」「銜，馬勒口中也。從金、行。銜者，行馬者也。」蓋銜在口中，鑣其兩端外出者，加之以飾，即所謂扇汗也。若車之鉤心，則無所用飾。《索隱》引《鹽鐵論》曰「無銜橛而禦悍馬」，皆屬馬言。是「銜橛」連文，不必一謂馬，一謂車，以為分別矣。

又案：《讀書雜志》云：「顏說非也。徧考諸書，無謂『車鉤心』為『橛』者。《說文》：『釁，馬口中橛也。』《韓子·姦劫弒臣篇》：『無棰策之威，銜橛之備，雖造父不能以服馬。』是銜、橛皆制馬之物，若鉤心，則在輿之下，軸之上，與馬何涉？當從張義為是」，所說正相合。

【校】

〔1〕據《漢書》,「則致傾敗」後脫「以傷人也」。

上書諫吳王　枚叔

13. 殫極之紽斷幹

注引晉灼曰:「紽,古綆字。殫,盡也,盡極之綆斷幹。幹,井上四交之幹,常為汲索所契傷也。」

案:「殫」,《漢書》作「單」,注引孟康曰:「西方人名屋梁為極。單,一也。一梁,為井鹿盧也。言鹿盧為綆索久鍥,斷井幹也。」師古從晉說,謂孟康失其義。

余謂孟云「鹿盧」未晰,而釋「單」、「極」,是也。蓋幹者,交木井上以為欄,則上必有梁以轉索,一梁上之索,鹿盧久轉,可以斷幹。若云「盡極之綆」,殊費解。晉又以紽為古綆字,亦非。《說文》:「綆,汲井綆也。」《漢書》作「絚」,從更,從亙,音相近,字當以《說文》為正。「絚」為俗字,「紽」乃「絚」之訛耳。

14. 十圍之木,始生而蘖,足可搔而絕,手可擢而抓

案:《讀書志餘》云:「『抓』,本作『拔』。今作『抓』者,後人據注改之也。注引《廣雅》:『搔,抓也。』此釋『搔』字,非釋『抓』字也。下引《字林》:『抓,壯交切。』此釋注內『抓』字之音,與正文無涉。後人不察,而改『拔』為『抓』,繆矣。且『拔』與『蘖』、『絕』為韻,若改為『手可擢而抓』,則非但文不成義,且失其韻矣。五臣本及《枚乘傳》《說苑》並作『拔』。」此說與胡氏《考異》略同。

余謂《說文》無「抓」字,「搔」即「抓」也,從爪與從蚤同。善注又引《莊子》「橡樟初生,可抓而絕」,即此「可搔而絕」也,作「拔」是已。又《說文》:「擢,引也。」「拔,擢也。」是「拔」亦「擢」之義。疑「擢」當作「攫」。《說文》:「攫,爪持也。」謂手可持而拔之也。「擢」、「攫」,形相近。

上書重諫吳王　枚叔

15. 北備榆中之關

注引《漢書》曰：「金城郡有榆中縣。」

案：《漢書・乘傳》注云：「今所謂榆關也。」《史記・秦始皇本紀》：「三十三年，西北斥逐匈奴。自榆中竝河以東，屬之陰山，以為三十四縣，城河上為塞。」「三十六年，遷北河榆中三萬家。」《正義》曰：「榆中，即今勝州榆林縣也。」《水經・河水二篇》「又東過榆中縣北。」注云：「昔蒙恬為秦北逐戎人，開榆中之地。徐廣曰：『榆中在金城』，即阮嗣宗《勸進文》所謂榆中以南阮文作西者也。」《方輿紀要》：「蘭州有榆中城，漢縣今甘肅蘭州府。杜佑以為即故大、小榆谷，誤也。」

余謂城在蘭州者，乃其縣治。《漢志》及徐廣所稱是也。而《紀要》別有榆林關、榆溪塞在廢勝州。今之榆林府，據《元和志》，榆林縣北近榆林，即漢之榆溪塞。又榆林關在縣東三十里，東北臨河，秦卻匈奴之處。此《紀要》所本，蓋統屬榆中之地。故《正義》以為即勝州也勝州，隋置。《紀要》又云：「《戰國策》『趙武靈王絕五陘之險，至榆中。』《漢書・韓安國傳》王恢議伐匈奴曰：『蒙恬為秦侵胡，闢數千里，以河為境，界石為城，樹榆為塞，匈奴不敢飲馬於河。』『宣帝甘露二年，呼韓邪欵五原塞。』《正義》云：『五原塞，即五原郡榆林塞，在勝州榆林縣西四十里，其地亦謂之榆中，亦謂之長榆。』」與枚乘所云皆謂此矣。

16. 遣羽林黃頭循江而下

注引蘇林曰：「羽林黃頭郎，習水戰者也。」

案：方氏《通雅》云：「黃頭，習流也。」《史記》「勾踐發習流二千伐吳」，言習水戰也。《漢書》「鄧通以濯船為黃頭郎」，注云：「土勝水，其色黃，故救船之郎皆著黃帽。」

余謂《漢・百官表》有羽林騎，又取從軍死事之子孫教之，號曰羽林孤兒。《續志》云：「宿衞侍從，常選漢陽、隴西、安定、北地、上郡、西河凡六郡良家子補。本武帝以便馬從獵，還宿殿陛巖下室中，故號巖郎。」亦號「嚴郎」，見荀綽《晉百官表注》。蓋名號不一，此「黃頭」則專言水戰者耳。

17. 齊王殺身以滅其迹

注云:「《漢書》曰:『齊王聞吳、楚平,乃自殺。』今乘已言之,《漢書》與此,必有一誤。」

案:《漢書》顏注亦言「當有誤」,與善說同。據《史記·齊悼惠王世家》,齊孝王初狐疑城守,膠西三國兵共圍齊,漢將欒布等擊破三國兵。已而,復聞齊初與三國有謀,將伐齊。齊孝王懼,乃自殺。與《漢書》合。《吳王濞傳》則云發兵時,齊王後悔,飲藥自殺,在膠西等圍臨菑之先,兩處互異。金氏甡謂「合之此書,齊王定是先死,乘目擊其事,而進苦口之言。《史記》蓋傳聞異辭,《漢書》專據《世家》以為說耳。」此以乘語為足憑也。孫氏《補正》謂:「《漢書·吳王濞傳》『齊王後悔,背約城守』,不言自殺。齊王之自殺,當在吳楚平後,於情事為合。《史記·吳王濞傳》『飲藥自殺』四字,駁文也。」是又不信此書所云矣。宋劉氏放曰:「此書是枚乘說吳王後,後人以吳事寓言爾,故言齊王殺身等事不同。又邛、筰,武帝始通,此已云『南距羌筰之塞』,益知其非。」劉氏奉世亦云:「按諸傳,吳王正月先起兵,二月敗走,中間五十日爾。三國圍齊,三月不能下,漢兵至,乃引歸解圍。而後齊王自殺,則當在吳走後一月外事。又此《書》云梁固守以待吳饑,則是未饑以前,安得已知齊王殺身與?下云『四國不得出兵其郡』及『趙囚邯鄲』,如此之詳,疑乘《書》非真事,後追加之,或傳之者增之也。」

余謂二劉說以言「邛、筰」為非,殊未的。《漢書·司馬相如傳》云:「邛、筰、冉、駹近蜀,道易通,異時嘗通為郡縣矣,至漢興而罷。」師古曰:「異時,猶言往時也。」《史記》、《漢書·西南夷傳》竝言邛筰等皆巴蜀外蠻夷也。「秦時嘗略通五尺道,諸此國頗置吏焉。十餘歲,秦滅。及漢興,皆棄此國。」是漢以前曾通之證。文於篇首述秦事云「距羌筰之塞」,正非誤。至「修治上林」,乃武帝事,不應景帝時預言之。而齊王死事,尤齟齬,誠屬可疑。但此《書》班氏已載之,《漢書》不容不真。《史記志疑》亦據《濞傳》為准,謂「枚叔當時人諫《書》,何得虛言?」《世家》敘孝王自殺事,在亂平之後,誤也。此即前金氏之說。惟於「脩治上林」,亦未之及。

奏彈曹景宗 任彥昇

18. 塗中罕千金之費

注引《吳志》曰：「晉命鎮東大將軍司馬伷向塗中。」

案：此事亦見《晉書·武帝紀》，「塗」字本作「涂」。《困學紀聞》云：「吳築涂塘，晉兵出涂中。涂音除，即六合瓦梁堰，水曰滁河。《元和志》：『滁州，即涂中。』萬氏《集證》引《地理通釋》薛氏曰：『滁、和州、六合間有涂塘。吳赤烏中，遣兵十萬，斷涂作塘。南唐于滁水上立清流關、瓦梁堰，有東、西瓦梁城，晉置秦郡，治六合。』瓦梁堰，即涂塘也。」

余謂《集韻》云：「涂，水名，音除，與滁同。」《方輿紀要》：「瓦梁壘，在今六合縣西五十五里，西北距滁州八十里。」

19. 猶應固守三關，更謀進取，而退師延頸，自貽虧衄。

注云：「三關、延頸，二戍名也。」

案：左氏《定四年傳》：「吳伐楚，楚司馬戌請還塞大隧、直轅、冥阨冥，一作鄳。」此為後世義陽之三關。「三關」，總名曰城口，楚史皇所謂「塞城口而入」是也。《方輿紀要》云：「三關者，一曰平靖關，即《左傳》之冥阨也。宋時名為行者陂，其地有大、小石門，鑿山通道，極為險隘。在今河南信陽東南九十里州南有義陽城，湖北應山縣北六十五里。一曰武陽關，亦名澧山關，即《左傳》之大隧也，在信陽州東南一百三十里，地名大寨嶺。薛氏曰：『三關之險，大寨嶺為平易』是也。一曰黃峴關，亦名百鴈關，又謂之九里關。即《左傳》之直轅也。在信陽州南九十里，南至應山縣亦九十里。」

余謂《通鑑地理通釋》以大隧為黃峴，直轅為武陽。洪氏《圖志》引《圖經》同。胡氏渭則云大隧即武陽，直轅即黃峴，與《紀要》正合。江氏《考實》謂：「三關，自西而東，平靖在西，黃峴在中，武陽在東。《左傳》所舉者，自東而西，故大隧在東，直轅在中，冥阨在西」，宜如胡氏所配也。「延頸」，疑「延頭」之訛。《魏書·田益宗傳》：「議取義陽，欲直指南關《紀要》謂光州陰山關，對抗延頭。」《宋書·謝晦傳》：「晦據江陵以叛，敗走至安陸，延頭戍主執之。」當即其地。延頭城，在今黃陂縣西，舊為安陸界。

答東阿王牋　陳孔璋

20. 秉青蓱干將之器

注引《呂氏春秋》以青蓱為豫讓之友。下引張叔文論曰：「青蓱砥礪於鋒鍔，庖丁割犧於用刀。」

案：注所引《呂覽》見《序意篇》。《漢書·古今人表》作「青荓子」。又《水經·汾水篇》注云：「晉陽城東有汾水南流，水上舊有梁，青荓殞於梁下，豫讓死於津側。」張氏《膠言》引黃士珣云：「青蓱與庖丁對舉，皆指人言。《牋》所云，猶言秉二人所製之器云爾，非指青蓱、幹將為器名也。」

余謂劍以所出地名者，《鹽鐵論》之「棠溪」、「墨陽」是也；以所製人名者，《吳越春秋》之「干將」、「莫邪」是也。「干將」可為劍，則「青蓱」正相類，故下云「拂鐘無聲，應機立斷」也。李白《上韓荊州書》「庶幾青蓱結綠，長價於薛卞之門」，當即用此語。蓋即以「青蓱」為劍名矣。孫氏《補正》謂「此文義與干將竝稱為器，當別有據。」

在元城與魏太子牋　吳季重

21. 重以泜水，漸漬疆宇，喟然太息：思淮陰之奇譎，亮成安之失策

注引《漢書》曰：「恒山郡元氏縣有泜水，首受中邱西山窮泉谷，入黃河。」又《張耳傳》：「斬成安君陳餘泜水上。」

案：「泜水」，今《漢志》作「沮水」。全氏謂：「讀《山海經注》『泜水，今出中邱窮泉谷』，乃悟泜水之誤為沮水也。」

余謂《漢志》石邑下云「井陘山在西，洨水所出，東南至廮陶，入泜房子。」下云「贊皇山，石濟水所出，東至廮陶，入泜。」皆屬常山郡，源流相合。則「沮」自當作「泜」，此注固不誤也。《水經·濁漳水篇》注云：「右合井陘山水，水出井陘山，世謂之鹿泉水，東北流，屈逕陳餘壘西，俗謂之故壁城。昔在楚、漢，韓信東入，餘拒之於此，不納左車之計，悉眾西戰。信遣奇兵自間道出，立幟於其壘，師犇失計，遂死泜上。」是泜水即井陘山水矣。《元和志》《寰宇記》言泜水皆在趙州之臨城縣。而《漢志》為元氏者，《方輿紀要》云：「泜水發源元氏縣今屬正定府之封龍山，繞流至臨城縣境之

百暢亭。」《太平御覽》引《水經注》「洈水東逕百暢亭今本此文佚」是也。近洪氏《圖志》云:「沮水,今名槐河,出贊皇縣西,東北流逕元氏縣南,又東流入趙州高邑縣界,亦名洈水。」蓋謂沮水乃洈水之別名,不以《漢志》為誤。而於高邑縣列沮水下流,合胡盧河。臨城縣別列洈水,與沙河合。《紀要》於臨城縣既以《一統志》「洈水入胡盧河」者為非,而云「經釣盤山下入沙河」,又於元氏縣云「洈水下流,亦合於胡盧河」,皆未免兩歧耳。

又案:《讀書雜志》云:「凡隸書從氏之字,或作互,又作丘,故洈字或作洰,又作洰,形與沮似,因訛為沮。」《北山經》注「洈水入漳」,而《漢書》云「入黃河」者,蓋本借「章」為「漳」。《禹貢》「至于衡漳」,《地理志》「漳」作「章」。又「信都國信都」下云「故章河在北」,「章」與「黃」字形相近,因譌而為「黃」也。漢之堂陽,即今之新河,乃漳水所經,非河水所經。《地理志》亦不謂河為黃河,而《選注》亦作「黃」,則後人以誤本《漢書》改之。據此說,則洪言沮水為洈水之別名者,非是。漳河誤黃河,亦足補所未及。

附案:《南都賦》之「潕水」,亦名「洈水」,與此不相涉。

百辟勸進今上牋　任彥昇

22. 累繭救宋

注引《說文》曰:「黚,黑皺也。」《戰國策》:「墨子百舍重繭,往見公輸般。」《淮南子》:「申包胥累繭重胝,至秦庭。」

案:今《說文》:「黚,黑皺也。」此注「皺」字誤。《說文》「皺」字在《新附》中,然已見於此。《玉篇》:「皺,皷也。」《爾雅》疏引樊光曰:「皷謂樹皮粗也。」「繭」,蓋「黚」之同音借字。而《漢書·敘傳》「申重繭以存荆」,注云:「繭,足下傷,起形如繭也。」《後漢書·段潁傳》注同,即如字解之,義亦通。

答蘇武書　李少卿

23. 胡笳互動

注云:「笳」,《說文》作「葭」。

案：《說文‧竹部》無「箛」字。《艸部》「葭」云：「葦之未秀者」，亦無他訓。李云然者，蓋箛捲蘆葉而吹之，其字當从《說文》作「葭」也。唐岑參有《蘆管歌》，李益詩「不知何處吹蘆管」，皆當謂此。《晉書‧夏統傳》「胡葭長鳴」，字正作「葭」。又謝靈運詩「鳴葭戾朱宮」，注云：「笛也」，疑亦非截竹為之者。

又案：王元長《曲水詩序》「揚葭振木」，「葭」字，李注未及。近人林暢園曰：「葭當與箛同。樂部箛似觱栗，無竅，以銅為之。」《通雅》云：「唐之銅觱是其遺也。」意者「箛」本用蘆葉，後人以入樂部，或者仿其製，而以銅為之者與？

24. 牧馬悲鳴

注引《毛詩》曰：「駉駉牧馬。」

案：今《詩》「牧」作「牡」。釋文云：「牡，茂厚反。《說文》同。本或作牧。」今《說文‧馬部》引《詩》「駉駉」作「驍驍」，而「牡」字不異。此注作「牧」，則李氏所據正釋文之或本也。毛傳言「牧之坰野」，自當作「牧」。而《顏氏家訓‧書證篇》云「江南書作牡，河北書作牧」，因定從江南本，以牡馬為良馬。段氏謂：「《周禮》『凡馬特居四之一』，不當云良馬有驦無騭也。牧與牡，形、聲相近。」近梁氏玉繩《瞥記》引許氏慶宗云：「牧馬與牡馬，字異而義同。古馬政惟牡馬在牧，若牝馬，非季春，則不在牧。《月令》『遊牝于牧』，鄭注：『其牝欲遊，則就所牧之牡而遊之。』可見在牧惟牡馬，故言牧不必更言牡也。《北史‧崔浩傳》論『蠕蠕』云：『牡馬護牧，牝馬戀駒。浩居北方，習知馬事。是以能分別言之。』據《周禮》知，馬蓋三牝一牡，詩人但言牡馬之盛，而牝馬可知。顏所釋與段所駁，似俱未審牧馬之必為牡馬，而不兼騭馬矣。」然則作「牧」、作「牡」，義竝通，故傳本各異。

25. 五將失道

注云：「《漢書‧武紀》曰：『天漢二年，將軍李廣利出酒泉，公孫敖出西河，騎都尉李陵將步卒五千出居延。』時無五將，未審陵書之誤，而《武紀》畧之。」

案：《武紀》於前三年云：「遣光祿勳徐自為築五原塞，外列城。遊擊將軍韓說將兵屯之，強弩都尉路博德築居延。」顏注云：「漢制，每塞要處，別築為城，置人鎮守，謂之候城。」疑此「五將」兼各屯守將之出塞者而言。《李

陵傳》：「詔博德引兵出西河，遮鉤營之道。」《匈奴傳》亦云：「使因杅將軍即公叔敖出西河，與強弩都尉會涿邪山，亡所得」可證也。《紀》於天漢二年，但舉特命之將，故以廣利、敖與陵竝言之耳。汪氏質疑謂「步卒五千，即當有五將，未必指李廣利、公叔敖諸人。」果爾，則陵之步卒既敗，尚俱從陵，何獨其將失道，無一從者，義不可通。

報任少卿書　司馬子長

26. 牛馬走

注云：「走，猶僕也。言己為太史公掌牛馬之僕，自謙之辭也。」

案：吳氏仁傑云：「牛當作先字之誤也。《淮南書》曰：『越王句踐親執戈為吳王先馬走。』《國語》亦云：『句踐親為夫差前馬。』《周官·太僕》：『王出入，則前驅。』注：『如今引導也。』子長自謂先馬走者，言以史官中書令在導引之列耳。《日知錄》亦引《荀子》『天子出門，諸侯持輪挾輿先馬。』賈誼《新書》：『楚懷王欲有霸王之號，鑄金以象諸侯人君，令大國之王編而先馬。』皆先馬之證也。又引《韓非子》『為吳王洗馬』，洗音銑。《漢書·百官表》太子、太傅、少傅屬官有先馬。張晏曰：『先或作洗』。」

余謂古「先」與「洗」通，《周易》「洗心」，一本作「先心」，是已。「先馬走」三字連文，明見《淮南》，與此正同。則「牛」為字形之誤可知，注乃隨文解義，失之。

27. 昔衛靈公與雍渠同載，孔子適陳

注引《家語》，此事作去衛過曹而云，此言適陳，未詳。

案：汪氏師韓云：「《史記》孔子始至衛，即適陳，後又至衛，過宋，適陳。《論語》衛靈公問陳，明日遂行，在陳絕糧。孔子三至衛，皆適陳。其見南子，在畏匡還衛之後。時去適宋，又適陳。《家語》所言適曹，恐是適宋之誤。而司馬書固無誤也。」

余謂《家語》乃王肅所偽造，本不足據。李氏不即引史公之書以證史公之文，而轉引其不相合者，殊非。

28. 更張空拳

《漢書》「拳」作「弮」。顏注云：「讀為拳者謬。拳則屈指，不當言張。

陵時矢盡，故張空弓，非手拳也。」

案：此注李亦引之。《漢書·李陵傳》云：「矢盡道窮，士張空拳。」注引文穎曰：「拳，弓弩拳也。」今本皆誤作「拳」。或據《國語·齊語》「有拳勇股肱之力。」韋注：「人勇為拳。」又《詩》「無拳無勇」，毛傳：「拳，力也。」因謂「空拳」，猶言空手。然承上「張」字說，自與「拳」合。若以為「拳勇」字，則「空拳」殊為不辭。且《陵傳》明云「矢盡而張空拳」，其非徒手相搏可知。蓋既無矢，祇可「張空拳」以疑敵耳。殆如梁武帝《連珠》所云「虛弦動而隼落」者，似宜仍從顏注。

29. 而僕又佴之蠶室

注引如淳曰：「佴，次也，若人相次也。」

案：《說文》：「佴，𠆧也。」「𠆧」與「次」，音義同。《爾雅》：「佴，貳也。」「貳」亦訓「次」，故《廣雅》即云：「佴，次也。」《漢書》作「茸」，注引蘇林曰：「茸，次也。若人相俾次也。」是蘇意謂「茸」當作「佴」也。小顏非蘇說而云：「茸，人勇反推也。謂推致蠶室之中。」蓋以「茸」為「搑」之假借字。段氏云「殊非文義」。

余謂《說文》「搑，推擣也」，不訓「推致」，小顏特易之以就其說耳。

又案：《漢書》「茸」字，疑即前文所謂「闒茸」，注云：「猥賤也。」引《字林》曰：「不肖也。」《廣韻》：「𪏮，或作茸。」《集韻》同。「𪏮」，從辱，即有辱義。言蠶室猥賤，以為辱也。似較「佴」、「搑」兩說為順。

30. 幽於糞土之中而不辭者

「幽於」二字，《漢書》作「函」。

案：《讀書雜志》云：「函訓為容。『容糞土之中』則為不詞。『函』當為『臽』，『臽』本作『𦥑』，與『函』相似，因譌為『函』。」此作「幽」，又「函」之譌也。《說文》：『臽，小阱也。』今經史通作『陷』。臽者，墜入之謂，猶僖四年《公羊傳》『大陷於沛澤之中』也。《漢紀》作『身陷糞土之中』，是其明證。《楚語》『若合而函吾中』，《史記·禮書》『函及士大夫』，誤與此同。」

余謂《說文》「臽」在《臼部》，其《𨸏部》「陷」字云：「高下也。一曰陊也。」陊者，墮落之謂。是「陷」、「臽」雖分部，而意實相近。故經史相承作「陷」。善本作「幽」，文義亦順。「幽」、「函」形相似，殆後人見「函」

字不詞，疑「函」為「幽」之誤，遂改為「幽」，而不知其為「呂」之誤也。「呂」既譌「函」，而「陷」字，《篇海》竟作「隖」，尤無此體。

31. 不韋遷蜀，世傳《呂覽》

案：孫氏《補正》引《史通》云：「呂氏之脩撰也，廣招俊客，比跡春陵，共集異聞，擬書荀、孟，思刊一字，購以千金，則當時宣布久矣，豈遷蜀之後，方始傳乎？且必以身既流移，書方見重，則又非關作者本因發憤著書之義也。」

余謂史公自負絕人之才，竟受肉刑，憤懣積胸，拉雜書此，以見古來能述作者多致蹇塞。然自有可傳耳，無庸論著書與遭難之先後。不然，史公親為不韋傳，豈未悉其本末者。且「韓非囚秦，《說難》《孤憤》」，亦著書在前，而見囚在後，劉氏何不竝言之？至云「發憤所作」，承「三百篇」而言，下論書策以舒其憤，專指左邱、孫子，蓋二子虧體，略與相似，故又抽出重說，正文章之變化也。

又案：劉氏專舉《呂覽》「以為思之未審，何不云虞卿窮愁，著書八篇。」蓋本《史記》「虞卿非窮愁，亦不能著書以自見於後世」之語。梁氏《志疑》則曰：「虞卿嘗再相趙，其著書非窮愁之故，《史》誤言之云。」然者謂虞卿先因魏、齊棄印而去，困于梁。及長平之役，為趙畫策，系昭王四十七年，反在棄印五年之後，故知其再相，而史公敘事顛倒也。但即所說，又安知著書不在棄印五年，困於梁之時。如《史》所紀者，此恐不足以難劉。

為曹洪與魏文帝書　　陳孔璋

32. 三塗

注引《左傳》杜注：「在河南陸渾縣南。」

案：所引見《昭四年傳》。《水經·伊水篇》「東北過陸渾縣南。」注云：「伊水歷崖口，山峽也。翼崖深高，壁立若闕，伊水逕其下，歷峽北流，即古三塗山也。服虔曰：『三塗、太行、轘轅、崤、黽，非南望也。』京相璠《春秋土地名》亦云山名。以服氏之言，塗，道也。準《周書》『南望』之文《逸周書》：「度邑解南望，過于三塗」，或言宜為轘轅、大谷、伊闕，皆非也。《春秋》晉伐陸渾，請有事于三塗《昭十七年》。知是山明矣。」

余謂《漢志》陸渾屬弘農郡。《僖二十二年傳》「秦晉遷陸渾之戎于伊川」是也。《方輿紀要》:「今河南府嵩縣有陸渾城,三塗山在縣西南十里。」

33. 雖有孫田墨氂

注引文帝《答書》:「縱使宋翟妙機械之巧,田單騁奔牛之詭,孫吳勒八陣之變。」

案:注不及氂,未晰。下文注引墨翟弟子禽滑厘,即氂是也。「滑」,《列子・楊朱篇》作「骨」。「氂」,《孟子》作「釐」,《呂氏春秋・尊師篇》作「黎《當染篇》又作氂,疑「釐」之譌」,皆音近通用字。《漢書・古今人表》作「屈釐」。

又案:《尊師篇》「學于禽滑黎」,注末有「一作籥滑」四字。畢氏沅曰:「此當出舊校者之辭,滑黎字多異。至禽字,各書俱同,未見有作籥者。」《墨子・耕柱篇》有駱滑氂好勇,聞鄉有勇士必殺之。《墨子》謂「非好勇,是惡勇」,則非墨子弟子也。

余謂籥與禽形相似,或有誤作籥者,駱與籥,同韻字。或誤以駱滑氂,即禽滑氂,而駱又誤作籥與?

34. 若乃距陽平,據石門

注引《周地圖記》曰:「褒谷西有古陽平關。」

案:《方輿紀要》於漢中府褒城縣云:「漢陽關在縣西北二十里。」劉昭曰:「褒谷西北有陽平關。」杜佑曰:「漢置褒谷在縣東北十里。自出連雲棧,直抵斜谷,亦曰南谷,所謂南口曰褒也。其北口曰斜,在鳳翔府郿縣西南,長四百七十里,秦惠王取蜀之道也。」據此所云,正與注合。考《水經・沔水上篇》注云:「張魯城,即崤嶺,周廻五里,東臨濬谷,杳然百尋。西北二面,連峯接崖,莫究其極。從南為盤道,二里有餘。庾仲雍謂山為白馬塞,東對白馬城,一名陽平關。」下云:「漢水左得度口水,水逕陽平縣故城東,又逕沔陽縣故城東即今沔縣。」下云:「又東合褒水,遂及褒谷。」是固相近之地,故洪氏《圖志》以為漢陽平關即白馬城,在今沔縣界也。洪又云寧羌州別有陽平關,係近代所置,仍漢舊名耳。而《紀要》於寧羌州亦列陽平關,引《水經注》謂即白馬塞,恐誤。《書》云「距陽平」者,《魏志・太祖紀》:「公征張魯,魯使弟衛與將楊昂等據陽平關,橫山築城十餘里,攻之不能拔,乃引軍還。賊見大軍退,守備解散。公乘險夜襲,大破之,魯潰奔巴中」,即此是也。「石門」,已見前《蜀都賦》。

為曹公作書與孫權　阮元瑜

35. 抑遏劉馥，相厚益隆

注引《魏志》：「太祖方有袁紹之難，謂馥可任以東南之事，遂表為揚州刺史。」

案：所引不及孫權，未晰。據《馥傳》上文云「孫策所置廬江太守李述攻殺揚州刺史嚴象，廬江梅乾、雷緒、陳蘭等聚眾數萬在江、淮間，郡縣殘破。」下又云：「馥既受命，單馬造合肥，南懷緒等，皆安集之。」是不使馥與權為難，故云「相厚益隆」也。魏時，合肥為重鎮，蓋揚州刺史治所。

與朝歌令吳質書　魏文帝

36. 每念昔日南皮之遊

注引《漢書》勃海郡有南皮縣。

案：「南皮」，今仍為縣，屬天津府。《方輿紀要》引宋白曰：「縣有故南皮城，即漢渤海郡治所也。又縣東二十五里有射雉臺，相傳曹丕游南皮時築。一名燕友臺，丕嘗燕集賓友於此。」

余謂此《書》言元瑜長逝後，第二《書》言「徐、陳、應、劉，一時俱逝。」而《魏志》裴注云：「太子即王位，又與質《書》曰：『南皮之遊，存者三人。初，曹真、曹休亦與質等在渤海游處。』」是二曹外，惟質存。後質拜北中郎將，封列侯，使持節，督幽、並諸軍事。蓋帝與質最契也。

又案：《書》下文云「浮甘瓜於清泉，沈朱李於寒水。」《寰宇記》引之「水」作「冰」，云：「南皮縣西一里有寒冰井，《書》所云即此井也。」然臺既在東，則相去甚遠，恐後人附會。

與楊德祖書　曹子建

37. 昔尼父之文辭，與人通流，至於制春秋，游夏之徒乃不能措一辭

注引《史記》曰：「子游、子夏之徒不能贊一辭。」

案：今本《史記》無「子游」二字。《困學紀聞》已言之，近翁氏元圻注

謂：「《孝經鉤命訣》曰：『孔子以《春秋》屬商，《孝經》屬參。』《文選》曹
攄《思友人》詩注引《論語崇爵讖》曰：『子夏共操仲尼微言，以當素王。』
俱不及子游。惟《春秋說題辭》曰：『孔子作《春秋》，一萬八千字，九月而
書成，以授游、夏，游、夏之徒不能改一字。』與李善引《史記》同。」

余謂前德祖《答牋》「春秋之成，莫能損益」，注亦引《史記》，但作「子
夏之徒」。子建此《書》，蓋本之《春秋緯》，注失引，而轉引《史記》，或因正
文增之耳。

與滿公炎書　應休璉

38. 楊倩說於范武

注云：「范武，未詳。」

案：孫氏《補正》謂：「李周翰注云：『范武，古之善為酒者』，亦想當然
耳。」

余疑「范武」為「王武」之譌。《史記·高祖紀》：「常從王媼、武負貰
酒，每酤留飲，讎數倍」，正與注引《韓子》所稱楊倩說「酒不售」對照。
敷辭家多聯合兩事為一，上句「陽書喻於詹何」，用《說苑》陽書論魚而及
《列子》詹何之釣，極相似班彪《王命論》云「王武感物而折契」，殆此文
所本也。

39. 羽爵飛騰

注引《儀禮》：「請媵爵。」鄭注：「今文媵多作騰。」

案：《燕禮》疏：「騰與媵，皆送義。」實則「騰」不訓「送」，故《公食
大夫禮》「眾人騰羞者」，注云：「騰當作媵。」《禮記·檀弓》「杜蕢洗而揚
觶」，注云：「《禮》揚作騰。揚，舉也。騰，送也。揚近得之。」衛氏《集
說》：「騰作媵。」段氏謂：「《說文》：『俟，送也。』俟，即媵字。」騰非是。

余謂鄭言「揚近得之。揚，舉也。」《漢書·楊雄傳》注亦云：「騰，舉
也。」故「媵」或作「騰」，而此因用「羽爵」字，遂以為「飛騰」矣。

40. 夫漳渠西有伯陽之館

注云：「伯陽，即老子也。」

案：《史記·老子傳》今本有「字伯陽」句，《索隱》以為後人妄竄。梁

氏玉繩云:「馬遷作傳,疑老萊子、太史儋即老子。高誘注《呂覽·當染》《重言》以舜所友之伯陽,周幽王時之伯陽父,竝指為老子。故《隸釋老子銘》《神仙傳》《抱朴子》《唐表》《通志略四》《路史》,皆謂老子字伯陽。」《方輿紀要》:「今臨漳縣本鄴地,有伯陽城,在故鄴城西,戰國時魏邑。」《史記》:「趙惠文王十六年,樂毅將趙師攻魏伯陽。十九年,趙與魏伯陽。」《括地志》:「伯陽城在相州鄴縣西,即漢之邯會縣也邯會,今廣平府肥鄉。」是「伯陽」固地名,以為老子,蓋地理家相傳之說。若《水經·渭水上篇》「又東過上邽縣」,注云:「渭水又東,伯陽谷水入焉。伯陽水又西北歷谷,引控羣流,北注渭水。又東南流,苗谷水注之,水南出刑馬山,北歷平作西北,逕苗谷,屈而東逕伯陽城南,謂之伯陽川,蓋李耳西入,往逕所由,故山原畎谷,往往播其名焉。」據此,亦以伯陽城屬老子,然其地則與此在鄴縣者異。

　　附案:《紀要》引北魏崔光進語謂「鄴城平原千里」,故此下句云「北有曠野之望」也。

41. 是京臺之樂也

　　注引《淮南子》楚莊王曰:「吾聞京臺者,南望獵山,北臨方皇。」

　　案:「京臺」,亦見後《與君苗君冑書》。今《淮南·道應訓》作「強臺」,《戰國策·魏策》同。《國策》「一作荊臺」,「荊」、「京」同音。「京」,古音讀彊。《海外北經》「北方禺彊」,《莊子注》「一作禺京」,故「京」可為「強」。「獵山」,與《御覽》引同,今《淮南》作「料山」。「料」、「獵」音相近,而《國策》作「崩山」。梁氏《瞥記》以為誤,但《藝文類聚》引「一作崇山」,殆相傳異耳。又「方皇」,《國策》作「彷徨」,《類聚》引作「方湟」。

與廣川長岑文瑜書　應休璉

42. 土龍矯首於玄寺

　　注引《淮南子》曰:「聖人用物,若為土龍以求雨。」

　　案:所引見《說山訓》,而《墜形訓》亦云「土龍致雨」。高誘注云:「湯遭旱,作土龍以象龍,雲從龍,故致雨也。」又《大荒東經》云:「應龍處南極,殺蚩尤與夸父,不得復上,故下數旱。旱而為應龍之狀,乃得大雨。」郭

注：「今之土龍，本此氣應，自然冥感，非人所能為也。」則其相傳已古矣。又余氏《音義》引《神農求雨書》云：「土龍致雨之法，甲乙日不雨，命為青龍，東方小童舞之。丙丁日不雨，命為赤龍，南方壯者舞之。戊己不雨，命為黃龍，中央壯者舞之。庚辛不雨，命為白龍，西方老人舞之。壬癸不雨，命為黑龍，北方老人舞之。」

43. 泥人鶴立於闕里

注引《淮南子》：「西施、毛嬙，猶倛醜也。」高誘曰：「倛醜，請雨土人也。」

案：所引見《精神訓》，「倛」，今本作「䫏」。《字通》：「醜，或作魄」，形相似。《列子·仲尼篇》「若欺魄焉而不可與接」，張湛注：「欺魄，土人也。」釋文云：「欺魄，字書作欺頫，人面醜也。」作「䫏」者，《說文》：「䫏，醜也。」今逐疫有「䫏頭」。此注作「倛」者，《荀子·非相篇》「面如蒙倛」，韓愈注：「四目為方相，兩目為倛，亦作魌。」鄭注《周官·方相氏》云：「冒熊皮者，以驚敺疫癘之鬼，如今魌頭也。」又《廣雅·釋詁》「娸」、「䫏」俱訓「醜」。王氏《疏證》云：「娸、欺、䫏、倛、魌五字竝同義。」

余謂《魯靈光殿賦》「仡欺猥以雕眈」，彼注：「欺猥，大首也。」段氏以「欺」為「䫏」之誤。然觀《列子》語，則知「欺」亦非誤。

又案：《讀書雜志》云：「《淮南書》『䫏醜』，本作『倛魄』，『魄』誤為『醜』。後人又改『倛』為『䫏』耳，不知『倛魄』乃請雨之土人，非逐疫之『䫏頭也』。視毛嬙、西施如『倛魄』者，謂視如土偶，非謂視如『䫏頭』。且上言『視珍寶珠玉猶礫石也今本礫石誤倒，視至尊窮寵猶行客也。』『魄』與『石』、『客』為韻，若作『䫏醜』，則失其韻矣。」此說以「倛魄」與「䫏頭」為二，二者本易混，特加分別竝存之。

44. 昔夏禹之解陽盱

注引《淮南子》曰：「禹為水，以身解於陽盱之河。」高誘曰：「陽盱河在秦地。」

案：所引見《脩務篇》。「盱」，李注音「紆」。《穆天子傳》云：「至于陽紆之山，河伯無夷之所都居。」蓋「盱」、「紆」音相近也。又《淮南·墬形訓篇》「秦之陽紆」，高注：「陽紆，在馮翊池陽。」是高意「陽紆」，即「陽盱」，故此注以為秦地也。考《爾雅》秦有「陽陓」。《呂覽·有始篇》「秦之

陽華」，高注：「陽華在鳳翔，或曰在華陽西。」「陓」與「華」，亦音相近，
與「陽紆」皆為秦有。似「陽陓」、「陽華」，亦即「陽紆」矣。近段氏於「楊
紆」、「楊陓」、「陽華」三者不分。畢氏校《呂覽》同。郝氏則謂陽紆、陽陓
非一地。諸書差舛，固難遽定。但《周禮・職方》「冀州藪曰楊紆」，注云：
「所在未聞。」「雍州藪曰弦蒲」，注云：「在汧漢。」《地理志》「右扶風汧
北有蒲谷鄉弦中谷，雍州弦蒲藪。」《說文》說「九藪」，「雝州弦蒲、冀州
楊紆」，與《漢志》皆符。《職方》之義，則「弦蒲」、「楊紆」不可合也。而
高注《墜形訓》云：「陽紆，一名具圃」，當即「弦圃」。郭注《爾雅》「楊陓」
云：「今在扶風汧縣西。」乃以《職方》之「弦蒲」當《爾雅》之「楊陓」，
豈非雍州之藪混于冀州之藪乎？竊意禹都安邑在冀州，所禱自為冀州之河，
不應遠至雍州也。

45. 殷湯之禱桑林

　　注引《淮南子》曰：「湯苦旱，以身禱於桑林之祭。」高誘曰：「桑山之
林，能興雲致雨，故禱之。」

　　案：「桑林之祭」，今本作「桑山之林」。《太平御覽》引作「桑林之下」。
左氏《襄十年傳》：「宋公享晉侯于楚邱，請以桑林。」杜注：「桑林，殷天
子之樂名。」《正義》曰：「湯樂為大濩，其曰桑林，先儒無說。惟書傳言湯
伐桀之後，大旱七年。史卜曰：『當以人為禱。』湯乃翦髮斷爪，自以為牲，
而禱于桑林之社，而雨大至，方數千里見《帝王世紀》，下文注亦引《呂氏春秋》。
或可禱桑林以得雨，遂以桑林名其樂也。」

　　余謂《周禮》「旱暵舞雩」，《月令》「大雩帝用盛樂」，則桑林之禱，自有
樂舞，宋猶傳之，故《傳》云「舞師題以旌夏」也。「桑林」，地未聞，《昭二
十一年傳》「宋城舊墉及桑林之門而守之」，當是林在城外，因湯之禱，而後以
名其門耳。

與從弟君苗君胄書　應休璉

46. 山父不貪天地之樂

　　注云：「山父，即巢父也。」譙周《古考史》曰：「許由，夏常居巢，故一
號巢父。」

案：周語，後陸士衡《演連珠》注亦引之。但上文本云許由隱箕山，又有巢父與由同志，下乃引或說。如此，當因《莊子》言「堯讓天下於許由」，而《符子》作「讓巢父」，遂混合之耳。《漢書・古今人表》二人竝列，皇甫謐亦各有傳，則以為一人者，非也。至「巢父」又稱「山父」，惟見此《書》。

與山巨源絕交書　嵇叔夜

47. 禹不偪伯成子高，全其節也

注引《莊子》曰：「堯治天下，伯成子高立為諸侯。堯授舜，舜授禹，伯成子高辭為諸侯而耕。」

案：後《陶征士誄》「巢高之抗行」注引與此同。《海內經》：「華山青水之東有山名曰肇山，有人名曰柏高，柏高上下於此，至于天。」郭注：「柏子高，仙者也。」郝氏亦引《莊子》此文，又謂：「《史記・封禪書》說神仙之屬有羡門子高，未審即一人否？《穆天子傳》郭注云：『古伯字多从木，則柏高即伯高矣。』《管子・地數篇》有黃帝問於伯高云云，蓋黃帝之臣也。帝乘龍鼎湖，而伯高從焉，故高亦仙者也。」

余謂既從黃帝仙去，何堯時又為諸侯，至禹時尚在，殊不相合。《漢書・人表》有「巢緐」等，而無「伯高」。若馮衍《顯志賦》云「欸子高於中野兮，遇伯成而定慮。」又似為二人，蓋皆相傳之異。

48. 足下若嬲之不置

注云：「嬲，擿嬈也。音義與嬈同。」

案：《說文》：「嬈，苛也。一曰擾也，戲弄也。」段氏云：「嬲乃嬈之俗字，故許不錄。孫氏星衍以為『嬲即嫋字，艸書之譌。』然嵇康艸蹟作嬲。《一切經音義》引《三倉》『嬲，乃了切，弄也，惱也。』故有嬲字，則未可輕議。」

余謂《廣韻》二字竝列，而訓相似，則有「嬈」，不必有「嬲」。既《說文》所無，安知《三倉》之「嬲」非「嬈」之轉寫別體乎？若「嫋」為「弱長兒」，又不類矣。

為石仲容與孫皓書　孫子荊

49. 神武應期

注引《河圖闓苞受》曰：「弟感苗裔出應期。」

案：《困學紀聞》云：「《後漢・天文志》：『黃帝始受《河圖》，鬥苞授規日月星辰之象，故星官之書，自黃帝始。』鬥苞，似是人名氏。全氏祖望曰：『《河圖鬥苞》恐是緯書名目，故曰「受」。』萬氏《集證》則據劉恕《通鑑外紀》：『帝既受《河圖》，乃命鬼臾蓝占星，闓鬥苞授規正日月星辰之象。闓苞與鬼臾蓝並稱，其為人名氏可知。或曰：闓苞受，《河圖》篇名，見《文選》注。《志》蓋誤「闓」為「闢」也。』」

余謂「闓」與「闢」形相似，作「闓」是也。「授」與「受」通。《後漢志》「規」字當下屬，而《路史》引之，「日月」上有「正」字，與《外紀》同，殆皆誤讀而增其字矣。

與陳伯之書　丘希範

50. 偽孽昏狡，自相夷戮；部落攜離，酋豪猜貳

注云：「梁武之初，當宣武之日。偽孽，蓋指宣武也。」

案：《魏書・世宗宣武帝紀》：「景明二年，咸陽王禧謀反，賜死。」所云「夷戮」，當指此。此《書》之致在天監四年，為魏正始二年。則正始三年，樂良王長命坐殺人，賜死。永平元年，殺彭城王勰，蓋在其後矣。若景明四年，梁州氐反，又討反蠻。正始二年，武興氐反，所謂「攜離」、「猜貳」者是已。

移書讓太常博士　劉子駿

51. 公卿大臣絳灌之屬，咸介胄武夫，莫以為意

注引《楚漢春秋》曰：「漢已定天下，論羣臣破敵擒將，活死不衰，絳、灌、樊噲是也。功成名立，臣為爪牙，世世相屬，百出無邪，絳侯周勃是也。」又云：「然絳灌自一人，非絳侯與灌嬰。」

案：《容齋三筆》云：「《漢書・陳平傳》『絳、灌等讒平』，顏師古注曰：

『舊說絳，絳侯周勃；灌，灌嬰也。而《楚漢春秋》高祖之臣，別有絳灌，疑昧之文，不可據也。』《賈誼傳》『絳、灌、東陽侯之屬，盡害之。』注亦以為勃、嬰。觀《史記·陳平世家》曰：『絳侯、灌嬰等咸讒平』，則其為兩人明甚。師古不必為疑辭也。又《史》《漢·外戚竇皇后傳》實書絳侯、灌將軍，此最的證。《楚漢春秋》陸賈所作，皆書當時事，而多與史不合，師古蓋屢辨之。如張耳歸漢，即立為趙王，子敖廢為侯，敖子偃嘗為魯王，文帝封為南宮侯，而《楚漢春秋》有南宮侯張耳。淮陰舍人告韓信反，《史記·表》云欒說，《漢·表》云樂說，而《楚漢》以為謝公，其誤可見。」

余謂「絳灌」若係一人，既與樊噲竝有功，則《漢書·功臣表》不容不載，今固無有。如《容齋》說，《楚漢春秋》已不足憑，未必仍陸賈自著原本，且流傳豈全無參錯，疑彼處「絳灌」直是「灌嬰」之譌。《晉載記》稱「劉淵鄙隋陸無武，絳灌無文。」「隋陸」二人，「絳灌」亦二人也。即子駿此文云公卿大臣之屬，亦斷非專舉無名之「絳灌」一人矣。李氏孤據以為信，太泥。

52. 猶廣立於學官，為置博士

案：此承上孝文皇帝言，則文帝時已有博士。或據《漢書·武帝紀》「建元五年春，置五經博士。」而《文帝紀》無文。然《儒林傳》伏生為秦博士，孔甲為陳涉博士。涉時且有之，何況漢興已數十年？惟序云：「孝文本好刑名之言。及至孝景，不任儒，竇太后又好黃老術，故諸博士具官待問，未有進者耳。」武帝時，公孫宏等奏云：「請因舊官而興焉。為博士官置弟子五十人」，曰「舊官」，則其本有可知。蓋至此，益重其事矣。《傳》中如伏生弟子張生為博士；韓嬰，孝文時為博士；轅固生，孝景時為博士，皆在武帝以前。至《藝文類聚》《太平御覽·職官部》竝引《漢舊儀》云：「孝文皇帝時，博士七十餘人，朝服玄端，章甫冠」，尤其明證。

又案：《困學紀聞》云：「後漢翟酺曰：『文帝始置一經博士。』考《儒林傳贊》『武帝立五經博士，《書》唯有歐陽，《禮》後，《易》楊，《春秋》公羊。』五經獨舉其四，蓋《詩》已立於文帝時也。」今《後漢書》「一經」作「五經」。章懷注：「武帝始置五經博士，文帝未遑庠序之事。」酺之言未知何據。是唐時本作「五經」，何氏焯謂今所見者誤本，恐非。又趙岐《孟子題辭》：「孝文皇帝欲廣游學之路，《論語》《孝經》《孟子》《爾雅》皆置博士，後罷傳記博士，獨立五經而已。」朱子謂此事在《漢書》無考。閻氏若璩即

據子駿此文,以為岐說之所本,第史文不備耳。然則厚齋言文帝惟立《詩》一經者,亦未確,且張生非傳書者耶?

53. 及魯恭王壞孔子宅,欲以為宮,而得古文於壞壁之中,逸《禮》有三十九篇,《書》十六篇,天漢之後,孔安國獻之。遭巫蠱倉卒之難,未及施行

注引《漢書》曰:「武帝末,魯恭王壞孔子宅,欲以廣其宮,而得古文《尚書》及《禮記》、《論語》、《孝經》。孔安國者,孔子後也。悉得其書,以考二十九篇,得多十六篇。安國獻之,遭巫蠱事,未列於學官。」

案:所引見《藝文志》,然「未」字,疑有誤。攷《魯恭王傳》以孝景前三年,徙王魯。二十八年,薨。《諸侯王表》云「元朔元年,安王光嗣。」則恭王薨,當在武帝元光六年。壞宅事,自更在前。且《傳》云「好治宮室苑囿,季年好音」,是壞宅非季年可知。時武帝即位未甚久,後尚約有四十餘年,何得以為「未」耶?又荀悅《漢紀》於漢成帝三年,備述劉向典校經傳,考集異同。於《古文尚書》《論語》《孝經》云:「武帝時,孔安國家獻之,會巫蠱事,未列於學官。」朱氏彝尊謂「觀此知安國已逝,而其家獻之。《文選》此文鈔本流傳脫去『家』字耳。」

余謂《藝文志》直云「安國獻之」,《楚元王傳》載歆此文,亦無「家」字,未必盡脫。或者因書為安國所定,仍列其名,遂云「安國獻之」與?若後《尚書序》乃云:「會國有巫蠱事,經籍道息」,竟出自安國口中,不知《史記·孔子世家》明言「安國為今皇帝博士,至臨淮太守,早卒。」而巫蠱事在征和元年、二年間,不應是時安國尚存,此則誠如朱氏所駁,偽託顯然。況《漢紀》所稱尤足為證乎?

54. 博問人間,則有魯國桓公、趙國貫公、膠東庸生之遺

注引《七署》曰:「禮家,先魯有桓生,說經頗異。論語家,近琅邪王卿,不審名,及膠東庸生皆以教。」然則庸生亦未詳其名也。

案:「桓公」,他無考。《七署》未及「貫公」,而注遂遺之,殊疏。《儒林傳》云:「賈誼為《左氏傳訓故》,授趙人貫公,為河間獻王博士,子長卿,為蕩陰令。」《釋文序錄》則云:「誼傳至其孫嘉,嘉傳貫公,貫公傳其少子長卿。」《傳》又云:「毛公,趙人,治《詩》,授同國貫長卿。」是貫公父子皆通經也。《傳》又云:「孔氏《古文尚書》:安國授都尉朝,朝授膠東庸生。」

《釋文》云：「庸生，名譚，亦傳《論語》。」若《七畧》之「王卿」，則《釋文》以為「與昌邑中尉王吉、少府宋畸、御史大夫貢禹、尚書令五鹿充宗並庸生，俱傳《齊論語》者」，不知即天漢三年，御史大夫有罪自殺之王卿否？

又案：《經義考》：「承師門於治《儀禮》有禮官大夫桓生，為魯徐生弟子。」當即《七畧》所稱之桓生，正禮家也。而於《左氏傳》謂「劉歆《書》有魯國柏公」，「柏」，疑「桓」之形似而誤。「治《齊論語》有御史大夫瑯邪王卿」，地同，官亦同，或即後之自殺者與？

55. 往者博士，《書》有歐陽，《春秋》公羊，《易》則施孟，然孝宣帝猶復廣立穀梁《春秋》、梁邱《易》、大小夏侯《尚書》

案：《漢書‧宣帝紀》：「甘露三年《傳》作元年，詔諸儒講《五經》同異，太子太傅蕭望之等平奏其議，上親稱制臨決。廼立梁邱《易》、大小夏侯《尚書》、穀梁《春秋》博士」，似與此合。以《儒林傳》覈之，則亦有同異焉。據《傳》：「初，瑕邱江公受《穀梁春秋》，吶於口。武帝時，上使與董仲舒議，不如仲舒。而丞相公孫弘本為《公羊》學，卒用董生，上因尊《公羊》家。宣帝即位，聞衛太子好《穀梁》，以問丞相韋賢、長信少府夏侯勝及侍中樂陵侯史高注但引史高，非，皆魯人也，言《穀梁》本魯學，《公羊》乃齊學，宜興《穀梁》。上乃選選郎十人，徵周慶、丁姓俱梁人，使卒授之。自元康中始講，積十餘歲，皆明習。至是大議殿中多從《穀梁》，由是《穀梁》之學大盛。慶、姓皆為博士。」是《穀梁》之立在《公羊》後，此其同也。《傳》云：「漢興，言《易》者，本之田何，何授東武王同，同授淄川楊何。何，元光中為大中大夫。梁人丁寬亦從田何受《易》，授同郡田王孫，王孫為博士。」《釋文》但云「漢初，立《易》楊氏博士，誤矣。」若施讎、孟喜、梁邱賀，皆出王孫。而賀先從京房受《易》。房者，楊何弟子也。宣帝時，聞京房為《易》明，求其門人，得賀。賀入說，上善之。後以筮有驗，緣是近幸，為大中大夫，至少府，年老終官，傳子臨。甘露中，奉使問諸儒於石渠，臨學精熟，宣帝選高材郎十人從臨講。是梁邱《易》之立，乃賀子臨也。施讎，本為賀所薦，拜為博士，尚在甘露未議前。孟喜則上聞其改師法，不用喜，授白光、翟牧皆為博士。是孟《易》之立，乃喜弟子也。要皆在宣帝時。故《釋文》以為宣帝復立施、孟、梁邱之《易》《藝文志》訖于宣、元，有施、孟、梁邱、京氏，列于學官，蓋京在元帝時。本紀當以非一時事，不竝稱耳。與此先言施、孟，而後及宣帝為異。抑施本在前，孟無明文，亦或在前。此文但云「往

者」，不謂非宣帝所立；下言「廣立」，故重稱宣帝也。至《書》之立，《釋文》云：「漢始立歐陽《尚書》，宣帝復立大小夏侯博士」，應即本此。然自伏生教濟南張生、千乘歐陽生，張生為博士，而歐陽生無聞。《傳》云：「歐陽、大小夏侯氏學，皆出於兒寬。」蓋寬本受之歐陽生，而還以授歐陽生之子，世世相傳，至曾孫高始為博士。則歐陽之立，疑亦在宣帝時。《藝文志》云：「訖孝宣世，有歐陽、大小夏侯氏立於學官」是也。特歐陽之立，當在甘露議前，故《傳》云：「高孫地餘為博士，論石渠耳。」夏侯勝，其先夏侯都尉，從張生受《書》以傳族子始昌，始昌傳勝，勝所問非一師，號為大夏侯氏學。勝傳從兄子建，建又事歐陽高，左右採獲，為小夏侯氏學。二夏侯之立，《傳》不言其由，殆以所學既分，各有傳授，遂並立之與。

北山移文　孔德璋

56. 值薪歌於延瀨

注云：「未聞。」

案：五臣注云：「蘇門先生游於延瀨，見一人採薪。謂之曰：『子以終此乎？』採薪人曰：『吾聞聖人無懷，以道德為心，何怪乎而為哀也。』遂為歌二章而去。」孫氏《補正》則「疑指延陵季子取遺金事。《論衡·書虛篇》云『披裘而薪』，與此『薪歌』合。《韓詩外傳》以為『牧者』，蓋傳聞異詞也。」

余謂延陵事畧似，而二書皆不言歌。五臣未著出典，或亦有所本也，竝存備參。

諭巴蜀檄　司馬長卿

57. 西僰之長

注引文穎曰：「僰，犍為縣。」

案：《說文》「僰」字云：「犍為蠻夷也。」《漢志》僰道屬犍為郡。高誘注《呂覽》讀僰為匍匐之匐。《水經·江水一篇》注云：「僰道縣，本僰人居之。《地理風俗記》：『夷中最仁，有人道，故字從人，《秦紀》謂僰僮之富者也。』」其地則今四川敘州府治是已。

又案：《王制》「西方曰棘」，鄭注：「棘，當為僰。僰之言偪，使之偪寄於夷戎。」《正義》云：「《漢書》西南有僰夷，知非彼夷，而讀為偪者，以與『寄』文相對。『寄』非東方夷名，是寄旅之意。則僰亦非西方夷名，故以為偪迫于夷狄也。」段氏謂：「《釋文》：『棘，又作僰。』知《記》文本作僰。鄭注僰當為棘也，唐初本已誤。」經傳之「棘」多訓「亟」，故曰棘之言偪。然則彼處已易「僰」為「棘」，與此異。

為袁紹檄豫州　陳孔璋

58. 標名下注引　《魏志》曰：「琳避難冀州，袁本初使典文章，作此檄以告劉備，言曹公失德，不堪依附，宜歸本初也。」

案：《魏志·陳琳傳》並無「作此檄」以下數語。趙琴士云：「此善妄增。又《後漢書》及《魏志·袁紹傳》宣此檄時，已在備奔歸紹之後，則非獨善注妄也。即昭明標題，亦不當云《為袁紹檄豫州》。宋胡三省注《通鑑》知善說之非，乃泥於昭明此題而云：『葢帝都許，許屬潁川郡，豫州部屬也，故《選》專以檄豫州為言。』此似但見《文選》之題，而未細看陳琳之文。《檄》首一行云『左將軍領豫州刺史郡國相守』，『左將軍領豫州刺史』，非劉備而誰？乃以為指其地言耶。《檄》末云：『即日幽、並、青、冀四州竝進，書到荊州，便勒見兵，與建中將軍協同聲勢，各整戎馬，羅落境外』，則非專檄豫州可知。裴松之《魏志》注云『《魏氏春秋》載袁紹檄州郡文』，為得其實，故此處當題為《陳琳為袁紹檄州郡討操》。『左將軍領豫州刺史』下，『郡國相守』上，當有『告』字。如魏《檄吳將校部曲》云『尚書令彧告江東諸將校部曲』也，操檄吳，託之彧；紹檄操，託之備，皆倚以為重。二檄俱出陳琳之手，其體例同可知也。彧名而備不名者，尊帝室之胄。或本有而傳寫遺落，俱未可定。近有重訂《文選》者，乃為之注云：『《蜀志》先主歸陶謙，謙表為豫州刺史，後歸曹公，曹公表為左將軍，故稱郡國相，又稱守者，郡守也。』左將軍既非郡國相，豫州刺史亦非郡守，何得強紐為一耶。」

余謂趙說甚是，但以題為昭明之失，注為李善之妄，則未然。今觀題下注引《魏氏春秋》曰：「袁紹伐許，乃檄州郡」，知昭明原題必是「檄州郡」。若作「檄豫州」，善不容於「豫州」字絕不及。至名下注，據胡氏《考異》云：「袁本此一節與所載五臣翰注略同。其善曰下引《魏志》『使典文章』，即接袁

氏敗，琳歸太祖，太祖曰云云。」並無「作此檄以告劉備，至歸本初也」二十一字。且既引《魏志》，而數語為《魏志》所無，其竄入顯然，非善咎也。即「相守」下引《蜀志》，今本亦無。「故稱郡國相」十二字，不知誰為之。

59. 獎蹴威柄

注云：「《魏志》作『獎蹴』。蹴，成也。」

案：「蹴」，不得訓「成」。「獎蹴」，亦非文義。《魏志》此語見裴注。既同是「蹴」，何取以校異，此必有誤。《後漢書》「蹴」作「就」，是也。《爾雅·釋詁》：「就，成也。」義正合。又《爾雅》：「求、酋、在、卒，就。」《釋文》：「就，或作噈，又作殧。」字形與「蹴」近。而「蹴」又「蹴」之異體，當是傳寫譌作「蹴」，輾轉貤謬，遂為「蹴」矣。

檄吳將校部曲文　陳孔璋

60. 年月朔日，子尚書令彧，告江東諸將校部曲

案：陵氏廷堪書此文後云：「《三國志》及裴注皆未載此文。考《魏志·武帝紀》建安十七年冬十月，征孫權。又十九年、二十一年，兩征孫權。此不明指何年，據《荀彧傳》，建安十七年，太祖征孫權，彧疾，留壽春，薨，時年五十。而此《檄》首稱彧名，則是彧尚存，為建安十七年征權時也。然《檄》中所云『偏師涉隴，則建約梟夷』，據《魏志》，遣夏侯淵討斬宋建，則建安十九年冬十月事。西平、金城諸將斬送韓約首，則建安二十年五月事也。又云『軍入散關，則氐氏率服』，『進臨漢中，則平陽不守』。據《魏志》，公出散關，氐王竇茂恃險不服，公攻屠之。亦建安二十年五月事。公至陽平，則建安二十年秋七月事也。又云『張魯逋竄，走入巴中，懷恩悔過，委質還降。』據《魏志》，魯潰奔巴中，亦建安二十年秋七月事。魯自巴中將其餘眾降，則建安二十年十一月事也。又云『巴夷王朴胡、賨邑侯杜濩各率種落以奉王職』，據《魏志》，巴夷王賨民來附，則建安二十年九月事也。又云『超之妻孥，焚首金城』，據《魏志》，南安趙衢、漢陽尹奉討馬超，梟其妻子，則建安十九年春正月事也。又云『與匈奴南單于呼廚完』，據《魏志》，南單于呼廚泉來朝，待以客禮，遂留魏。則建安二十一年秋七月事也。又云『使征西將軍夏侯淵等』，據《夏侯淵傳》，拜征西將軍，則建安二十一年事也。

又云『合肥遺守，不滿五千，權親以數萬之眾，破敗奔走。』據《吳志·孫權傳》，權征合肥未下，徹軍還，為魏將張遼所襲。則建安二十年事也。凡此皆在彧薨之後，未審《檄》文何以詳載之。若云是建安二十一年征吳之《檄》，則距彧之薨已五年，《檄》首不應仍稱尚書令彧也，恐『彧』字或誤。然李善注引《彧傳》以證，未必誤也。豈孔璋此《檄》是齊梁文士所擬作，而昭明遂取以入選歟？」此說駁辨甚核，善注屢引《魏志》而未悟及彧薨之年之不相合。今疑非琳作，與前《上書重諫吳王》或疑非乘作，正同。但彼書《漢書》載之，未必然。而此《檄》不見於《三國志》注，當是矣。

61. 要領不足以膏齊斧

注引《漢書音義》服虔曰：「《易》『喪其齊斧』，未聞其說。張晏曰：「斧，鉞也，以整齊天下。」應劭曰：「齊，利也。」虞喜《志林》曰：「齊，側皆切。凡師出必齊戒，入廟受斧，故曰齊斧也。」

案：《易·巽卦》「喪其資斧」與《旅卦》「得其資斧」，釋文云：「子夏及眾家皆作『齊斧』。」惟沈約《宋書·文帝紀》元嘉二十九年詔曰「未勞資斧」，與今王氏本同，乃俗誤也。此所引《漢書音義》蓋本《王莽傳》，「齊」字作本音讀。虞仲翔曰：「巽為齊，釋文於《說卦傳》『齊乎巽』，不出音，則如字可知。」如《志林》之說，因齊戒受斧，即稱「齊斧」，殊為不辭。近校者或據李氏《易傳》荀爽曰：「軍罷師旅，亦告於廟，還斧於君，故喪齊斧」為證。然荀氏但云「還斧」，固未以齊戒為齊斧也。仍宜用張、應二說。且齊戒本亦從齊字取義，《禮記·祭義》所謂「齊之為言齊也」，所以齊不齊以致於神明，是已。

又案：《說文》：「鈝，利也。讀若齊。」正與應劭說「齊，利也」相合。段氏謂「《易》之『齊斧』當是，『鈝』為正字，『齊』為假借字。」據此，則益非「齊戒」之義。

62. 身罄越軍

六臣本：「越作六，非也。」

案：《禮記》文王世子云：「公族有死罪，則罄于甸人。」鄭注：「縣縊殺之曰罄，罄與磬通。」左氏《哀二十二年傳》：「越滅吳，請吳王居甬東。辭曰：『孤老矣，焉能事君？』乃縊。越人以歸。」是夫差實自縊死於越之軍中，

故云「身罄越軍」也。注引《史記》陸賈語，既有參差，於「身罄」字絕不及，疏矣。

檄蜀文　鍾士季

63. 段谷侯和沮傷之氣

注引《魏志》曰：「姜維趣上邽，鄧艾與戰於段谷，大破之。」又曰：「姜維寇洮陽今注誤作圮陽，鄧艾拒之，破維於侯和。」

案：《漢志》上邽屬隴西郡，今之秦州，則漢天水郡成紀縣地，州西六十里有上邽城。《方輿紀要》云：「段谷水在州西南。《水經注》：『上邽南有段溪水，水出西南馬門溪，東北流，合籍水。』杜佑曰：『上邽有段谷泉。』」蜀漢延熙十九年，姜維敗處。魏之甘露元年也。又侯和城在州東，《水經注》：「洮水經洮陽城，東逕共和山南，城在四山中，又東逕迷和城北。」「迷和」，當即「侯和」之誤也。蜀漢景曜末，姜維敗處。魏之景元三年也。

余謂秦州當關隴之會，武侯及姜維皆規此以連結羌胡，震動關輔。隴西，即隴右，為今鞏昌府地。故此上文以為「諸葛孔明仍規秦川，姜伯約屢出隴右」也。「上邽」，即建興九年，武侯出祁山，與司馬懿相遇處。

難蜀父老　司馬長卿

64. 因朝冉從駹，定筰存邛

注引應劭曰：「蜀郡岷江本冉駹也。」文穎曰：「邛，今為邛都縣。筰，今為定筰縣。皆屬越嶲。」

案：「筰」字本作「笮」，「筰」其省也。《廣韻》云：「筰、笮二同，竹索也。西南夷尋之以渡水，因號邛笮。」段氏謂「或從艸，非。」今《漢書》作「莋」，《水經注》同。《若水篇》注云：「莋，夷也。汶山曰夷，南中曰昆彌。蜀曰邛，漢嘉、越嶲曰莋，皆夷種。」「冉」、「駹」亦其類。師古曰：「今夔州、開州等首領姓冉者，皆舊冉種也。」《西南夷傳》云：「自滇以北君長以十數，邛都最大；自嶲以東北，君長以十數，徙、莋都最大；自莋以東北，君長以十數，冉駹最大。」又云：「南粵破後，及漢誅且蘭、邛君，並殺莋侯，冉駹皆震恐，請臣置吏。以邛都為粵嶲郡，莋都為沈黎郡，冉駹為文山郡。」

此武帝元鼎六年事也。《方輿紀要》云：「今之茂州，古冉、駹國地。」《後漢書》：「冉、駹，其山有六夷七羌九蠻，各有部落。」漢武置汶山郡，宣帝時省入蜀郡。洪氏《圖志》云：「汶江故城在州北，即應劭所謂岷江。」蓋「汶」與「岷」通，「文」乃「汶」之省也。洪又云：「岷山在茂州東南。」《元和志》：「汶山縣有汶山，即岷山也。」此非古岷山。《漢志》：「岷山，在湔氐道徼外」，今松潘廳北生番界，與《紀要》異。《紀要》又云：「黎州守禦所，古西南夷笮都地，漢武定為沈黎郡，天漢四年並入蜀郡。」亦見《後漢·西南夷傳》。洪云：「今雅州府清溪縣也。」沈黎故城，在縣東南。

余謂《華陽國志》「雅州邛郲山，本名邛笮山，故邛人、笮人界是已。」若文穎所稱「定笮」，則《漢志》本屬越巂郡，與笮都為沈黎郡者，非一地。《紀要》云：「定笮廢縣，在鹽井衛治南。」而《漢志》越巂郡下又有「笮秦」，有「大笮」。胡氏《錐指》謂「皆是近水置笮橋處，故竝以笮名耳。」《紀要》又云：「建昌衛中前所西北有邛都廢縣，為漢越巂郡治。」洪云：「今寧遠府西昌縣也。」廢縣在今縣東南。此與今之邛州，即《漢志》蜀郡之臨邛者，又異矣。

65. 畧斯榆

注引張揖曰：「斯俞，本俞國名。」

案：「榆」、「俞」，同音通用字。《周書·王會解》「俞人雖馬」，孔晁注：「俞，東北夷。」王氏應麟云：「《漢書》『巴俞』注：『俞，水名，今渝州。』」陳氏逢衡以渝州地在成周西南，與孔注不合，別舉遼西郡之臨渝縣有渝水者當之。又山海關在撫寧縣東一百里，本古渝關地，俞人當在其左近。

余謂此處與「冉」、「駹」、「邛」、「笮」連界，當正謂西南夷，厚齋說是。「渝州」，今四川重慶府。

66. 舉苞蒲

注引服虔曰：「苞蒲，夷種也。」

案：「苞蒲」，是一是二，未知其審。服說亦無所指。惟《說文·邑部》「郲」字云「地名。」段氏謂：「其字廁於鄨、犍之下，鄨為犍為縣，犍為牂柯縣，則郲當是西南夷之地。」

余謂「郲」下列邟字云「西夷國。」蓋與「冄駹」之冄同，古今字也。此文上言「朝冉從駹」，以類舉之，似「苞」即「郲」，同音通用耳。《漢書·西

域傳》有「蒲昌海」，即「鹽澤」也。武帝時，自敦煌至鹽澤，往往起亭。又有「蒲犁國」、「蒲類國」、「蒲類後國」。「蒲」，殆指是與？

67. 今罷三郡之士，通夜郎之塗，三年於茲，而功不竟，士卒勞倦，萬民不瞻

案：《司馬相如傳》云：「為郎數歲，會唐蒙使略通夜郎僰中，發吏卒千人」云云，前《諭巴蜀檄》所為作也。又云：「唐蒙已略通夜郎，因通西南夷道，發巴、蜀、廣漢是三郡也卒，作者數萬人。治道二歲，道不成，士卒多物故，費以億萬計。蜀民及漢用事者，多言其不便」，即此所云是也。《方輿紀要》云：「今敘州府有僰道城。《圖經》言故城址有三：漢治在今府西南，接慶符縣界，即元光五年，發巴卒治道處。」

余謂《水經·江水一篇》云：「武帝感相如之言，使縣令南通僰道，費功無成。唐蒙南入斬之，乃鑿石開閣，以通南中，迄於建寧，二千餘里，山道廣丈餘，深三四丈，其鏨鑿之迹猶存」，正與此合。而上文云：「其邑，高后六年城之。」當是漢初，僰夷已服屬，故前《檄》言西僰之長貢職不怠，尚在發卒治道之先。至是，即由僰中以通夜郎也。《漢志》犍為郡，武帝元鼎六年開，距治道時，已十八年，殆後此始得而郡縣之耳。惟《武帝紀》「元鼎六年，定西南夷以為武都、牂柯、越嶲、沈黎、文山郡」，而不及「犍為」，與《志》不符。

68. 故乃關沫若

注引《漢書音義》曰：「以沫、若水為關也。」沫，已見《蜀都賦》注。又引張揖曰：「若水出廣平徼外，出旄牛入江。」

案：此注有誤。胡氏《考異》云：「當作旄牛徼外，是也。」《漢志》蜀郡旄牛下云：「若水出徼外，南至大莋，入繩。」旄牛廢縣在今清溪縣，大莋為冕寧縣地。《水經·若水篇》云：「出蜀郡旄牛徼外，東南至故關，為若水」，與《漢志》合。「關」，即此文所稱是已。注引《山海經》：「南海之內，黑水之間，有木名曰若木，若水出焉。」此若水所由得名也。《經》於後文云：「東北至僰道縣，入于江。」注云：「若水至僰道，又謂之馬湖江。繩水、瀘水、孫水、淹水、大渡水，隨決入而納通稱。是以諸書錄記群水，或言入若，又言注繩，亦或言至僰道入江。正是異水沿注，通為一津，更無別川，可以當之矣。」若水之合瀘水，已見《出師表》。

69. 徼牂柯

《史記‧司馬相如傳》作「牂牁」，而《西南夷傳》作「牂牁」，《漢書》於《志》《傳》竝作「牂柯」。

案：《說文》：「牂，牡羊也。」別無「牂」字。《詩》「牂羊墳首」，《初學記》引作「牂羊墳首」，是牂為牂之別體也。《字彙》以柯為牁之俗。然柯、牁字，《說文》皆無之。則《漢書》作「柯」，是也。顏注《地理志》曰：「牂柯，係船杙也。」《華陽國志》云：「楚頃襄王遣莊蹻伐夜郎，軍至且蘭，椓船於岸而步戰。既滅夜郎，以且蘭有椓船牂柯處，乃改其名為牂柯。」此注引張揖說「以木柵水，為夷狄之界」者。《西南夷傳》云：「夜郎臨牂柯江，江廣百餘步。」蓋牂柯本江名，武帝時置郡，即以江名為郡名矣。又《廣雅》：「牂牁，杙也。」王氏《疏證》謂：「《玉篇》：『牂牁，繫船大杙也。』字本作『牂柯』。牂者，杙長大牂牂然；柯，亦長大之名，猶木大枝謂之柯也。」《魏志‧常林傳》注引《魏略》云：『吳攻樊城於峴山，東斫牂柯材。』」據此，則牂柯又可通「以木柵水」之義也。「牂牁」，亦別體字。「牁」，或作「歌」，非。

70. 梁孫原

注引張揖曰：「孫水出登縣，南至會無縣，入若水。」

案：「登」上脫「臺」字。《漢志》越巂郡臺登下云：「孫水南至會無，入若。」應劭曰：「今曰臺高。」《水經‧若水》注云：「有孫水焉，水出臺高縣，一名白沙江，南流逕邛都縣。司馬相如定西南夷，橋孫水，即是水也。」臺登廢縣，在今冕寧縣東。會無，則今之會理州。《方輿紀要》謂：「孫水，一名長河，源出西番界，南流逕寧蕃衛，東流入建昌衛境，會於瀘水。」蓋與「若水」三者皆合矣。

《文選集釋》卷二十二

對楚王問　宋玉

1. 故鳥有鳳而魚有鯤

注引曾子曰：「羽蟲之精者曰鳳。」

案：《困學紀聞》引此語而云：「《說文》『朋』及『鵬』，皆古文『鳳』字。《莊子音義》崔譔云：『鵬音鳳』。」是王氏以此所說之「鳳」，即《莊子》之「鵬」也。今《說文》：「朋，古文鳳，象形。鳳飛羣鳥從以萬數，故以為朋黨字。」「鵬，亦古文鳳。」《莊子‧逍遙游》釋文引崔云：「鵬，即古鳳字，非來儀之鳳也。」然此下云「上擊九千里，絕雲霓，負蒼天」，正與《莊子》合。而即云「鳳皇」，然則「鵬」非別有是鳥也。《玉篇》乃云：「大鵬鳥不以為即鳳」，同於崔說，似因《莊子》「大不知幾千里」而誤，實則《莊子》特寓言耳。

答客難　東方曼倩

2. 以莛撞鍾

注引《說苑》：「建天下之鳴鍾，撞之以莛。」

案：「莛」，《漢書》作「莚」。文穎曰：「槀莚也。」吳氏仁傑云：「《論衡》『篙不能鳴鐘』，篙，當作槀。《周官‧矢人》注：『笴，讀為槀。』又《槀

人》注：『箭幹謂之槀。』《集韻》：『筍、槀通。』穎云：『槀者，謂箭幹耳。』《楚詞》『索瓊茅以筳篿』，王逸曰：『小破竹也。』《王莽傳》『以竹筳導其脈』，師古曰：『筳，竹挺也。』五臣注乃云：『筳，小木枝。』豈以《說苑》『撞之以梃』字从木而為是說耶？韓文公詩『寸筳撞鉅鐘』，《音義》云：『筳，艸莛也。』筳从竹，而以从艸釋之，誤矣。」

余謂《說文‧竹部》「筳，繀絲筦也。」《艸部》：「莛，莖也。」兩字本異。此宜為从艸之「莛」。文穎云「槀莛者」，「槀」當為「槀」，乃「禾槀」也。《論衡》「篙」字，亦「槀」之譌。《攷工記》「妢胡之笴」，鄭注：「笴，讀為槀，謂箭槀。」監本「槀」作从禾之「藁」。段氏《漢讀考》云：「蓋禾槀字引伸為矢幹字是已。」《說苑》亦本「莛」字，而此注引作「筳」。《竹部》《艸部》字多通用故耳。吳氏云作「梃」，殆傳寫者失之。昌黎詩「寸筳」，自是「莛」字，釋為「草莖」正當。吳氏轉以為誤，非也。

又案：吳氏言「从艸之莛，一曰屋梁，莊周書『舉莛與楹，厲與西施。』郭象曰：『莛橫而楹縱』。司馬彪以莛為梁，楹為柱。然莊生本以莛、楹之殊大小，厲、西施之異美惡一類言之。以莛為梁，失其趣矣。」此說則得。

3. 譬由鼩鼱之襲狗

注引李巡《爾雅注》曰：「鼩鼱，一名奚鼠。」

案：《說文》：「鼷，小鼠也。」此作「奚」者，省偏旁耳。《爾雅》「鼷鼠」與「鼩鼠」分列。郭注「鼷鼠」云：「有螫毒者。」《玉篇》云：「螫毒食人及鳥獸皆不痛，今之甘口蜀也。」釋文引《博物志》云：「鼠之最小者，或謂之耳鼠。蓋俗傳能入人耳也。」《春秋‧成七年》《定十五年》《哀元年》竝書「鼷鼠食郊牛角」是已。郭注「鼩鼠」云：「小鼱鼩也。亦名鼶鼩。」《說文》：「鼩，精鼩鼠也。」別無「鼱」字。《爾雅》釋文引《字林》有之。此與「鼷鼠」當為二物，李巡說非也。

解嘲　楊子雲

4. 上玉堂

注引晉灼曰：「《黃圖》有大玉堂、小玉堂。」

案：注所引洪氏《容齋五筆》以為今《黃圖》無此文。殆本非全帙，中

佚脫與？洪又云：「《漢書‧李尋傳》『久汙玉堂之署』，顏注：『玉堂殿在未央宮。』翼奉疏曰：『孝文帝時，未央宮無高門、武臺、麒麟、鳳凰、白虎、玉堂、金華之殿。』《三輔黃圖》曰：『未央宮有殿閣三十二，椒房、玉堂在其中。』《漢宮閣記》：『未央宮有玉堂、宣室閣。』又引《漢書》：『建章宮南有玉堂、璧門三層，臺高二十丈，玉堂內殿十二門階，階皆玉為之。』今《郊祀志》但云『建章宮南有玉堂、璧門』，而無它語。然玉堂為禁內宮殿明白。而谷永對成帝問曰：『抑損椒房、玉堂之盛寵。』以玉堂配椒房言之，意亦嘗為燕游之地。師古直以為嬖幸之舍，與前注自相牴異，大誤。」

余謂《西都賦》亦言「金華」、「玉堂」，注引《黃圖》有「金華殿」、「大玉堂殿」別之，為大則宜有小矣。惟既在宮中，而子雲與「待詔金馬門」竝舉，必當日置儒臣，備顧問，玉堂其入直之所，故云「羣賢同行」。疑與近椒房之玉堂，雖同在禁內，而非一處。觀《李尋傳》稱曰「署」可知，「玉堂」之名始此。至宋太宗淳化中賜飛白書「玉堂之署」四字，以後遂專為「翰林」典故。

5. 四分五剖

宋氏祁校《漢書》曰：「剖，韋本作疈，匹力反。」

案：《讀書雜志》云：「『剖』與『疈』得兩通。然恐本是『副』字，而後人改之。《說文》『疈』、『副』竝云『叛也』。《玉篇》『疈』、『副』，竝普逼切。《大雅‧生民篇》『不坼不副』，《正義》曰：『坼、副，皆裂也。』引《曲禮》『為天子削瓜者，副之』，是也。後人誤讀『副』為去聲，遂不得其解，而改為『剖』耳。且上文『結』、『逸』、『七』為一韻，古音在質部。此『副』與下「國」為一韻，古音在職部。若改『副』為『剖』，則失其韻矣。」

余謂《說文‧刀部》「副」下引《周禮》「副辜祭」，鄭注《周禮》作「疈」，一篆一籀，字無別。《片部》「疈」亦訓「判」。《廣韻》云：「疈版，出《通俗文》。」似專為判木言。然音同，義為剖、劈亦同，故韋昭作「疈」。至王云質、職分部者，蓋段氏《表》以職、德為之、咍之入，在第一部。質、櫛、屑為真、臻、先之入，在第十二部也，而後人多不分。

6. 東南一尉，西北一候

注於上句引如淳曰：「《地理志》云：在會稽。」下亦引《志》云：龍勒、玉門、陽關有候也。」

　　案：《漢志》會稽郡錢唐下云：「西部都尉治」，而《楊雄傳》注引孟康曰：「會稽東部都尉也」，疑有一誤。王氏《商榷》謂：「《越絕書》二卷云：『漢文帝前九年，會稽並故鄣郡太守治，故鄣都尉治山陰。前十六年，太守治吳郡，都尉治錢唐』，似會稽止一都尉。《漢志》下文『回浦南部都尉治』，或後來增設。但前漢既有西部，亦宜有東部。《金石錄》載永平八年會稽東部都尉路君闕銘，《吳志》張紘亦為會稽東部都尉；而後漢循吏《伍延傳》嘗為會稽西部都尉，是後漢固東西並設。《志》稱建武六年省諸部都尉。既經省併，不應後漢所有，前漢反無。」則會稽郡當本有兩都尉，西部治錢唐，東部治山陰矣。孟康又云：「敦煌，玉門關候也。」《志》於「敦煌郡龍勒」下云「有陽關、玉門關，皆都尉治」，不言「候」。蓋有尉，即有候也。玫《西南夷傳》，任囂、趙佗，秦時已為南海尉，是尉之在南者。漢元封二年，拜涉何為遼東東部都尉，是尉之在東者。而《志》內東、西、南、北、中各有部，每部都尉治俱數處，其餘多專言都尉治。《西域傳》諸國皆令自設左右都尉，必云至都護治若干里。「都護」，豈即漢各部之「都尉」耶？「候」，若《詩·曹風》之「候人」，《史記·項羽紀》注稱「軍候兼主斥候俗作斥堠。」左氏《昭二十三年傳》「明其五候」，賈注：「五候，五方之候也。」是各方亦俱有候，不獨西北，疑子雲乃渾言之。而如、孟二說，因舉一端以見耳。然《太平御覽》二百四十一引《臨海記》云：「漢元鼎五年，立都尉府於候官，以鎮撫二越，所謂『東南一尉』者也。」據此，似特立總統之名，故曰一尉。「西北一候」無所見，當亦相類。又《水經·浪水》注云：「秦並天下，略定楊、越，置東南一尉，西北一候。」時為南海尉者，即任囂、趙佗，蓋在番禺，與候官異。或漢制不因秦舊地，而候官亦非如淳會稽之說。《地理志》所云在會稽者，乃與各部都尉同，而尚非其總統者與？惟《晉書·地理志》「交州」下云：「始皇定南越以為桂林、南海、象等三郡，非三十六郡之限，乃置南海尉以典之，所謂東南一尉也。」是蓋言其特置，異於他都尉。注專舉會稽為非，然「候」亦未及也。

　　又案：高氏《緯畧》云：「庾信《慶平鄴表》『政須東南一尉，立於北景之南〔1〕；西北一候，置於交河之北』，正用楊雄之言。漢制，郡置尉，事體深重，始馮翊之高陵、扶風之郿，迄交阯之麊泠、合浦之珠厓，郡國一百三，為都尉治者九十有四。班《志》並不及，可謂闕典。其他如關都尉、農都尉、屬國都尉、匈奴渾懷都尉、玉門陽關都尉，有官制所名者，有因事刱置者。」據此知

「一尉」，亦即以都尉為證。然班《志》何嘗不及，如上所引是已，但未晰其制耳。而高氏別引「王新為右輔尉、梅福為南昌尉、趙廣漢為京輔尉、尹翁歸為宏農尉、毋將為沛尉」，則殊屬混淆。

又案：《史記·南越尉佗傳》：「二世時，南海尉任囂病且死，召龍川令」云云。徐廣注：「爾時未言都尉也。」《漢書·高帝紀》：「秦三年，攻破東郡尉於成武。」《灌嬰傳》同。孟康曰：「尉郡，都尉也。」師古曰：「本謂之郡尉，至景帝時，乃改曰都尉。」此可知尉之即為都尉也。王氏《商榷》謂「秦本無都尉名，郡都尉與縣尉同稱尉」，此又高氏之所以混也。但云秦時無都尉，似亦未確。《樊噲傳》：「攻圍都尉、東郡守尉於成武。」當與《高紀》《嬰傳》所敘為一事，而一曰「尉」，一曰「都尉」。劉氏攽曰：「都尉，景帝方置」，明此衍「都」字。然噲、嬰二《傳》俱云「斬都尉一人」，《酈商傳》「沛公為漢王，商以將軍為隴西都尉」，不應皆衍字。或者改稱後，因而追稱之。至《噲傳》又云「擊破趙賁軍開封北，以卻敵先登，斬候一人。」亦秦時已有「候」之證，且可見其必非祇此一候矣。

【校】

〔1〕「北景之南」，《庾子山集注》作「比景之南」。

7. 徽以糾墨，制以鑕鈇

注引服虔曰：「制，縛束也。」應劭曰：「束以繩徽弩之徽。」

案：「制」，不得云「縛束」，蓋「徽」之誤，下尤乖舛。據宋祁引蕭該《音義》「徽音以繩徽弩之徽」，則「束」字涉注上文而誤。《漢書》顏注乃曰：「徽、糾、墨，皆繩也。」《讀書雜志》云：「師古訓本《坎卦》之『係用徽纆』，不知『徽以糾墨』與『制以鑕鈇』對文，則『徽』非『徽纆』之『徽』。《廣雅》：『徽，束也。』『束以糾墨』，猶言『係用徽纆』耳。《太玄·養》次七云：『小子牽象，婦人徽猛』，是『徽』為『束』也。下文『免於徽索』，乃訓為繩。」此說與注訓「徽」為「縛束」正合。「徽」本「繩索」之名，亦實字作虛用矣。

8. 譬若江湖之崖，渤澥之島，乘鴈集不為之多，雙鳬飛不為之少

注引《方言》曰：「飛鳥曰雙，四鴈曰乘。」

案：《漢書》「崖」作「雀」，「島」作「鳥」。顏注：「其義兩通。」臧氏琳

《經義雜記》曰：「古『島』字有借作『鳥』者，《禹貢》『鳥夷』，孔讀『鳥』為『島』可證。此言江湖之匡，勃解之島，其地廣闊，故鴈鳧飛集，不足形其多少。子雲借『鳥』為『島』，淺者因改『匡』作『雀』以配之，師古不能定。然先言雀鳥，則下文之『乘鴈』、『雙鳧』為贅語矣。」此說是也。《讀書雜志》又云：「《漢書》注引應劭以『乘鴈』為『四鴈』，非也。『雙鳧』當為『隻鳧』，謂一鴈一鳧也。子雲自言生逢盛世，羣才畢集，有一人不為多，無一人不為少，故以一鳥自喻，不當言『四鴈』、『雙鳧』也。乘之為數，訓四，又訓一。《廣雅》：『乘、壹，弌也。』《方言》『飛鳥曰隻』，今本隻作雙，乃後人所改。」

余謂即如舊義，「乘」者，「雙」之倍，故於「乘」言多，於「雙」言少，「集」言其來，「飛」言其去，亦可通，似不必執「乘」之可訓為「一」，而改「雙」為「隻」以就之也。

9. 或釋褐而傅

注引《墨子》曰：「傅說被褐帶索，庸築傅巖，武丁得之，舉以為三公。」

案：梁氏《瞥記》引許云：「子雲語似以傅為太傅之傅，蓋說稱傅說，猶召公稱保奭也。《漢書》注引孟康以為甯戚，恐非。」此說正與李注合，並「釋褐」字亦有據。《墨子》之言「三公」，太傅，即三公也。然則後世傳為「傅巖」，當是「巖」以「說」得名，而非「說」以「巖」得名矣。今之《說命》乃晚出，古文殆不足信。

10. 翕肩蹜背

注引《孟子》「脅肩諂笑。」

案：「翕」與「脅」通。本書《高唐賦》「股戰脅息」，注：「脅息，猶翕息也。」《淮南·墜形訓》「其人翕形」，注：「翕讀脅榦之脅」，是也。《後漢書·張衡傳》「我不忍以歙肩」，注亦引《孟子》「脅肩」為證，云「歙亦脅也。」《淮南·本經訓》《精神訓》兩注「歙」皆讀「脅」。又《史記·傅靳蒯成傳》「靳歙」，《索隱》云：「歙音翕然之翕。」《漢書·辛慶忌傳》「與歙侯戰」，注：「歙即翕字也。」是「脅」、「翕」、「歙」三字，古皆通用。若《詩·抑篇》，鄭箋：「脅肩諂笑。」釋文：「脅，本又作脇」，則「脅」之別體也。

11. 顑頤折頞

注引韋昭曰：「曲上曰顑段氏引作面長曰顑。」

案：《說文》：「顉，齫皃也。」段氏謂「齫者，齒差也。」《篇》《韻》皆云：「頷顉，不平也。」《說文》有「顡」字云：「頭頰長也。」「頰」，當作「陝」。《玉篇》引《蒼頡》云：「顡，面長銳頤之皃。」蓋《解嘲》及《蒼頡》皆假「顉」為「顡」，「顡」與「顉」音相近。

余謂《漢書》「顉」作「錎」，《說文》：「錎，低頭也。」「錎」乃「顉」之譌，「錎」與「顉」字形相似。顉，魚檢切。錎，五感切。聲亦相近，作「錎」，則義不合。師古曰：「錎，曲頤也」，非是。《說文》：「䫡，曲頤也。」䫡，音薄回切。《史記·蔡澤傳》「以為䫡顏」，「䫡」與「䫡同韻字耳。若吳氏仁傑云：「《漢書》『錎』字，顏師古音欽。《文選》『顉』字，韋昭音邱甚切。《後漢書·周燮傳》『欽頤』，章懷注：『欽音邱凡切，或作顉。』《韓詩》『有美一人，碩大且嬮。』薛君曰：『重頤也，字亦作顉。』《毛詩》作『碩大且儼』，或作曘。《集韻》儼、曘、顉、嬮，同魚檢切。儼、曘，好貌；又嬮，衣檢切，美也。凡錎、顉、欽、嬮、儼、曘六字，其音切不一，而訓釋亦異。自蔡澤、周燮言之，則曲頤，醜狀也；自《韓詩》《集韻》言之，則重頤，美好也。」此說從小顏之義，而旁及「儼」、「嬮」，遂致好醜相亂。然《釋文》祇出「曘」字。《說文》引《詩》作「嬮」。《太平御覽》引《韓詩》並《薛君章句》，皆與「顉」字無涉，即《集韻》訓好、訓美之字，並不及「顉」，則「顉」之別為義可知。吳氏顧混而一之，何耶？

附案：今本《漢書》或作「頷頤」。宋祁曰：「頷，一作錎。」蕭該《音義》作「顉」。《讀書志餘》以為「錎」者正字，「顉」者借字，「頷」者譌字。與此異，存以備考。

注又引《說文》曰：「頞，鼻莖也。」

案：段氏云：「鼻謂之準，鼻直莖謂之頞。《史記》唐舉相蔡澤，既言『曷鼻』，又言『魘齃』者，曷同遏，遏鼻，言其內不通而齃，魘齃，則言在外鼻莖中斷也。」

余謂鼻中斷，即此所謂「折頞」也。《索隱》云：「曷鼻，謂鼻如蝎虫。魘齃，謂鼻魘眉」，非是。

12. 夫蕭規曹隨

注無所釋。

案：《史記·曹相國世家》：「參代何為相國，舉事無所變更，一遵蕭何約束，百姓歌之曰：『蕭何為相，顊《漢書》作講若畫一；曹參代之，守而勿失。

載其清淨，民以寧壹。』」正此文所云也，當引以證。又《法言·淵騫篇》亦有「蕭也規曹也隨」之語。宋咸注云：「蕭何規刜於前，曹參奉隨於後」，是子雲已兩言之。

13. 響若坻隤

注引應劭曰：「天水有大阪，名曰隴坻。其山堆傍着崩落，作聲聞數百里，故曰坻隤。」韋昭：「坻音若是理之是。」

案：《說文》「氏」為部首云：「巴蜀名山岸脅之堆旁箸欲落墹者曰氏」，引楊雄賦「響若氏隤此文用韻，體似賦，故許以為賦」，則坻當作「氏」。《漢書》作「阺」，師古曰：「阺音氏，巴蜀名山旁堆欲墮落曰氏。」應劭以為天水隴氏，失之矣。氏音丁禮反。段氏謂：「顏說殊非，古隴阺，亦作隴坻，與巴蜀之氏，形小異而音義皆同。阺、坻字同氏聲，或从氏聲，而丁禮切者，字之誤也。劉逵注《吳都賦》『坻頹』曰：『天水之大阪，名曰隴坻。』因為隴坻之曲說與應仲遠同。坻，韋音是；阺，顏音氏，皆不誤。玫氏亦作是，《禹貢》『西頃因桓是來』，鄭注云：『桓是，隴阪名，其道般桓旋曲而上，故曰桓是。』」據此，則桓是即隴阺明甚。

余謂段說於《氏部》下如是，其《𨸏部》「阺」下又云：「陵阪曰阺」，其字與「氏」不同。「阺」字或作「坁」，音丁兮、丁禮二反，則正如師古所說，一人之書前後不符。據《讀書雜志》於《上林賦》「下磧歷之坻」，自注引《西京賦》「隴坻之隘」。是「隴坻」字亦音底，底與氏音相近，故隴坻或為隴阺。坻從氏，鄭君所以釋「桓是」為隴阪名也。特段言「氏主謂石，故崩聲聞遠；阺主謂土，陵阪皆土阜也。」此說則然，應劭不當以隴坻與山旁崩落之義合為一耳。若胡氏《玫異》既訂「坻」字為「坻」，而云「應劭本《漢書》作『坻』，韋昭本《漢書》作『阺』，《吳都賦》注引此作『坻』，與應劭本合。彼此不可互証，實讀古書之通例」，殆亦非矣。

14. 東方朔割炙於細君

注云：「割炙，割損其炙也。」

案：《漢書》「炙」作「名」，師古曰：「是損割其名也。」然《東方朔傳》明云「割肉歸遺細君」，則此當作「割炙」，正與上「司馬長卿竊貲於卓氏」一例。若作「名」，殊為不辭。《日知錄》亦云：「《漢書》『名』字乃『炙』之誤，而必欲訓為『名』，此小顏之癖，近人校者乃以作『名』為是。」謂此

正文及注竝誤,非也。

答賓戲 班孟堅

15. 矕龍虎之文,舊矣

注引孟康曰:「矕,被也。」

案:《漢書・敘傳》注引晉灼曰:「矕,視也。」訓與此異。《說文》:「矕,目矕矕也。」《廣雅・釋詁》:「矕,視也。」馬融《廣成頌》云:「右矕三塗」,本書《長笛賦》「長矕遠引」,皆為「視」義。而孟康訓「被」者,段氏以為雙聲之假借也。

16. 說難既遒

《漢書》「遒」作「酋」,注引應劭曰:「酋音酋豪之酋。酋,雄也。」

案:李注引應劭曰:「遒,好也。」同一應說,乃彼此互異,不知孰是。但「遒」從酋聲,可通用。《漢書》中類此者甚多。若即以為「酋豪」之義,似不辭。《漢書》蕭該《音義》引韋昭曰:「酋,終也。」是仍以「酋」為「遒」。此處向注解「遒」作「終」,故引項岱云:「上書既終,而為李斯所疾。」《詩・卷阿》毛傳亦曰:「遒,終也。」

又案:《讀書雜志》云:「酋讀為就。就,成也。言《說難》之書既成,而其身乃囚也。《太玄・玄文》曰:『酋,西方也,秋也,物皆成象而就也。』《史記・魯世家》『考公酋立』,《索隱》曰:『酋,《世本》作就。』就與酋,聲近義同,故字通。終與就,義亦相近,《爾雅》酋、就竝訓為終。」所說正合,則知訓「雄」者非矣。

17. 欲從堥敦而登高乎泰山

注引應劭曰:「《爾雅》『前高,堥邱;如覆敦者,敦邱。』」

案:「堥」,今《爾雅》作「旄」。《詩・邶風》毛傳:「前高後下曰旄。」「邱」,釋文引《字林》作「堥」。《爾雅》釋文又引《字林》作「嵍」。《玉篇》:「嵍,邱也。」或作「堥」,《顏氏家訓・書證篇》云:「柏人城北有一孤山,世俗呼為宣務山,余讀碑銘知此巏堥山也。」郝氏謂「必《爾雅》本作嵍。邱、旄,其假借字耳。」

余謂《釋名》又作「髦」，云：「前高曰髦邱，如馬舉頭垂髦也。」「髦」、「旄」音同，皆與「堥」近。然「堥」、「嵍」字，《說文》俱無之。又《爾雅》云：「邱一成曰敦邱。」郭注：「今江東呼地高堆者為敦。」下云「如覆敦者，敦邱。」郭注：「敦，盂也。」《詩》疏引孫炎曰：「敦器似盂，邱一成之形象也。」是二者實一致。「敦」讀為「堆」，《名堂位》「兩敦」，注：「敦音對，黍稷器。」「堆」與「對」音同。「敦」又通「頓」，即《詩·衛風》之「頓邱」。《釋名》云：「邱一成曰頓邱，一頓而成，無上下大小之殺也。」「敦」、「頓」，亦音相近。後人於土堆曰「墩」，如「謝公墩」之類，蓋即「敦」字而加土傍矣。

18. 研桑心計於無垠

注引《史記》「越王勾踐困於會稽之上，乃用范蠡、計然。」韋昭曰：「研，范蠡之師，計然之名也。」

案：《漢書·貨殖傳》與《史記》同。孟康曰：「姓計名然，越臣也。」晉蔡謨曰：「計然者，范蠡所著書篇名，非人也。謂之計然者，所計而然。」顏師古曰：「蔡說謬。《古今人表》計然列第四等一名。計研嘗遊越，范蠡卑身事之，其書則有《萬物錄》，事見《皇覽》及《晉中經簿》。又《吳越春秋》《越絕書》並作計倪。倪、研、然，聲皆相近，實一人耳。」

《容齋續筆》云：「唐馬揔所述《意林》有《范子》，云：『計然者，葵邱濮上人，姓辛字文子，其先晉國之公子，不肯自顯，稱曰計然。時遨遊海澤，號漁父。』裴駰注《史記》，亦引《范子》。《北史》蕭大圜云：『陶朱成術於辛文』，正用此事。」近梁氏《人表攷》云：「唐徐靈府《文子》注，然作鉼，《通雅》謂研之譌。《吳越春秋》作計硯，又作計倪。疑倪亦硯之譌，硯與研同。《楊慎集》引漢碑，又作崟研。宋高似孫《子略》謂計然姓章名文子，《通志略》謂姓宰，皆非也。」

余謂《容齋》又言「李暹注《文子》，序以為《范子》所稱計然。但其書一切以《老子》為宗，略無與范蠡謀議之事，《意林》所編《文子》正與此同，所謂《范子》，乃別是一書。暹殊誤。」此說是也。今考《漢志》，道家《文子》九篇，注曰：「老子弟子與孔子同時」，則與《范子》為兩書，與計然為兩人無疑。而本書曹子建《求通親親表》引《文子》曰：「不為福始，不為禍先。」李善注亦引《范子》，以文子為計然，誤正與李暹同。總因計然，字文子，遂混而為一也。此處「研桑」竝稱，「桑」，即桑弘羊。

秋風辭　漢武帝

19. 序云　上行幸河東，祠后土，顧視帝京

案：元白氏珽《湛淵靜語》云：「《本紀》祠后土者六，五幸河東，一幸高里。幸河東皆在三月，獨始立祠雎上，乃元鼎四年十一月也。以昭明序考之，曰『顧視帝京』，則符當時之詔曰『巡省豫州，觀於周室』之意。以辭中物色考之，曰木落鴈南，則符十一月也。蓋其時尚循秦舊，以亥為正十一月，即夏正八月，《辭》作於此時無疑。」

余謂初立祠，《紀》云「東幸汾陰」，汾陰屬河東郡，故《辭》有「濟汾河」之語。帝十七歲即位，歷建元、元光、元朔、元狩各六年，兼此四年，已二十八年。帝急於求仙，惟恐不壽，故云「少壯幾時奈老何」也。後太初元年，始用夏正。白氏所考皆合，但云「此《辭》，《史記》《漢書》皆不載，晦翁附入《楚辭》後。」今《朱子集注》本訖於劉安《招隱士》，竝無此篇。

歸去來辭　陶淵明

20. 恨晨光之熹微

注引《聲類》：「熹，亦熙字。熙，光明也。」

案：桂氏《札樸》云：「《管子・侈靡篇》『古之祭，有時而星熹』，注云：『熹，星之明，或有祭明星者。』蓋熹為星光，晨星將沒，故微也。」此說當是。若祇作「光明」解，則與上「光」字無別，至《正字通》云：「微，陽也」，殆即本此文。

21. 園日涉以成趣

注云：「《爾雅》：『門外謂之趣。』趣，避聲也，七喻切。」

案：胡氏《攷異》謂「『趣』，善本當作『趨』。五臣良注云『自成於趣』，乃作『趣』。」然「趨」本與「趣」通。《說文》：「趨，走也。」「趣，疾也。」《周禮・樂師》司農注：「趨，疾於步。」是「趨」與「趣」，皆為疾走義。本書《西京賦》「失歸忘趨」，薛註：「趨，向也。」而盧子諒《贈劉琨》詩「趨舍罔要」，注云：「趨猶向」。是「趨」與「趣」，又皆為向義。故《詩・棫樸》「左右趣之」，毛傳：「趣，趨也。」賈子《連語篇》作「左右趨之」。

此外「趨」、「趣」互通者，不可枚舉。注音「七喻切」，正可作「趣」，不必定作「趨」也，但當有「趣與趨同」之語耳。

22. 策扶老以流憩

注引《易林》曰：「鳩杖扶老，衣食百口。」

案：《後漢書・禮儀志》：「年七十者，授之杖，端以鳩鳥為飾。鳩者，不噎之鳥，欲老人不噎。」故《周禮》「羅氏獻鳩以養國老」也。

余同邑左春谷明經《三餘續筆》云：「扶老，後人有據《中山經》『龜山多扶竹』，郭注云：『邛竹高節實中，中杖也，名之扶老竹』者。有據《漢書・孔光傳》『賜靈壽杖』，孟康云：『扶老杖』。師古曰：『木似竹，有枝節，不過八九尺，圍三四寸，自然有合杖制，不須削治』者，其說各異。」又《困學紀聞・考史》云：「謂扶老藤也。見《後漢・蔡順傳》注。」攷順附《周磐傳》注引《汝南先賢傳》曰：「蔡順事母至孝。井桔橰朽，在母生年上，順憂，不敢理之。俄有扶老藤生，繞之，遂堅固焉。」依此，則「扶老」又別有說。

余謂邛竹為杖，即《蜀都賦》所謂「邛杖傳節於大夏之邑」也。「木杖」，則陸璣《詩疏》云：「椐、樻，節中腫，可作杖，今靈壽是也。〔1〕」「藤杖」，如李白詩「手中萬歲胡孫藤」，注：「胡孫藤乃藤杖」。又白居易詩「南詔紅藤杖」，當是出於南詔。要之，三者皆因其可製杖，故為「扶老」之稱，實非有異義也。

【校】

〔1〕三國吳陸璣《毛詩草木鳥獸蟲魚疏》作：「椐、樻，節中腫，似扶老，今靈壽是也。今人以為馬鞭及杖。」

23. 或命巾車

注引《孔叢子》孔子歌曰：「巾車命駕，將適唐都。」又《周禮》鄭注：「巾，猶衣也。」

案：注前所引「巾」字與「命」字對文，似屬虛用。本書江文通《雜體詩》「日暮巾柴車」，注引此《辭》，作「或巾柴車」。段氏謂：「以巾拭物曰巾。此與《吳都賦》『吳王乃巾玉路』，皆拂拭用之。」今作「或命巾車」，非是。

余謂《說文》巾為佩巾，故有拂拭之義。若謂命僕人拂拭其車，語亦通，

但與下句「棹孤舟」不相偶。或如鄭注「巾車為有衣之車」，則即依今本，亦未始不可也。前潘正叔《贈陸機》詩「我車既巾」，善亦引《周禮·巾車》注。

尚書序　孔安國

24. 我先人用藏其家書於屋壁

《書正義》曰：「《家語序》言子襄以秦法峻急，壁中藏其家書，是安國祖藏之。」

案：今《家語》云：「孔騰，字子襄，藏《尚書》《孝經》《論語》於夫子舊堂壁中。」是子襄為騰之字。而《史記·孔子世家》祇稱子襄，殆以字行與？《釋文序錄》則云：「孔子之末孫惠壁藏之。」攷《世家》無「惠」名，惟云「子襄生忠」，「惠」疑「忠」之誤。《釋文》又引《漢紀·尹敏傳》以為孔鮒藏之。子襄，蓋鮒弟，當屬二人共為之事。但鮒為兄，《漢紀》言鮒是也。子襄為惠帝時博士，忠是其子，則更在後，不應及秦時矣。安國乃忠之孫也。

三都賦序　皇甫士安

25. 是以孫卿屈原之屬，遺文炳然

注引《漢書》曰：「大儒孫卿及楚臣屈原，離讒憂國，皆作賦以風喻。」

案：所引見《藝文志》，《志》列孫卿賦九篇。今《荀子》賦篇《禮》《知》等祇七首。楊倞注云：「或言孫卿所作賦甚多，存者惟此言也。」《志》又列屈原賦二十五篇，則今之騷，古蓋謂之賦也。史公亦云「屈原放逐，乃賦《離騷》」，後人尊之，而名以經，殊失其本矣。

豪士賦序　陸士衡

26. 時有袨服荷戟，立于廟門之下

注引《漢書》：「宣帝祠孝昭廟，霍氏外孫任宣子章夜袨服，入廟事。」蘇林曰：「袨服，黑服也。」

案：今《說文》無「袨」字，惟大徐本「裖，玄服也。」小徐本作「袨服也」，引鄒陽《上書》「武力鼎士，袨服叢臺之下」釋之。彼善注引服虔曰：「袨服，大盛玄黃服也。」又《蜀都賦》「都人仕女，袨服靚妝」，注引蘇林曰：「袨服，謂盛服也。」後顏延年《曲水詩序》「靚莊藻野，袨服縟川」，蓋本之《蜀都賦》。然「袨服」何以為盛服？《孟子》「被袗衣」，趙注以為「畫衣」，「畫衣」，即盛服矣。則「袗」為玄服，亦可云盛服也。段氏謂鄒陽《書》袨，本玄之異字。武士玄服，即《吳都賦》之「六軍袀服」，劉注：「袀，皂服」，是也。但鄒陽《書》可通，而《蜀都賦》、《曲水詩序》語不可通。

余疑左、顏所稱當是炫燿之義，正與「靚妝」相偶，「袨」實「炫」之借字耳。若此處「袨服」下言「荷戟」，亦武士之服，並鄒陽《書》，皆為玄服。《玉篇》「袨，黑衣也」，與蘇林說合，其字竟當作「玄」，餘見前《閒居賦》。

27. 是以君奭鞅鞅，不悅公旦之舉

注引《尚書序》曰：「召公為保，周公為師，相成王為左右，召公不悅。」

案：《史記集解》引馬融云：「召公以周公既攝政，致太平，功配文、武，不宜復列在臣位，故不說，以為周公苟貪寵也。」《書》疏引鄭注，義與馬同。王氏鳴盛謂：「《漢書·王莽傳》引《君奭》文，又引『說曰：周公服天子之冕，南面而朝羣臣，發號施令，常稱王命。召公賢人，不知聖人之意，故不說。』嵇康《管蔡論》云：『周公居攝，召公不說。』莽引說與嵇康合。其實召公因周公致政，後又列臣職，故不說，非專為居攝，博士說得其半。」

余謂居攝之，疑流言，時已明。《史記》稱周公告二公曰：「我之所以弗辟而攝行政者，恐天下畔周，無以告我先王是也。」至此，已反政，何又疑之？徐幹《中論·智行篇》云：「召公見周公之既反政而猶不去今作知，誤，疑其貪位」，不去者，謂不去位之魯也。穀梁文《十三年傳》曰：「周公曷為不之魯？欲天下之一乎周也。」召公蓋不知此意耳。

28. 高平師師，側目博陸之勢

注引班固述魏相曰：「高平師師，惟辟作威，圖黜凶害，天子是毗。」

案：《魏相傳》：「霍光先以事下相廷尉獄，久繫。後相為御史大夫，因許伯奏封事，言霍氏驕奢放縱，宜損奪其權，破散陰謀。又白去副封，霍氏殺許后之謀始得上聞。乃罷其三侯，令就第。霍氏怨相，謀矯太后詔，先召斬丞相，然後廢天子。事發覺，伏誅。」文所云「側目」及注引班語謂此。

三月三日曲水詩序　顏延年

29. 楨榦素毳

注云：「素毳，白虎也。」

案：「白虎」，即騶虞。此以「素毳」與「楨榦」連言，下「並柯」、「共穗」，亦草木之類，獨雜入獸，似覺不倫。方氏《通雅》以為素毳乃白㲲艸也，頗近之。蓋「毳」之訓為獸細毛。而《說文》「毻」字云「艸覆蔓。」段氏謂「从艸、毛，會意。」則「毳」指艸言可通，但未明何艸。《通雅》又引「《唐·地理志》隴右道厥賦有毛毻、白氎。《南史》高昌國出艸實如䌰，曰白㲲子，可為布。中天竺亦出白㲲。」云「氎」者，字書加毛耳。《湛園札記》則引《後漢·南蠻傳》「哀牢夷知染采文繡，罽㲲白㲲〔1〕。」及《外國傳》諸薄國、《唐書·西域高昌傳》皆有白㲲花布，疑是今木棉之類。

余謂木棉似不得為瑞，惟古無此物，其種來自番夷，即吉貝草也。《梧潯雜志》言其絮吐如細毳；《群芳譜》亦言絨如鵝毳，則當是此處之「素毳」，殆重其為外國所貢與？

【校】

〔1〕「白㲲」，《後漢書·南蠻傳》作「帛㲲」。

三月三日曲水詩序　王元長

30. 夏后兩龍，載驅璿臺之上

注引《山海經》曰：「大樂之野，夏后啟於此舞九代馬，乘兩龍。」

案：所引見《海外西經》，今本無「馬」字。郭注云：「九代，馬名。儛，謂盤作之，令舞也。」郝氏謂：「九代，即九招。又《淮南子·齊俗訓》云：『夏后氏其樂夏籥九成』，疑『九代』，本作『九成』，形近而訛也。《文選》注『馬』字，疑衍。而《藝文類聚》《太平御覽》引亦有『馬』字，或並引郭注曰。舞馬之戲，恐非上古所有。」

余謂「乘兩龍」，亦見《大荒西經》，彼處作「天穆之野已見前《離騷經》」，「九代」為「九成」，是也。其云「馬舞」者，殆因《尚書》言「簫韶九成」下有「百獸率舞」之文故與？

注又引《易歸藏》曰：「夏后啟享神于晉之墟，作為璿臺於水之陽。」

案：《御覽》引作「于晉之靈臺」，又云「享神于大陵而上釣臺」，則「璿臺」當即釣臺矣。左氏《昭四年傳》「夏啟有釣臺之享」，杜注：「河南陽翟縣南有釣臺陂。」今禹州城北關外遺址是也。

31. 署行議年

注引《漢書》：「詔曰：有懿稱明德者，遣詣相國府，署行議年。」蘇林曰：「行狀年紀也。」

案：所引見《高祖本紀》十一年，彼處「懿」作「意」，「議」作「義」。劉氏攽《刊誤》曰：「義，謂儀容其年，若曰團貌矣。」吳氏仁傑云：「儀，與『心儀霍將軍女』同。意儀，擬也。詔文云：『年老癃病，勿遣。』若年雖老而非癃病，不害其為可用，故須擬議其年。要之，儀、議皆通。」

五臣注乃云：「攷吏行之殿最，議年穀之豐儉，而奏於天子」，甚可笑。

余謂「義」、「儀」、「議」三字本通用。《周禮·肆師》注：「古者書『儀』，但為『義』。」《儀禮·有司徹》注：「今文『儀』，或為『議』。」《莊子·齊物論》「有倫有義」，釋文：「義，崔本作議。」此詔文與「仁義」字不合，故可作「議」，《漢書》多用古字耳，吳氏以元長為據別本，非也。

又案：《日知錄》云：「署行義年，謂書其平日為人之實迹。如《昭帝紀》元鳳元年，賜郡國所選有行義者涿郡韓福等五人帛。《宣帝紀》令郡國舉孝弟有行義聞於鄉里者各一人」是已。如此，則「義」為如字，與此處作「議」異，蓋又一說。

32. 紀言事於仙室

注云：「華嶠《後漢書》曰：『學者稱東觀為老氏藏書室，道家蓬萊，今故言仙室。』」

案：此乃李氏傅會其說，而華嶠《書》並未稱「仙室」也。疑「仙室」即《說文》「宣」字云：「天子宣室也。」蓋禮家相傳古語如此。《漢書·賈誼傳》「受釐宣室」，蘇林曰：「未央前正室也」，非專藏書之地。與上句「書笏珥彤」為合，殆因出聯有「宣夜」字，避複，故作同音借用字與？

附案：《淮南·本經訓》「武王殺紂於宣室」，褚少孫補《龜策傳》亦云「紂自殺宣室」，則「宣室」傳之自古，非起於漢也。

33. 影搖武猛

注引《漢書》「霍去病為嫖姚校尉。」

案：胡氏《攷異》謂諸書皆不作「嫖」，疑注有誤，且與正文不相應。然《說文》「嫖，輕也。」段氏云：「《漢書》票姚，服虔讀如飄搖，言輕疾也。荀悅《漢紀》作票鷂，音亦同。」

余謂《史記》作「剽」，「剽，疾也。」見《考工記·弓人》注。服音飄搖，飄，亦疾也。見《呂覽·觀表》注。「影搖」，又「飄搖」之同音字也。《荀子·榮辱篇》「其功盛姚遠矣」，注：「姚與遙同。」《莊子·逍遙游》釋文：「遙亦作搖。」是「姚」可通「搖」也。又「票」，《說文》作熛，云：「火飛也」，義異。則「嫖姚」字正當依《說文》，《漢書》特省偏傍耳。惟李注於他處字不同者，皆云「某與某通」，此無之，或脫文與？

又案：錢氏《養新錄》云：「《說文》：『旚，旌旗旚繇也。』票姚，即旚繇，本以旌旗之飄揚得聲。小顏謂兩字皆當讀去聲，以服音為不當，誤矣。又謂取勁疾之貌，亦出肊決。即後來票騎之號，未見其必讀去聲也。」據此說，「旚繇」連文，有成處固當。但「旚」既為「嫖」，《說文》明有「輕」訓。「姚」可通「搖」，《廣雅·釋詁》：「搖，疾也。」荀《紀》易「姚」為「鷂」，鷂為鳥之輕疾者，則以作軍將之名似合。且「票騎」單舉一字，又非疊韻雙聲，必相連綴矣，小顏義未為不可。至音讀，自宜作平。錢所引庾信《畫屏風》詩及杜子美詩屢用「嫖姚」字，蓋皆從服音也。

34. 侮食來王

注云：「古本作晦食。《周書》曰：『東越侮食』。」

案：袁本「侮」作「海」，胡氏《考異》以「海食」為是。其實《周書》作「東越海蛤」，孔晁注云：「東越則海際。蛤，文蛤，蛤即蛤字。《爾雅》所謂「魁陸」也已見《江賦》。《王會》各國所貢多物類，此正相同。則不獨『侮』字誤，『食』字亦誤，蓋皆以形似而譌矣。」《困學紀聞》言「《周書》『海蛤』，或誤為『侮食』，而王元長《曲水詩序》用之，其『別風淮雨』之類乎？」《考異》但云「侮當作海」，而不知「食」之當為「蛤」，乃謂《困學紀聞》所譏，未得其理，非也。

35. 離身反踵之君

注引《周書》曰：「離身染齒之國，以龍角神龜為獻。」

案：所引見伊尹《四方令》。「離身」，今本作「離邱」。《後漢書・西南夷傳》章懷注引亦作「離邱盧校謂離邱，誤」。陳氏逢衡云：「《後漢書》『東離國治莎奇城，在天竺東南三千餘里。』《御覽》列於西戎，則與《周書》正西合。又《呂氏春秋・恃君覽》『離水之西』，注：『西方之戎』，未知即離邱故址否也？」

余謂李注作「離身」，並引《爾雅》「北方有比肩民」，郭注即半體之人以釋，與章懷注互異，是唐初已有二本也。王氏應麟《王會解補注》「離身」，引《山海經》有「三身國」，一首三身，是南宋本，亦作離身矣，未定孰是。注「染齒」，今作「漆齒」，見前《招魂》。

注又引高誘《淮南子注》曰：「反踵，國名，其人南行，迹北向也。」

案：今《墜形訓》注云：「跂踵民踵不至地，以五指行也」，與此不同。然「反踵」即「跂踵」。《海外北經》云：「跂踵國在拘纓東，其為人大，兩足亦大，一曰大踵。」郭注：「其人行，腳跟不著地也。」郝氏謂：「大踵當為支踵，或反踵，竝字形之譌。《竹書》云：『夏帝癸六年，歧踵戎來賓。』《呂氏春秋・當染篇》『夏桀染於歧踵戎』，即此也。」歧與跂通。又《海外南經》有歧舌國，郭注：「或云支舌也。」「支」當亦「反」之譌，故《藝文類聚》《太平御覽》俱引作「反舌國」。「跂踵」之為「反踵」，亦猶是矣。

余謂《墜形訓》高注正與郭注合，而李氏所引別為說，豈所見本異與？

36. 鬌首貫智之長

注引《山海經》曰：「貫智國，其人智有竅。」

案：所引見《海外南經》，一曰在載國東。或作穿胸，《淮南・墜形訓》有穿胸民，高誘注：「穿智，智前穿孔達背。」《博物志》云：「穿智人去會稽萬五千里。」「穿」、「貫」，音義同。而《異物志》曰：「穿智之國去其衣，則無自然者。」蓋似效此貫智人也。豈二者有異與？

注又引《括地圖》言禹誅防風之神，乃有貫智之民。然《竹書》云：「黃帝五十九年，貫智氏來賓。」《尸子》亦云：「四夷之民有貫智者，黃帝之德常致之。」是不始於禹時，防風之說，非矣。「鬌首」，已見《魏都賦》。

37. 文鈚碧砮之琛

注云：「文鈚，未詳。一曰鈚當為越。杜篤《展武論》曰：『文越水震，鄉風仰流。』」

案：《說文》：「鉞，車鑾聲。」經典多用作斧戉字，此「鉞」字，若以為「戉」，則「文戉」無成處。注云「當為越」，蓋指其地是也。鉞、越音同。越本南蠻雕題之國，雕題，即文身，故杜篤稱「文越」。《漢書‧地理志》「文越俗，斷髮文身，以辟蛟龍之害」，正與篤語同矣。「碧」，本玉類。《書‧顧命》「越玉」，馬注云：「越地所獻玉也。」亦足為證。但注下又引王沈《魏書》「東夷矢用青石為鏃」，又《家語》「肅慎氏貢楛矢石砮」，則地屬東北，與越不合。

余謂《蜀都賦》「碧砮芒消」，劉淵林注云：「碧石生越巂郡會無縣亦見前賦，砮可作箭鏃。」《禹貢》「梁州厥貢砮石」，正此「碧砮」也。繹劉意，似「碧」、「砮」為二。若據王沈《書》「青石為矢鏃」，則《淮南‧墜形》注「碧，青石也」，當是碧石，亦可作砮耳。

又案：「文越」是地，與次句「奇幹」是國，正為偶。下文則各句二物，亦正為偶，文勢固相稱也。惟下三句皆出《王會篇》，獨此語別無他典。而「越」又誤「鉞」，遂使注者一時不得其解。且越巂已連雲南界，晉《太康地記》曰：「雲南青蛉縣出碧」，亦梁州境也，則為「越」無疑。

38. 奇幹善芳之賦

注引《周書》曰：「成王時，貢奇幹善芳者，頭若雄雞，佩之令人不昧。」孔晁曰：「奇幹，亦北狄。善芳者，鳥名。不昧，不忘也。」

案：如注語，似「奇幹善芳」聯名為一物，與下引孔注牴牾。當是「貢」字在「幹」下，「善芳」字須重出，傳寫誤也。然「奇幹」，國名，無考。《格致鏡原》引作「奇翰」，既誤。郝注《山海經》引作「奇幹」。「善芳」為物，亦無考。王氏《補注》云：「《山海經》見《西山經》：『翼望之山有鳥，其狀如烏，三首六尾而善笑，名曰鵸鵨，服之使人不厭。』注：『不厭，夢也。』《周書》曰『服者不昧』，或曰眯，眯，目也。『善芳』，《太平御覽》作『獻芳』。」方氏《通雅》因謂鵸鵨即獻茅鳥，未知是否？陳氏則云：「《王會解》上文『都郭生生欺羽』，宜與此合為一條。蓋一國貢二物，欺羽，即鵸鵨，二字音相近。又即《春秋繁露‧郊語篇》所云『鷗羽去眯』是也。」「鷗羽」，亦「欺羽」之轉。「去眯」，即「不昧」。高誘《淮南注》「楚人謂厭為昧」，然則「服之使人不厭」，即所謂「佩之令人不昧」也。是「欺羽」轉為「鵸鵨」，「鵸鵨」誤為「奇幹」，而「善笑」又誤為「善芳」，義固可通，但元長文既如此，而郭

注《海內南經》引《周書》又復參差，必改所傳之舊，別無的證，未敢遽以為定也。

39. 紈牛露犬之玩

注引「《周書》曰：『卜盧國獻紈牛』。紈牛，小牛也。」

案：「紈」當作「紞」，以形似，多誤為紈綺之紈。王氏《補註》云：「紞與絿同。《詩》『有捄其角』，捄，曲貌。《穀梁傳》成七年『觡角觡，今或誤作斛』注：『球球然角貌。』」陳氏謂：「紞同絿，見《廣韻》《集韻》。又通作觤，《詩》『兕觥其觤』是也觤即觡，《說文》作兕觵其觡。《爾雅》：『絿，戴也。』《考工記》：『角長二尺有五寸，三色不失理，謂之牛戴牛。』蓋謂此牛之角復有一牛之直，故曰戴。然則《王會》紈牛，當亦指其角而言也。」《寰宇記》「九德出果下牛」，此云牛之小者，當類。是「卜盧」者，孔注云：「盧人，西北戎也。今盧水是。」《補注》云：「《牧誓》『微、盧、彭、濮人』，注：『盧，在西北。』而《立政》『夷、微、盧、烝。』《括地志》以為房州竹山縣及金州古盧國」，疑非。

注又引《周書》曰：「渠搜獻鼩犬。鼩犬，露犬也，能飛，食虎豹。」

案：「鼩」，今本作「鼢」。《讀書雜志》云：「作『鼩』者是也。《海內北經》有『蜪犬，如犬而青，食人從首始。』注：『音陶，或作蚼，音鈎。』亦以作『蚼』者為是。《說文》『蚼』字解曰：『北方有蚼犬，食人，從虫，句聲。』徐鉉音古厚切。即本於《海內北經》也。彼言海內西北陬以東，此言渠叟；彼言食人，此言食虎豹。地與事皆相近。彼作『蚼』，是本字。此作『鼩』，是假借字。故李善引作『鼩犬』。『鼩』、『鼢』，字形相似，遂誤而為『鼢』，『鼢』是鼠屬，與『蚼犬』無涉。《說文》：『鼢，胡地風鼠，從鼠，匀聲。』非犬也。附案：盧氏、陳氏俱誤引作風犬。《廣韻》：『鼢，鼠屬。能飛，食虎豹，出胡地。』其云『鼠屬，出胡地』，固然。而云『飛，食虎豹』，則惑於俗本《周書》之『鼢犬』而誤。」此說與段氏釋「蚼」正同，皆得之。否則鼠屬，不應食虎豹也。故王氏《補注》本亦作「鼩」。「鼩」本義，見前《答客難》。《補注》又云：「《山海經》見《北山經》『馬成之山有獸，如白犬而黑頭，見人則飛。』『露犬』，蓋此類。」特彼處言名曰「天馬」，是馬不是犬，且不云「食虎豹」也。《大戴禮·少間篇》注「渠搜貢虛犬」，孔氏廣森本據《王會》改「虛」為「露」。陳氏謂「虛乃盧之誤，即《說苑》所稱『韓氏之

盧』也。」但僅尋常獵犬而能飛，食虎豹，亦不然，仍宜從孔氏本。段以「貙」作「虛」為音之轉，蓋王氏《補注》「貙，音權俱切」也，亦通。至徐氏文靖《管城碩記》云：「曹操經白狼山，逢獅子，忽一物如貍，跳上獅子頭，獅子伏不敢動」，疑是此物。陳氏謂不足據。然即此而知物類之小能制大者，未可以尋常論。則豹犬能食虎豹，殆其例乎？「渠搜」者，《補注》云：「《禹貢》渠搜，《地理志》朔方有渠搜縣，《西域圖記》鉢汗國在葱嶺西五百餘里，古之渠搜國。」

余謂「搜」，今《周書》省作「叟」，蓋同音通用字耳。

40. 乘黄茲白之駟

注引《周書》曰：「白民乘黃。乘黃者，似狐，其背有兩角。」

案：《海外西經》云：「乘黃，其狀如狐，背上有角，乘之壽二千歲。」郭注引《周書》亦云「似狐」。《淮南・覽冥訓》「黃帝治天下，飛黃服皁」，注云：「飛黃，乘黃，出西方，狀如狐，背上有角，乘之壽三千歲。」他若《博物志》《初學記》及此注所引，並為「似狐」。而今本《周書》作「似騏」者，「蓋傳寫脫去『狐』字，則『似』、『其』二字相連，後人以乘黃是馬名，遂改『似其』為『似騏』，而不知其謬也」，此《讀書雜志》說。「兩角」，《初學記》引《周書》作「肉角」。陳氏謂宋膺《異物志》「大宛馬有肉角數寸」，是其類也。王氏《補注》云：「漢《郊祀歌》訾黃，一名乘黃，龍翼而馬身，黃帝乘之而仙。」是別有「訾黃」之名矣。「白民」者，孔晁云「亦東南夷」，而《補注》引《山海經》「白民之國，在龍魚北，白身被髮。」別引「《東夷傳》九夷有白夷」。《淮南注》則云「西方」，故《大荒西經》列白氏國，《海外西經》亦列白民國。「白氏」，蓋即「白民」，形相近耳。然《大荒東經》又有白民之國，知白民自是有二。陳氏動云「錯簡」，恐不然。惟獻「乘黃」者，當在西，《淮南注》與《山海經》合也。

注又引《周書》「義渠獻茲白」。「茲白」，即「駁」也。已見前《西京賦》。「義渠」，見《北征賦》。又《周書》有「大夏茲白牛」，「茲白牛」，野獸也，牛形而象齒。馬之茲白為駁馬，則牛之茲白，當為駁牛。《說文》：「犖，駁牛」，是也。「白」、「駁」音相近。此文云「駟」，知其非牛矣。

41. 紫脫華

注引《禮斗威儀》曰：「人君乘土而王，其政太平，而遠方神獻其朱英紫

脫。」宋均注：「紫脫，北方之物，上值紫宮。」

案：方氏《通雅》云：「紫脫，紫芝也。」亦引《禮斗威儀》，「乘土」作「乘木」，「朱英」作「蔓竹」。宋均語別見《齊民要術》，並引孫氏《瑞應圖》作「紫達」。

余謂「達」、「脫」，音相近，故字有異。《宋書·符瑞志》云：「紫達，王者仁義行則見。」又《紀》：「宋順帝昇明二年，宣城山中生紫芝一株，在所獲以獻。」

42. 殷殷均乎姚澤

注兩引《呂氏春秋》：「一曰舜為天子，賢士歸之，萬人譽之，陳陳殷殷，無不戴悅。」高誘曰：「殷，盛也。」「一曰舜為天子，輒輒啟啟，莫不戴悅。」高誘曰：「啟啟，動而喜貌也。」「殷殷」，或為「啟啟」，故兩引之。

案：今本《呂覽》作「振振殷殷」，此注所引乃別本也。孫氏星衍云：《廣韻·一先》有「軥」字，在「田」字紐，下引「天子軥軥啟啟，莫不載悅」，注：「喜悅之貌。」又《十九臻》有「殿」字，引《呂氏春秋》注云：「殿殿動而喜貌。」「輒」、「軥」、「啟」、「殿」，皆與今本不同，而又互異。《說文·欠部》「欭」云：「指而笑也。」然則从支，从殳，皆非。

余謂今本是也。《公羊·僖九年傳》「震之者何？猶曰振振然」，與此「振振」義通。「軥」字，从身，與「振」同韻，當是「振」之別體，《說文》所無也。《廣韻》在「田」字下，即為田音，「田」通「陳」，故又作「陳」。若「輒」為知葉切，蓋「軥」之形似而譌矣。「殿」、「殷」亦形相近。然訓為「喜悅」，則與下句「戴說」複，不如「殷，盛」之義為當。又《西京賦》「鄉邑殷賑」，「殷賑」，即「振殷」倒文耳。《說文》：「賑，富也。」正「殷賑」字也。若今「賑貸」字，古祗作「振」。「殷」，亦或作「隱」。《詩》「殷其靁」之「殷」與「隱」通，同音字也。楊雄《蜀都賦》及本書《羽獵賦》「隱隱軫軫」，皆字異而義同。此《序》下文亦有「轟轟隱隱，紛紛軫軫」。

又案：前《吳都賦》「囅然而咍」，劉注云：「囅，大笑貌。」段氏謂「囅當作辴」，蓋即《說文》「欭」字之異者。但《西京賦》「商旅聯槅，隱隱展展」，薛注：「重車聲」，此承上句言之耳，實則「隱展」，即「隱軫」。《通雅》謂「展與軫通」，是已。故「欭」讀若蜃，為時忍切。「囅」，亦勑忍切，音正相近。然則「囅」可从展，不必定為「辴」也。

43. 七萃連鑣

注云:「《周穆王傳》曰:『天子賜七萃之士。』郭璞曰:『萃,聚也;猶《傳》有七輿大夫。』」

案:「七萃」,自用《穆天子傳》。若「七輿大夫」,兩見《左傳》:一《僖十年》,一《襄二十三年》。杜注:「侯伯七命,副車七乘。」本非天子之制,而《疏》引服虔曰:「下軍輿帥七人。」劉炫謂服言是,則尤不相合。惟《月令》「命僕及七騶咸駕」,《疏》引皇氏云:「天子馬有六種,種別有騶,則六騶也。又有總主之人,並六騶為七,故為七騶。」鄭注:「七騶,謂趣馬,主為諸官駕說者也。」有車馬必有士卒,故云「七萃之士」。然則「七萃」,即「七騶」耳。言「萃」者,天子輿從稱屬車。屬車,副車也。《周禮》「車僕掌諸車之萃」,鄭注:「萃,猶副也。」蓋「萃」與「倅」通矣。

又案:李氏此注,已見前虞子陽《詠霍將軍北伐》詩「雲屯七萃士」下,彼與「魚麗六郡兵」為對,則但渾言士卒,不如元長貼乘輿說,尤合也。

附案:左氏《成十八年傳》「晉有六騶,屬乘馬御」,似亦「七騶」矣。

44. 昭灼甄部

注引《孫子兵法》曰:「長陳為甄。」

案:左氏《文十年傳》:「宋道楚子田孟諸,宋公為右盂,鄭伯為左盂。」杜注云:「盂,田獵陳名。」又云:「將獵,張兩甄,故置二左司馬。」殆「甄」即「盂」矣。《晉書·周訪傳》:「訪擊杜曾,使將軍李恒督左甄,許朝督右甄。令曰:『一甄敗,鳴三鼓;兩甄敗,鳴六鼓。』」是「甄」為「陳」,必左右部分,故此云「甄部」也。

45. 發參差于王子

注引《楚辭》:「吹參差兮誰思?」又《列仙傳》曰:「王子喬好吹笙,作鳳鳴。」

案:「參差」,已見前《洞簫賦》,善注引《楚辭》,彼以屬簫,此以屬笙。段氏謂「竽笙列管雖多,而不參差。」然《說文》「簫」字云:「參差管樂,象鳳之翼。」而《周禮·笙師》疏引《易通卦驗》:「竽長四尺二寸」,鄭注云:「竽,類管,用竹為之,形參差象鳥翼。」《風俗通義》云:「笙長四尺,十三簧,象鳳之身。」是「竽」、「笙」亦比竹為之,竝得稱「參差」也。《周禮·

小師》注：「簫編小竹管，如賣飴餳所吹」者，《周頌》箋同。今則笙管長短參差，而簫非編竹，惟餳簫尚略仿古制耳。

王文憲集序　任彥昇

46. 齒危髮秀之老

注云：「髮秀，猶秀眉也。」

案：《方言》云：「眉，老也，東齊曰眉。」郭璞注：「言秀眉也。」此李注所本。然「髮」與「眉」異，《詩》「以介眉壽」，鄭箋云：「毫眉也。」人年老者，必有毫眉秀出，故可以秀眉稱老。若髮，則既老不應有秀出者。此「秀」字當作「禿」字，以形似致訛。李注因而傅會之。《風俗通》曰：「五月忌翻蓋屋瓦，令人髮禿。」是「髮禿」二字，固有成處也。

又案：《說文》「禿」為部首云：「無髮也，從儿，上象禾粟之形，取其聲。」段氏謂：「粟當作秀，以避諱改之也。秀與禿，古音皆在三部，故云禿，取秀之聲為聲也。其實秀與禿，古無二字，殆小篆始分之。今人禿頂亦曰秀頂，是古遺語。凡物老而椎鈍，皆曰秀，如鐵生衣曰銹，他谷切。」據此，則作「髮秀」義亦通，但不得謂如眉之秀出耳。

47. 挂服捐駒

注於「捐駒」引《晉書》王遜駒犢付官事，而「挂服」，未詳。

案：《魏志·常林傳》注：「時苗為壽春令，乘薄軬車，黃牸牛，居官歲餘，牛生一犢。及去，留其犢。」尚在遜前，但彼言「犢」而不及「駒」耳。若「挂服」，則五臣注云：「魏裴潛為兗州刺史，嘗作一胡牀。及去，留挂於壁〔1〕。凡所用物皆呼為『服』。」事亦見《魏志》注引《魏略》。孫氏《補正》從之，當是也。

【校】

〔1〕「留挂於壁」，《六臣注文選》作「留挂於官第」。

48. 增班劍六十人

注引《漢官儀》曰：「班劍者，以虎皮飾之。」

案：孫氏星衍《校集漢官儀》注云：「《續漢志》：『佩刀虎賁，黃室虎文，

其將白虎文。」然則班劍者，亦鹵簿中所有也。」又桂氏《札樸》引「《晉公卿禮秩》：『諸公及開府位從公者，給虎賁三十人，持班劍焉。』《通鑑》『宋太子劭使班劍排江湛』注云：『班劍，持劍為班，列在車前。』『唐高祖葬平陽昭公主，詔加班劍四十人。』注云：『班，列也，持劍成列，夾道而行也。』《宋書》：『張敬兒既得開府，又望班劍，語人曰：「我車邊猶少班闌物。」』」以上諸書所說皆合。而張氏《膠言》別引《唐開元禮》：「漢制帶劍，晉代以來，謂之班劍。宋、齊謂之象劍云。」據此注，則齊亦謂之「班劍」，與注稱「虎皮飾之」者不同。

余謂《漢官儀》明云「班劍」，何得言始於晉代？觀《通鑑》《宋書》及此文，是宋、齊本曰「班劍」。若「象劍」，即漢之「帶劍」。《隋書·禮儀志》蔡謨云：「大臣優禮，皆劍履上殿。非侍臣，解之。」東齊謂之象劍，言象於劍。《晉書·輿服志》亦云「晉始代之以木」，此與「班劍」各別。《開元禮》合言之，非也。

49. 攻乎異端，歸之正義

注無釋。

案：孔氏廣森云：「《論語》邢疏：『異端，謂諸子百家之書』，非也。楊、墨之屬，行於戰國。春秋之時，未有攻之者。戴東原說『端，頭也』，凡事有兩頭，謂之異端。言業精於專，兼攻兩頭，則為害耳。今攷相如《封禪文》『然無異端』，《大學》『他技』，注：『異端之技也。』《孟子》『王之所大欲』，注：『故發異端以問』。古人凡用『異端』字，皆如此解。」此《序》亦謂「博學反約」之意。而孫氏奕《示兒編》云：「攻如攻人之惡之攻，已如末之也，已之已。已，止也。謂攻其異端，使正道明，則異端之害人者自止。如《孟子》距楊、墨，則欲楊、墨之害止；《韓子》闢佛、老，則欲佛、老之害止也。」錢氏《養新錄》以此說為勝於古注，且與「鳴鼓而攻」之義亦同。

余謂如戴、孔說，「攻」字仍從何晏《集解》訓為「治」；如孫說，則「攻」為「攻擊」之義，固皆可通。但以任《序》「歸之正義」核之，似孫說為合。若云「博學反約」，未免稍涉牽強。至楊、墨，雖不在春秋時，然夫子曾言「素隱行怪」，謂非異學不可也。

聖主得賢臣頌　王子淵

50. 羹藜唅糗者

注引服虔曰：「糗，乾食也。」

案：《漢書》顏注：「糗，即今之熬米麥所為者。」蓋本之《說文》。《書·費誓》「峙乃糗糧」，鄭注亦云：「糗，擣熬穀也。」《周官·籩人》「糗餌、粉餈」，先鄭注：「糗，熬大豆與米也。」程氏《通藝錄》云：「糗，有擣粉者，有未擣粉者。籩實之『麷、蕡、白、黑』，其糗之未擣粉者與？《既夕篇》之四籩：『棗、糗、栗、脯』，直呼糗餌為糗，則已擣之糗，粉於餌者也。其已擣粉之糗，可和水而服之者，若今北方之『麪茶』，南方之『麪麰』，皆其類也。其未擣粉而亦可和水者，則鄭氏注『六飲之凉』云：『今寒粥，若糗飯雜水』是也。」又《說文》：「糗，乾飯也。」《廣雅》：「糗，糒也。」王氏《疏證》謂：「昭二十五年《公羊傳》『敢致糗于從者』，何休注云：『糗，糒也。』糗、糒，皆乾也。糗之言炒，糒之言僃也。」《方言》：「凡以火而乾五穀之類，關西、隴、冀以往謂之僃。秦晉之間或謂之㶇。」「㶇」與「炒」同。鄭注《籩人》云：「鮑者於煏室中糗乾之。」「煏」與「僃」同。

余謂此文及《費誓》之「糗糧」，非糗餌也。「羹藜唅糗」，即《孟子》所稱「飯糗茹草」，彼趙注云：「糗飯，乾糒也」，義正合。小顏注亦用古訓而未晰，不若服說，直言「乾食」為得。

51. 清水淬其鋒

注引郭璞《三蒼解詁》曰：「焠，作刀鑑也鑑，工練切。」

案：《說文》：「鑑，剛也段本改鋼，《刀部》云：鋼，刀劍刃也。」「刃」下云：「刀鑑也。」「焠」與「淬」異部。《火部》：「焠，堅刀刃也。」與郭義同。《水部》：「淬，滅火器也。」段氏謂：「以器盛水濡火，使滅，其器謂之淬。」與「焠」義亦畧相近。《漢書》顏注：「焠，謂燒而內水中以堅之也。」《史記·天官書》云：「火與水合曰焠。」是「焠」為以火入水，故可通作「淬」。但注無「淬與焠同」之語，當是正文本作「焠」，而胡氏《攷異》未之及。

52. 忽若篲氾畫塗

注引「如淳曰：『若以篲掃於氾灑之處也。』塗，路也。」

案：如意似為一事，則「路」不得云「畫」。《漢書》顏注：「塗，泥也。

以刀畫泥中，言其易。」孫氏《補正》從顏說，是也。《考工記・輪人》：「杼以行澤，則是刀以割塗也。」是故塗不附割，「塗」，即「畫塗」之義。

又案：《讀書雜志》云：「『彗汜』與『畫塗』相對，彗者，埽也。汜者，污也。謂如以帚埽穢，以刀畫泥耳。《後漢・光武紀》注：『彗，埽也。』《東都賦》『戈鋋彗雲，羽旄埽霓。』彗，或作篲。《七發》『凌赤岸，篲扶桑』，謂濤勢之大，凌赤岸而埽扶桑也。《方言》『汜，洿也。』『洿』與『污』同。《廣雅》『汜，污也。』漢《博陵太守孔彪碑》『浮斿塵埃之外，矙然汜而不俗』，是也。」據此，分別「埽」之非「帚」固然，但古書實字作虛用者甚多，「埽」，本從「帚」，義實相通矣。至既言「埽」，則不應復言「汜灑」，以「汜」為污，尤得說「畫塗」，正與孫合。

53. 驂乘旦

注引張晏曰：「駕則旦至，故以為名。」

案：《讀書雜志》云：「張說甚迂。『乘旦』當為『乘且』，字之誤也。『且』與『駔』同。駔者，駿馬之名。『乘駔』，猶言『乘黃』、『乘牡』耳。《爾雅》：『奘，駔也已見《七發》。』樊光、孫炎本『駔』作『且』。『乘駔』，亦謂之『繁駔』。《晏子春秋・外篇》『景公服繁駔』，《韓子・外儲說左篇》作『趨駕煩且之乘』。『繁駔』之為『煩且』，猶『乘駔』之為『乘且』。是『駔』與『且』字異而義同，此《頌》內多用韻，『且』讀若『苴』，故與下『輿』為韻。若『旦』，則失其韻矣。」

余謂「駔」與「祖」、「阻」，皆从且聲，《禮記・檀弓》「夫祖者，且也。」《儀禮・大射儀》「且左還」，注：「古文且為阻。」「駔」之得為「且」，即「祖」、「阻」之為「且」也。又《詩・庭燎》傳：「央，且也。」釋文：「且，本作旦。」此則「旦」為「且」之證也。

54. 王良執靶

注引張晏曰：「王良，郵無恤也。」

案：《漢書》注亦引之，云「字伯樂」。師古曰：「參驗《左傳》及《國語》《孟子》，郵無恤、郵良、劉無正、王良，總一人也。《楚辭》『遇孫陽而得代』，王逸注孫陽，伯樂姓名也。《列子》云伯樂，秦穆公時人。考其年代不相當，張說失之。」

余謂《古今人表》郵無恤在第五等，下雙注王良、柏樂。梁氏玉繩以為

「孟堅未定為一人、二人，而傳寫誤作大字耳。」《兩漢刊誤補遺》則引《國語》載郵無正，其下云：「伯樂與尹鐸有怨，以其賞如伯樂氏。」是伯樂即郵無正。梁氏又云：「郵無恤之稱伯樂者，緣其善御，同於孫陽，遂以為號，如后羿、扁鵲之比。」此說近是。且據《莊子》釋文：「伯樂，星名，主典天馬。」孫陽善御，故以為名。《史記‧天官書》「王良策馬」，是王良亦星名。無恤，字子良，因目為王良。然則伯樂、王良俱非人之本名，故致參差。要之，郵無恤之與孫陽，為兩人，固可無疑。

注又引《音義》：「或曰靶音霸，謂轡也。」

案：《爾雅》：「轡首謂之革。」郭注云：「轡，靶。」《詩‧采芑》箋：「鯈革，轡首垂也。」郝氏謂：「轡首垂，即靶也。以革為之，因名革。」又《廣雅》「靶謂之綏」，王氏《疏證》云：「靶之言把也，所把以登車也。《說文》：『綏，車中靶也。』」段氏謂：「靶者，轡也。轡在車前，而綏則系於車中，御者執以授登車者，故別之曰車中靶也。」據此知，「轡」與「綏」俱得「靶」之名。此處云「執靶」，主御車言，則是「轡」，非「綏」耳。

55. 蜉蝣出以陰

注引《蟲魚疏》曰：「渠暑甲下有翅，能飛，夏月陰時出地中。」

案：此所引陸璣《詩疏》也，《詩正義》亦引之。本云「陰雨時」，又云「樊光謂之糞中蝎蟲，隨陰雨時為之」，則此蟲係夏雨後濕熱之氣所生。李注因正文「出以陰」，故刪「雨」字耳。《爾雅》：「蜉蝣，渠暑。」郭注：「似蛣蜣，身狹而長，有角，黃黑色，叢生糞土中，朝生暮死，豬好啖之。」《說文》「蟲蟉」，一曰蜉蝣。《方言》云：「蜉蚰，秦晉之間謂之蟆蟥。」今作「渠暑」，假借字也。《夏小正》「浮游有殷」，《說文》「蜉蝣」字从虫，殆俗改之。郝氏謂：「《莊子‧逍遙游篇》云『朝菌不知晦朔』，《淮南‧道應訓》引作『朝秀』，《廣雅》作『朝蟱』。高誘注：『朝秀，朝生暮死之蟲也。生水上，狀似蠶蛾，一名孳母，海南謂之蟲邪。』如高說，則此蟲生水中，故《抱朴子‧對俗篇》云『蜉蝣曉潛泉之地』。《類聚》引《廣志》曰：『蜉蝣在水中，翕然生，覆水上，尋死隨流。』竝與高注合。然則『蜉蝣』即『朝秀』矣。『朝秀不知晦朔』與『蟪蛄不知春秋』，正以二蟲為對。又據『晦朔』而言，亦非定以朝夕為限也。」王氏《廣雅疏證》說暑同。又「蜉蝣」字，諸書互異。《漢書》於此文「蝣」字作「蝤蠐」之「蝤」，蓋皆同音通用。

56. 伯牙操遾鐘

晉灼曰：「遾音迭遞之遞。二十四鍾，各有節奏，擊之不常，故曰遞。」

案：方氏《通雅》云：「遾鐘，即編鐘也。十二律正倍合二十四聲，後以不能盡用，存十二律加四清聲，合為十六。今《宮譜》北曲亦十六調可證也。編磬亦如之。」此與晉灼之說無異。臣瓚駁晉云：「號鐘，琴名，伯牙善鼓琴，不聞能擊鐘。」顏師古亦曰：「琴名是也。」

余謂《楚辭‧九歎》「破伯牙之號鐘」，明以「號鐘」屬伯牙矣。而此作「遾鐘」者，特相傳偶異耳。且即本文「操」字觀之，琴可言操，若云「操鐘」，殊不合。

57. 蓬門子彎烏號

注引《孫卿子》曰：「羿、蠭門，善服射者也。」《吳越春秋》陳音曰：「黃帝作弓，後有楚狐父以其道傳羿，羿傳蓬蒙。」

案：「蓬」，《漢書》作「逢」。《通志‧氏族畧》引作「蓬門子豹」，即《孟子》之「逢蒙」。諸書字各異，皆音之轉。梁氏玉繩云：「逢字有符容、蒲蒙二音，即通借蓬、蠭，可見又叶音房。唐以後始分別逢姓从夅，音薄江切。《匡謬正俗》《廣韻》俱判為兩字，然不盡從之，故石經《左傳》凡逢姓皆作逢，《釋文》無音。《漢書‧人表》中逢門子、逢公伯陵、逢伯、逢大夫、逢丑父、逢滑竝作逢迎之逢，自宜讀如本字，蓬音其通讀也。《匡謬正俗》謂逢姓音龐，《國語補音》、孫奭《孟子音義》祇音薄江反。而郭忠恕《佩觿辨證》、元李文仲《字鑑》均以从夅為誤，蓋失之矣。」

余謂《說文》既有逢，無逢，夅為下江切。降字从夅聲，而音亦讀為洪。蓋東、冬韻本與江韻通也。《後漢‧劉玄傳》「郡人逢安」，注「逢」字从夅。此自章懷云，然未必范書之舊耳。

趙充國頌　楊子雲

58. 天子命我，從之鮮陽

注引應劭曰：「宣帝使充國共討罕、开於鮮水陽。」

案：所引見《漢書‧趙充國傳》注。《傳》亦載此《頌》，但彼云「共武賢」。武賢者，辛武賢也。此注引刪「武賢」字，則「共」字不明。《傳》又云：

「酒泉太守辛武賢奏言：分兵出張掖、酒泉合擊罕、羟在鮮水上者。」宣帝讓充國詔曰：「以七月二十二日擊罕羌，入鮮水北句廉上。」顏注：「句廉，謂水岸曲而有廉稜也。」充國奏言：「治湟陿中道橋，令可至鮮水以制西域。」《方輿紀要》云：「鮮水，即西海，在西寧衛西三百餘里，一名青海，亦曰儦海酈道元曰：古西儦之地也，亦曰卑禾羌海闞駰曰：金城臨羌縣西，有卑禾羌海，亦曰允谷鹽池。周圍數百里，中有龍駒島。漢元鼎四年，先零羌與匈奴通，攻令居，同枹罕遣將李息、徐自為擊平之。羌乃去湟中，依西海鹽池。元始四年，王莽誘塞外羌獻鮮水海、允谷鹽池，置西海郡是也。」

59. 鬼方賓服

注引《詩》：「覃及鬼方。」毛萇曰：「鬼方，遠方也。」《世本》注曰：「鬼方，於漢則先零戎是也。」

案：毛傳既無指實，《漢書》顏注：「鬼方，言其幽昧也」，殊屬含混。張氏《膠言》引惠定宇云：「商之鬼方，周荊楚之地。《商頌・殷武》『即伐鬼方』詩也。」又自云：「《大戴禮・帝繫篇》『陸終氏娶於鬼方氏』，《史記・楚世家》『陸終氏生子六人，六曰季連，芉姓，楚為芉姓之後』，則鬼方自當在荊楚之地。」

余謂《大戴》所記與《世本》同，《史記》正本之《大戴》。孔氏廣森《補注》云：「鬼方，西落鬼戎。」引宋衷曰：「於漢則先零羌是也。」亦即《世本》注語。蓋季連，芉姓，為楚之祖，而封楚，實始周時之熊繹，非季連即在楚也。鬼方氏者，陸終氏之所娶，自是異地。《世本》又言：「黃帝娶於鬼方氏」，豈必黃帝亦楚人耶？張說誤矣。惟朱子亦嘗致疑，後之以鬼方為荊楚者，大抵合《詩・殷武》與《易》之《既濟》「高宗伐鬼方」為一事耳。今竊有以解之。《竹書》載「武丁三十二年，伐鬼方，次於荊」，即荊為荊楚；而曰「次於荊」，明與「鬼方」非一國，固不得謂荊楚即鬼方。不知鬼方是西羌，無緣自亳西征轉入楚地。疑此荊蓋雍州之荊，《禹貢》所謂「荊岐既旅」者也。征西羌，宜由雍地矣。《竹書》下載「三十四年，王師克鬼方，氐羌來賓。」則鬼方即氐羌可知。漢匡衡疏云：「成湯化異俗而懷鬼方」，正《詩》所云「昔有成湯，自彼氐羌。莫敢不來享，莫敢不來王」也。楊升庵謂：「湯時，鬼方已內屬於式圍之中，而復叛於中衰之日，故高宗伐之，以中興殷道」，是已。且《後漢書・西羌傳》亦云：「武丁伐西戎、鬼方。」據此諸文，知唐以前無

言鬼方，即荊楚者，惠氏未免臆斷。或曰：然則《殷武》詩非與？余謂楚本稱荊，春秋初，猶書荊人，至僖元年，始有楚號，何得商時先以荊楚稱乎？《殷武》之稱荊楚，則《韓詩》宋襄公時作《商頌》之說，為可從也。陳氏逢衡乃云：「自帝嚳，九州已有荊州之名，至《禹貢》有荊州，即荊楚也，孰謂周始有荊楚哉？」然荊自為州，楚始為國，竝未連言荊楚，此仍不足以相難也。況毛傳云：「荊楚，荊州之楚國也」，不言鬼方。鄭箋於次章云：「氐羌，夷狄國在西方者也。」言維女楚國，近在荊州之域，居中國之南方而背叛乎？成湯之時，乃氐羌遠夷之國，來獻來見，曰「商王是吾常軍也」。此所用責楚之義，乃遠夷之不如。夫鄭以氐羌為遠夷，與《蕩篇》毛以鬼方為遠方，一也。是「鬼方」、「荊楚」分別顯然。《正義》曰：「氐羌之種，漢世仍存，其居在秦隴之西」，正合《世本》注之說。如以《殷武》為高宗詩，則伐鬼方、伐荊楚為二役，義亦無不可通。

又案：《竹書》：「武乙三十五年，周公季歷伐西落鬼戎。」陳氏謂「鬼戎與鬼方異」，殆不然。此「西落鬼戎」，正《後漢書》所云「西戎鬼方」也。當是武丁後數世，負其荒僻而又叛，故周伐之。彼所引「《王會解》『伊尹定四方獻令，正西有鬼親。』《海內北經》『有鬼國，在貳負之尸北。』楊氏《裔乘》曰：『鬼國在駮馬國西』」，則「鬼親」、「鬼國」即鬼方，皆以為西北部落矣。

附案：《稽古編》云：「宋黃氏震謂鬼方即荊楚，非是。高宗在位五十九年，所伐豈必一國乎？」

漢高祖功臣頌　陸士衡

60. 序云　相國酇文終侯沛蕭何

案：何之封邑，一以為在沛，一以為在南陽，兩者各有所持。考《說文》「酇」字云：「百家為酇。酇，聚也。從邑，贊聲。南陽有酇縣。」又「䣜」字云：「沛國縣。從邑，盧聲。今酇縣。」許君既以「䣜」為盧聲，而又云「酇」者，「謂本為䣜縣，今為酇縣，古今字異也。」《水經·淮水篇》注云：「渙水又東逕酇縣城南，《春秋》襄十年，公會諸侯及齊世子光於䣜。今其地䣜聚是也。」今三經俱作「柤」，酈所據作「䣜」，乃古字也。又《水經·沔水上篇》「東南過酇縣之西南」，注云：「縣治故城，南臨沔水，謂之酇頭，漢高帝五年，封蕭何為侯國。薛瓚曰：『今南鄉酇頭是也。』《茂陵書》曰：

『在南陽,王莽更名為南庚者也。』」是酈氏以何所封在南陽。《漢書》顏注亦引《茂陵書》、臣瓚及文穎說,並杜佑《通典》皆同。段氏謂江統、戴規、姚察、李吉甫皆云「在沛」,錢氏大昕從之,在沛說是也。始封於酇,高后乃封之南陽之酇與筑陽。文帝至莽之酇侯,皆在南陽。故《地理志》於南陽云「酇侯國」,而沛郡酇下不云侯國,為在沛者,不久也。諸家所傳班固作《泗水亭高祖碑》云:「文昌四友,漢有蕭何。序功第一,受封於酇。」以韻求之,可以不惑。

余謂《地理志》亦固所作,豈不知南陽之酇,而於《碑》作酇?明是始封於酇,江統《徂淮賦》云:「戾酇城而倚軒,實蕭公之封國」,正用其義。據此,則錢、段說可從。方氏《通雅》乃云:「古時韻粗,班氏亂叶,不知酇與酇一聲之轉,古音本通。猶鄲之音多,難之音那,獻之音莎也。」錢氏坫謂:「莽以酇為贊治見《地理志》,是當時酇已有贊音。且沛郡之酇,本音嵯,即南陽之酇,亦或作才何反。」趙氏一清引杜少陵詩云「漢陰槎頭遠遁逃」,又云「漫釣槎頭縮項鯿」,「槎頭」,即「酇頭」是已。沛郡之酇,《方輿紀要》於歸德府永城縣云:「酇縣城在縣西南,陳勝初起,攻酇下之。建武三年,蓋延等圍劉永於睢陽。永突出,將走酇,其將慶吾殺之以降」,即此。《後漢書》注:「今亳州縣也。」蓋唐時屬亳州耳。南陽之酇,在今襄陽府光化縣東北四十里有酇城。

61. 平陽樂道

注引《論語》曰:「貧而樂」。

案:「樂」下當有「道」字。《論語》皇侃本、高麗本具有「道」字。《唐石經》「道」字旁添。阮氏《校勘記》曰:「攷《史記·仲尼弟子傳》《文選·幽憤詩》注引此文竝有『道』字。又下二節孔注及皇、邢兩疏,亦有『道』字,足為有『道』字之證。」據此知《幽憤詩》注原有「道」字,今本或無之者,乃佚脫也。此處當亦同。觀《幽憤詩》云「樂道閑居此」,《頌》亦云「樂道」。若引《論語》,僅一「樂」字,不足為證,必二注本有「道」字,而後人據今本《論語》,失之。惟《漢書·王莽傳》引孔子此語無「道」字,不應與《史記》異,豈小顏所刪與?

62. 電擊壤東

注引《漢書》曰:「參又擊三秦軍壤東,破之。」

案：所引見《曹參傳》。上文云「圍好畤，取壤鄉。」文穎曰：「壤，地名也。」《方輿紀要》：「壤鄉，在今武功縣東南二十里。」《史記》『樊噲從擊秦軍騎壤東。』《正義》曰：『武功縣東南有高壤坊，故壤鄉也。』」

63. 京索既扼

注引《漢書》曰：「韓信復發兵與漢王會，擊破楚京索間。」

案：彼顏注引應劭曰：「京，縣名，今有大索、小索亭。」《地理志》京屬河南郡。師古曰：「即鄭共叔段所居」。是「京」在春秋時已為鄭邑，有京城之名。然本非秦縣，則楚、漢戰時，縣尚未置。京又為水名，當因京城而稱之。《水經·濟水篇》注云：「黃水發源京縣黃堆山，東南流，名祝龍泉，世謂之京水是也。」「索」於春秋時為地名，酈注引《傳》昭五年「鄭子皮勞叔向於索氏」，即此。亦為水名，出京縣嵩渚山，即古旃然水。《襄十八年傳》「楚伐鄭，右師涉潁，次於旃然」是也。《寰宇記》「京水在滎陽縣東二十二里」，「索水在縣南三十五里」。然則《高帝紀》所云「與楚戰京、索間」者，謂在京、索二水之間矣。《漢書》注又引晉灼曰：「索音柵。」師古曰：「音求索之索。」據《說文》，「索，入家搜也。從宀，索聲，所責切」，與繩索之「索」，本二字、二音。今經典多假「索」為「索」，「索」與「柵」俱在陌韻。酈注又云：「晉滎陽民張卓、董遇等遭荒，鳩聚流雜堡固，名為大柵塢。」是「大柵」，即「大索」，音同也。《方輿紀要》引《括地志》云：「今滎陽縣，即大索城。小索故城，在縣北四里。」《元和志》同。

64. 王在東夏

注云：「東夏，即陽夏也。《漢書》曰：『漢王追項羽至陽夏南。』」

案：此所引為《高帝紀》五年事。先於元年，遣將軍薛歐、王吸出武關，羽發兵距之陽夏。彼顏注云：「即今亳州陽夏縣。」據《地理志》，陽夏屬淮陽國，《續志》屬陳國，《史記索隱》引之是已。而《唐書·地理志》及《元和志》亳州之縣，俱無陽夏。惟《元和志》於陳州太康縣云：「本漢陽夏縣地。後魏孝昌四年，置陽夏郡，以縣屬焉。隋文帝改陽夏為大業縣洪氏《圖志》：開皇七年，改縣曰太康。今陳州府太康縣。」又云：「縣理城，即漢陽夏縣城。夏后太康所築」，下亦引《漢紀》五年事為證。是唐時陽夏為太康，屬陳州。不知小顏何以致誤？《方輿紀要》云：「縣西北五里有霸王臺，亦曰漢王臺，縣南二十里又有南拒臺、北拒臺，相傳楚、漢拒處。」此《頌》稱「東夏」

者，元年《紀》於上文云：「張良遺羽書，言漢欲得關中，如約即止，不敢復東，羽以故無西意。」四年《紀》云：「羽解而東歸，漢王欲西歸，張良、陳平諫止之。五年乃追羽至陽夏。」然則是時漢在西，陽夏在東，故以為「東夏」。至「東夏」二字，本之左氏《襄二十二年傳》「聞君將靖東夏」。謂澶淵之盟，則指齊而言。《古文尚書》「微子之命尹茲東夏」，指宋而言，固皆與此不相涉也。

又案：前《冊魏公九錫文》「以寧東夏」，注引《魏志》「太祖破黃巾於壽張東」，蓋兗州地也。後《竟陵文宣王行狀》「東夏形勝」，王於此時為會稽太守。會稽乃東部都尉治見前《解嘲》，故彼注遂云：「東夏，會稽也。」下又引《書》為證。是則隨地而名，非有確指矣。

65. 祚爾煇章

注云：「章，印章也。」

案：五臣注：「福汝煇榮之寵章。」「章」字無所指實。《讀書志餘》云：「二說皆非。『煇』讀為『徽』，徽，旌旗之屬。徽章，猶言旗章。祚，賜也。見《齊語》注。《大雅》『王錫韓侯，淑旂綏章。』是也。徽所以為表章，故曰徽章。《齊策》『章子變其徽章，以雜秦軍。』《宋孝武宣貴妃誄》『崇徽章而出寰甸』」，皆其證。

余謂「徽」，一作「揮」，已見《東京賦》。又《為袁紹檄豫州》「揚素揮以啟降路」，《易》「六爻：發揮。」《釋文》：「揮，本作煇。」「煇」，即「煇」，是三字通也。李言「印章」，與本書《北山移文》「紐金章」，注：「金章，銅印也」正同。但漢時未見有以章為印章者。《呂覽·季夏紀》以為「旗章」。《晉語》韋注：「章，旌旗也。」則作「徽章」為得。

66. 雲鶩靈邱

注引《漢書》曰：「陳豨反，勃復擊豨靈邱，破之，斬豨，定代郡九縣。」

案：所引見《周勃傳》。本云：「斬豨、丞相程縱、將軍陳武、都尉高肆」，非即「斬豨」也。注誤刪「靈邱」，《漢志》屬代郡，其故城在今大同府靈邱縣東十里。《方輿紀要》云：「故趙邑也。《史記·趙世家》『孝成王以靈邱封春申君』，即此。」而《水經·滱水篇》注云：「又東逕靈邱縣故城南，應劭曰：『趙武靈王葬其東南，故縣氏之。』」攷《史記》「趙敬侯九年，敗齊於靈邱」，則名不因武靈王事。趙氏一清引《日知錄》云：「此別一靈邱。酈注

蓋誤以趙靈邱為齊靈邱，不知齊境不得至代也。」閻氏若璩亦云。然近查氏揆則從《孟子正義》代郡有靈邱縣，別據《通鑑》「安王二十二年，齊伐燕，取桑邱。」桑邱在易州，遂成縣，與靈邱皆燕南地。又《中山策》「齊欲割平邑以賂燕、趙」，《漢志》平邑屬代郡，以此為齊地，可至代北之證。

余謂易州，漢屬涿郡，與代郡不相涉。齊之欲割平邑，鮑彪注云「屬代郡」，非也。元吳氏師道正之曰：「《史記正義》引《括地志》平邑故城在魏州昌樂縣東北，見《趙世家》。」所云欲通平邑、中牟之道者也。唐之昌樂，《漢志》為樂昌，屬東郡，其故城在今大名府南樂縣。是《國策》之平邑，可為齊有。而代郡平邑，乃今之陽高縣。洪氏《圖志》雁門山及白登城俱在焉，齊境不應遠及此矣。然則此靈邱與齊之靈邱，固當分為兩地。

附案：《水經・灅水》注云：「逕當城縣故城西，高祖十二年，周勃定代，斬陳豨於當城」，即此處。《漢志》當城，亦代郡所屬。

67. 景逸上蘭

注引《漢書・周勃傳》：「燕王盧綰反，破綰軍上蘭。」

案：「上蘭」，《漢書》無注。《史記正義》引《括地志》云「媯州懷戎縣東北有馬蘭溪水」，恐是也。《唐書・地理志》：「河北道媯州媯川郡，本北燕州。貞觀八年，更名嬀縣，一即懷戎也。」彼注云：媯水貫中北九十里，有長城；東南五十里，有居庸塞；東連盧龍、碣石，西屬太行、常山，實天下之險，有鐵門關」，而不及馬蘭溪。《方輿紀要》云：「今之延慶州及懷來衛等處，即唐媯州，漢上谷郡地馬蘭溪，在衛東北」，亦引《周勃傳》，「上蘭」，為即此溪。

余謂《勃傳》下文云：「復擊破綰軍沮陽」，《漢志》沮陽屬上谷郡，自與上蘭相近，則《括地志》之說當近之。惟馬蘭別稱上蘭，他無所證。

又案：《水經・灅水篇》注云：「滄河與陽溝水合，水逕居庸縣故城北。滄河又左得清夷水口，清夷水又西，靈亭水注之。水出馬蘭西澤中，眾泉瀉溜歸于澤，澤水所鍾，以成溝瀆。瀆水又左與馬蘭谿水會，水導源馬蘭城，城北負山勢，因阿成谿。清夷水又西逕沮陽縣故城北。秦始皇上谷郡治此。」據酈氏之言，是經馬蘭谿而至沮陽，與《周勃傳》亦正合。

68. 滌穢紫宮

注引《漢書》曰：「勃已滅諸呂，遂共迎立代王。勃曰：『臣無功，請得除宮。』乃與太僕滕公入宮，載少帝出。」

案:《勃傳》「臣無功」云云,乃朱虛侯弟東牟侯興居語也。金氏甡云:「勃遣朱虛侯入宮,擊殺呂產,即所謂滌穢。」

余謂此時勃為太尉,主兵。朱虛侯請卒,勃予卒千餘人,入未央宮門,乃得殺產,即東牟除宮。非勃兵在外,亦安能行是?清除宮禁,正可屬勃,不必專指一事。而注以東牟語為勃語,則直誤引耳。胡氏《考異》謂勃曰當是,又曰之誤。然「臣」字何著?承上而言,豈不仍作勃語耶。

69. 振威龍蛻,摅武庸城

注引《漢書》曰:「燕王荼反,商以將軍從擊荼,戰龍蛻。」又曰:「從擊黥布,布軍與上兵遇蘄西,上乃壁庸城。」

案:「龍蛻」、「庸城」,注但云地名,而無指實。《酈商傳》「蛻」作「脫」,下云「頗荼軍易下」。師古曰:「今易縣。則龍蛻當即其左近。」錢氏《史記攷異》云:「《趙世家》孝成王十九年,『以龍兌、汾門、臨樂與燕』,龍脫,即龍兌,脫有兌音。」據此知為燕地矣。注布軍云云,見《高帝紀》。《漢志》蘄屬沛郡,有垂鄉,高祖破黥布。《方輿紀要》:「故蘄城在今宿州南四十六里,又有庸城在蘄西,漢高望布軍處。」

70. 皇儲時乂,平城有謀

案:「謀」字與上「裕」、「附」、「樹」為韻,他處罕見。惟《詩·巷伯》五章:「彼譖人者,誰適與謀。」舊叶「謀」,莫補反。江氏非之,謂「是複前語,起下文,不為韻。」然下「虎」字將何韻耶?顧氏則以「者」音渚,與「虎」韻。而「謀」亦不為韻。又《小旻》五章:「民雖靡膴,或哲或謀,或肅或艾。」舊叶「謀」,莫徒反。江氏亦以為誤,謂「本三句一韻」。顧氏則謀音「媒」,與「止」、「否」、「艾」、「敗」為韻。

余謂「謀」從「某」聲,「某」在《四十五厚》,如《詩》「顏之厚矣」,韻「樹」、「數」。「心焉數之」,韻「口」、「厚」。「不自我後」,韻「瘉」、「愈」、「侮」。「曾孫維主」,韻「斗」、「耇」。漢以後,如《白渠歌》「口」、「後」、「斗」與「所」、「雨」、「黍」韻。《遠夷慕德歌》「厚」與「雨」韻,皆是。此顧氏以《十九侯》與「魚」、「虞」、「模」通為一韻之例也。而顧、江二書於「謀」字,皆不引此《頌》,似疏。至前文「遂表東海」與「舉」、「旅」、「與」、「楚」為韻。又可即謀音媒之義推之。「海」從每聲,《左傳》「輿人之誦曰:原田每每,舍其舊而新是謀。」且「侮」亦從每聲,而音則武也。《大

雅》「周原膴膴」，《韓詩》作「腜腜」。比類以觀，亦足見矣。

附案：此二句若作換韻，以「謀」韻，又正與《小旻》詩同，似亦可通。

71. 侯公伏軾，皇媼來歸

注引《漢書》曰：「漢復使侯公說羽，羽歸太公媼。」

案：《說文》：「媼，母老稱。」《廣雅·釋親》：「媼，母也。」注中「媼」字非《漢書》所有，李氏引古，往往遷就正文，不盡同原書。歸媼事，《史》《漢》本有參錯，遂啟後人之疑。《漢書·高帝紀》「十年夏五月，太上皇后崩。」顏注引如淳曰：「《王陵傳》楚取太上皇、呂后為質。又項羽歸太公、呂后，不見歸媼也。又上五年，追尊母媼為昭靈夫人，高后時乃追尊為昭靈后。《漢儀注》高帝母兵起時死小黃北，後於小黃作靈廟。以此二者推之，不得有太上皇后崩也。」李奇曰：「高祖後母也。」晉灼曰：「五年，追尊先媼曰昭靈夫人，言追尊，則明其已亡。《史記》十年春夏無事，七月太上皇崩，葬櫟陽宮。明此長『夏五月太上皇后崩』八字也。」師古曰：「如、晉二說皆得之。諸家更有異端，不足采。」

余謂高帝六年尊太公曰太上皇，如果有母，尊為太上皇后，亦當於此時，何得不書而至崩時始書之？且高帝生母祇追尊昭靈夫人，而後母轉稱太上皇后，殊非情理。況《史記》竟無此文，尤屬確證。是特因下文「太上皇崩」而誤衍無疑。觀《紀》中於元年云：「從南陽迎太公、呂后於沛。羽距之，不得。」前二年云：「審食其從太公、呂后間行，反遇楚軍，羽常置軍中以為質。」四年云：「九月，歸太公、呂后，軍皆稱萬歲。」其原委如是。《史記·高祖紀》於元年云：「迎太公、呂后於沛」，至二年、四年，乃有「漢王父母妻子」之語。《項羽本紀》前亦云：「求太公、呂后不相遇。審食其從太公、呂后間行，求漢王，反遇楚軍。」後乃云：「歸漢王父母妻子」，《漢書·項羽傳》同。或謂孝惠未為楚虜，歸子不的，則歸媼亦非。當是因妻而及子，即因父而及母，蓋渾言之，而非事實。此《頌》「皇媼來歸」，殆因《羽傳》而誤，故孫氏《補正》據《日知錄》以駁之。然史家於《本紀》倍宜詳慎，不應馬、班俱鹵莽如是。近趙氏翼《廿二史箚記》云：「高祖母雖前死，而楚元王交為高祖異母弟，則高祖尚有庶母也。自注引《楚元王傳》以為高祖同父少弟。師古曰：『言同父則異母可知』，並引《吳王濞傳》鼌錯曰：『高帝大封同姓，庶弟元王王楚』，為異母弟之證。」又云：「孝惠帝尚有庶兄肥，後封齊為悼惠

王。當高祖道遇孝惠時，偕行者但有魯元公主，則悼惠未偕行。既未偕行，又別無投歸高祖之事，則必與太公、呂后同為羽所得，故高祖有子在項軍也。然則《史記》所謂父、母、妻、子，無一字虛設，而《漢書》改云太公、呂后，轉覺疏漏。」此說較勝。李奇之言後母，若係後母，正當如此。注云「歸太公媼」，不得獨及呂后也。但兄弟可有同母、異母之分，不曰異母弟而曰同父弟，殊不辭。《史記‧元王傳》明作「同母」，《漢書》「父」字當為「母」字之譌，而師古不能訂。趙氏既以《史記》駁《漢書》，而於元王交，又依《漢書》而不從《史記》，未免矛盾。即引《吳王濞傳》，恐亦未的。考《儀禮‧喪服》傳：「庶子不得為長子三年」。鄭注：「庶子者，為父後者之弟也。」賈疏云：「適妻所生，第二者是眾子。今同名庶子，則庶子不專為妾、媵所生。」惟黽錯稱悼惠為「孽子」，乃真是妾子。錯語「庶」與「孽」已異，其妾子，亦稱庶子者。對文則別，散文則通也。

　　竊意太公何妨別有婦，不必定指為生元王者，以其妾、媵非呂后嫡配可比。悼惠又孽子，悼惠之母，為高祖微時外婦。觀楚之挾制，惟以太公、呂后為言，而不及他，明其無足重輕也。《本紀》自無庸瑣敘，故前祗言太公、呂后，後乃以「父母妻子」一語括之，正史筆之斟酌。《漢書》見《羽傳》中，何得議其疏漏耶？至元王交常從高祖，見本傳。而孝惠不從，則悼惠亦不從。趙氏斷為悼惠在楚軍，於情理固可通。如此，則《史》《漢》前後文可以不背，而士衡此《頌》亦不得遽以為誤矣。

《文選集釋》卷二十三

東方朔畫贊　夏侯孝若

1. 序云　平原厭次人也

注云：「《漢書·地理志》無厭次縣，而《功臣表》有厭次侯爰類，疑《地理》誤也。」

案：《漢志》平原郡富平下注云：「侯國。莽曰樂安亭。」應劭曰：「明帝更名厭次。」《續志》亦云：「厭次，本富平，明帝更名。」錢氏坫曰：「昭帝元鳳六年，封張安世。」《陳留風俗傳》云：「陳留尉氏縣安陵鄉，故富平縣也。」《水經注》：「此乃安世所封矣。安世子延壽嗣，自以身無功德，久居先人大國，上書請減戶。天子以為有讓，移封平原，並食一邑戶口如故，而稅減半。」攷高祖時有厭次侯，是縣本名厭次，因移封張延壽，改名富平，明帝復舊名耳。據此，則《志》亦非誤。東方朔當武帝時，尚在未改富平之先，故《漢書》本傳仍作「平原厭次人」。李氏於此偶未審矣。

序又云　魏建安中建安，獻帝年號，當稱後漢，分厭次以為樂陵郡，故又為郡人焉

注引《漢書》「平原郡有樂陵縣。」

案：《方輿紀要》於武定州云：「後漢屬平原郡及樂安國，三國魏分置樂陵郡洪氏《圖志》云：後漢建安末，置樂陵郡。晉初，移郡於厭次，以樂陵為屬縣，晉為

樂陵、樂安二國地，唐天寶初曰樂安郡，故顏魯公書此碑陰云厭次，今移屬樂安郡也。」《唐書·地理志》棣州有厭次，注云：「貞觀元年，隸德州，故又或以為德州也。」洪氏《圖志》引《圖說》：「厭次，自古凡六徙。《明統志》云在陵縣東北三十里，即今神頭鎮，此秦及西漢之厭次也。漢明帝更富平為厭次，在陽信東南二十里《寰宇記》同此，《括地志》云四十里，乃今桑落墅，此東漢之厭次也。晉厭次治馬嶺城，元魏因之，今城在陽信東十里，此晉及元魏之厭次也。北齊廢厭次，隋開皇間復置，唐貞觀中，又置棣州於此，今之陷棣州，此隋唐之厭次也。後梁華溫琪徙棣州於今之故城，厭次即為附郭，此五代之厭次也。宋大中祥符，再徙棣州於陽信之高氏莊，而厭次又隨州徙，今州東察院，乃宋元以來之厭次也。」歷代紛更，得此而晰。惟西漢故城，在今陵縣一條，未知何據。今武定為府，惠民縣附郭厭次，故城在府治東陽信縣，唐棣州地，亦府屬也。

2. 序又云　支離覆逆之數

注引《莊子》曰：「支離疏鼓策播精。」

案：所引見《人間世篇》，今作「鼓筴一作筴，即策字播精。」釋文：「精，如字。一音所，字當作數。」「數」，蓋「精」之誤。《說文》：「精，糧也。」段氏謂：「《史記·貨殖傳》：『豎方諸食技術之人，焦神竭能，為重精也。』《日者傳》：『卜而有不審，不見奪精。』」而《貝部》云：「齎財卜問為貱，讀若所。」是字當作「貱」。「精」者，同音假借也。《離騷》王逸注：「精，精米，所以享神。」蓋卜者必禮神，故亦作「精」。

余謂古之財，非必泉布，多用米貱，或為精，又為精者。米以禮神，即以雠卜者。《詩·小宛》所云「握粟出卜」，是已。

三國名臣序贊　袁彥伯

3. 烈烈王生，知死不撓

注引《世語》曰：「王沈、王業馳告文王，尚書王經以正直不出，遂被文王殺之。」

案：《魏志》裴松之注引《世語》「正直不出」下有「因沈、業申意」之語。近李氏保泰曰：「既因沈、業申意，安得謂之正直？《世語》近誣。」張氏《膠

言》則云：「正直當是正當入直之謂，非謂其人之正直，觀『以』字可見」，此說似通。但又引裴注：「沈、業之出，不申經意，以及難。」今《魏志》所載裴注竝無其文。

余考高貴鄉公語，三人欲討司馬昭，時沈、業不言已懷貳心。惟經舉魯昭公事，以諫其忠於帝可知。後下皇太后令云「尚書王經凶逆無狀」，明是司馬昭惡其不附己而甚其辭，遂收經及家屬，皆付廷尉。且裴注又引晉諸公贊曰：「沈、業將出，呼王經，經不從，曰：『吾子行矣。』」是沈、業亦同入直。沈、業出而經不肯出，矢以身殉，正此《贊》所謂「知死不撓」也。裴氏於正元二年下謂郭頒撰《魏晉世語》最為鄙劣，其中虛錯往往而有。然則申意之言，豈足憑乎？

又案：裴注屢引習鑿齒《漢晉春秋》，鑿齒不許魏為正統，故以晉承漢。間亦引《魏氏春秋》，乃別一書。此注上文引鑿齒書中語，誤作《漢魏春秋》，至王業作王素，則傳寫者以形似致誤。胡氏《考異》竝何、陳校本俱已及之。

封禪文　司馬長卿

4. 自昊穹兮生民

注引張揖曰：「昊穹，春夏天名。」

案：《漢書·司馬相如傳》「昊」作「顥」。師古曰：「顥、穹，皆謂天也。顥言氣顥汗也，穹言形穹隆也。」或以顏說勝張注。

余謂《詩·桑柔》「以念穹蒼」，《爾雅·釋天》：「穹，蒼蒼，天也。」下又云「春為蒼天。」此言「昊穹」，猶《詩》之言「穹蒼」也。《釋名》云：「夏曰昊天，其氣布散顥顥也。」郭注《爾雅》：「昊天，言氣晧汗。」《一切經音義》引《三蒼》：「晧，古文顥同。晧汗，即顥汗。」而《爾雅》釋文：「晧，本亦作昊。」是「昊」、「顥」、「晧」，皆同音通用字也。《呂覽·有始篇》「西方曰顥天」，注：「金色白，故曰顥天。」《淮南·天文訓》作「西方曰昊天」，注與《呂覽》注同，竝可證「顥」之通「昊」。然則張釋其名，顏釋其義，顏注實本郭注「昊天」之訓，固非有異矣。至張云「春夏天」者，今《爾雅》「春為蒼天，夏為昊天。」而《白虎通·四時篇》既言春蒼夏昊，又引《爾雅》一說，與此不同。《詩·黍離》疏引《異義》：「《尚書》歐陽說『春曰昊天，夏曰蒼天。』《爾雅》亦云。《書·堯典》疏引鄭讀《爾雅》『春

為昊天，夏為蒼天」，《說文》『春為昦天』」，皆本歐陽說，與郭注本《爾雅》異。郝氏謂《爾雅》古有二本是也。張揖於《廣雅》云「東方昦天，則亦屬春」，而此注乃兼言之，廣異聞也。惟《呂覽》、《淮南》以為西方是屬秋，言與諸書乖違耳。

5. 繼韶夏

注引文穎曰：「韶，明也。夏，大也。」

案：「韶」，《史記》、《漢書》俱作「昭」。胡氏《考異》因以此正文及注俱作「昭」為當。

余謂作「韶」正可通，下文言「軒轅之前」，不可得聞，而歸重於五帝、三王。此言「韶夏」者，「韶」，舜樂。「夏」，禹樂。謂繼帝王之迹也，似與「繼」義更合。且「韶」，《周禮》作「磬」，《孟子》作「招」。「招」、「昭」音同，字亦通。左氏《昭元年傳》「陳公子招」，《史記·陳杞世家》索隱作「昭」，是也。又《昭十二年傳》「祭公謀父作《祈招》之詩」，賈注：「招，明也。祈招，即祈韶。」是「韶」亦訓「明」。《春秋繁露·楚莊王篇》：「韶者，昭也。」是「韶」又訓「昭」。《史記·李斯傳》「昭虞武象者」，《索隱》：「昭，一作韶。」《文選》傳本與《史》、《漢》多有異，不必定改「韶」為「昭」矣。

6. 罔若淑而不昌

注引應劭曰：「若，順也。淑，善也。」又引服虔曰：「無有始善而後不昌者。」

案：如服氏說，「淑」字，殆本作「俶」，「俶，始也。」「若，善也。」皆《爾雅·釋詁》文。此文宜為「罔俶若而不昌」方合。否則，「始」字無著。但「若淑」與下「逆失」對舉，不如應說為得，故《漢書》顏注不采服說。

7. 是以業隆於繦緥而崇冠於二后

案：諸家皆以「二后」，謂文、武。此注引孟康曰：「周公輔成王以致太平，功德冠於文、武。」

余謂此段極言周之盛，上稱文王竝未及武王。若云成王，周公可冠文、武，殊非體。疑「二后」指夏、商也。謂周至成王，積功累仁，高於二代，似文義較順。

8. 逄涌原泉

《史記》「逄」作「燙」。《漢書》師古注云：「逄讀曰燙，言如燙火之升，原泉之流也。」

案：顏說非是。乃因《史記》作「燙」而望文解之，不知「燙」特「逄」之借字耳。若即以為燙火，則與「涌」字不貫，且下句「沕潏曼羨」文義亦隔絕矣。李注引張揖曰：「逄，遇也。喻其德盛，若遇原泉之涌出也。」義固可通。

余謂「逄，大也。」《書・洪範》「子孫其逄」，馬注；《禮記・儒行》「衣逄掖之衣」，鄭注，訓竝同。此言漢之德盛，若原泉大涌而出「沕潏曼羨」也。凡言德澤，多以水為喻，如「湛恩汪濊」、「群生澍濡」等皆是，不應正言「原泉」，而忽夾入「燙火」也。

9. 昆蟲闓澤

「澤」字與《史記》同，《漢書》作「懌」。或疑注中「澤，音驛」之「澤」為「懌」之誤。

案：「懌」字在《說文・新附》中，蓋俗體也，本字當為「釋」。《書・顧命》「王不懌」，釋文：「馬本作『不釋』。」《詩・靜女》「說懌女美」，鄭箋：「當作說釋」是也。「澤」乃「釋」之借字。《考工記》「有時以澤」，釋文：「澤，李音釋。」《史記・孝武紀》「先振兵澤旅」，《集解》引徐廣曰：「古釋字作澤。」此處《史記》既作「澤」，《漢書》當亦同。而水旁與立心篆體相似，遂或作「懌」耳。「澤」之音驛，猶《周禮》「司尊彝」，注：「澤讀曰醳。」「醳」、「驛」音同也。若本是「懌」字，無庸作此音。然則注中「澤」字，非誤矣。即「闓」字，《說文》云「開也。」今以為「豈樂」之義，亦借字也。「闓」，《史記》作「凱」，同音通用。

10. 導一莖六穗於庖

注引鄭德舊作玄，誤曰：「導，擇也。一莖六穗，謂嘉禾之米。」

案：「導」，《史記》作「𥞱」。今本《說文》「𥞱禾也。」引「司馬相如曰：𥞱一莖六穗也。」段氏改為「𥞱米也」，謂：「擇米曰𥞱米。《漢書・百官表》、《後漢書・殤帝和帝紀》皆有𥞱官，注皆云：『𥞱官，主擇米。』鄧后詔曰：『減大官、𥞱官，自非共陵廟稻粱米，不得𥞱擇。』光武詔曰：『郡國異味，有豫養𥞱擇之勞。』凡作『導』者，譌字也。自呂忱、徐廣、顏之推、司馬

貞皆執誤本《說文》，謂薁是禾名。豈知薁果禾名，則許書之例當與稺、穆、私三篆為伍，而不別廁於後。又云《文選》注引鄭德語最為明憭，言於庖者，擇米作飯，必於庖也。《字林》乃云『禾一莖六穗謂之薁』，蓋誤斷許書之句度矣。」

余謂《玉篇》《廣韻》皆以「薁為一莖六穗之禾」，似《說文》非誤。段氏於許書多所改易，而此引證則甚確，疑「薁」字從禾，本嘉禾之名，而引伸亦為「擇」義。《說文》或下有「一曰薁，擇也」之語，而佚脫耳。惟《集韻》云：「以粟為米曰薁，直以薁為禾者，誤。」《韻會》亦云：「《封禪文》『薁一莖六穗』之禾，謂瑞禾。『一莖六穗』，舊韻書即以瑞禾釋薁字，誤。」是皆可為段說之證也。

又案：《廣雅》：「薁，采也。」王氏《疏證》云：「《顏氏家訓》以《封禪文》『薁』字不當訓『禾』，《說文》薁是禾名，無妨自有禾名薁，非相如所用也。『禾一莖六穗於庖』，豈成文乎？徐鍇《說文繫傳》又以顏氏為非，云：『相如文猶言此禾也，則有一莖六穗在庖；此犧也，則有雙觡共柢之獸。』然此處『然後囿騶虞之珍羣』六句首一字文義皆下屬，如云此囿也，則有騶虞之珍羣，即與『然後』之文隔閡；云此獲也，則有周餘珍放龜于岐，乃愈不辭矣。顏氏說是也。薁從禾而訓『擇禾』，於義甚允。導同聲而通訓，於音尤協。此文『薁一莖六穗於庖』，崔駰《七依》云：『乃導元山之粱、不周之稻』，其義一也。至《說文》『一莖六穗』說薁之形狀，非穗一名『薁』也。《廣雅》以薁為采，似又誤會《說文》矣。」

余謂徐鍇之說「薁」、「犧」二字，俱作實用。孫氏《考異》亦從之，究屬勉強。如王說，義自圓，故以此「薁」字為禾名者，非。而古書多借音字，張氏《膠言》以為「薁」當作「導」者，亦非。據王氏《學林》云：「《史記》作『薁』，《漢書》作『導』，蓋古人二字通用。前漢《百官表》之導官，主擇米。而《唐書·百官志》有薁官令二人，掌薁擇米麥。在《漢書》用『導』字，在《唐書》用『薁』字，其官皆以擇米麥為職，則導、薁皆訓擇，可知也。」此條甚是，段氏必以《漢書》之「導」為譌，而改作「薁」，似皆不必。

11. 獲周餘珍，放龜于岐

注引文穎曰：「周放畜餘龜於沼池之中，至漢得之於岐山之旁。龜能吐故納新，千歲不死。」

　　案：《漢書》無「珍」字，故文穎作一句讀。又因周所放，當在未東遷以前，故以千歲不死，傅成其說。然「餘龜」字頗不辭，且自西周至漢武，歷年久遠，何以確知為周物？《史記》有「珍」字，裴駰《集解》引《漢書音義》曰：「餘珍，得寶鼎也。」是《漢書》原有「珍」字，或小顏刪之，意與下句為偶。不知長卿之文，非定作六朝儷體也。觀《史記》「放」作「收」，明分為二，則必宜「珍」字斷句矣。《水經·渭水中篇》注引此文，亦作「收」。然則「收龜於岐」，蓋與《魏書·靈徵志》、《宋書·符瑞志》所載「獻白龜」、「獲靈龜」等一例。特漢事，史失書耳。要之，作二事，則《史記》「收」字為是；作一事，即「珍」為贅字。此處既有「珍」字，而與《漢書》注同，引文說未免與正文不相應。據五臣本，無「珍」字，豈李注本亦無之，為後人所增與？

12. 設壇場望幸，蓋號以況榮

　　注引《漢書音義》曰：「蓋者，發語之辭也。」

　　案：《史記索隱》曰：「本或作『望華蓋』。華蓋，星名，今言望聖帝之臨幸也，義亦兩通。而孟康、服虔注本皆『幸』下有『華』字。摯虞《流別集》則唯有『幸』，『幸』當是也。直以後人見『幸』下有『蓋』字，又『幸』字似『華』，故遂定『華』字，使誤耳。」文穎云：「蓋，合也。言考合前代之君，揆其榮而相比況，以為號也。」

　　余謂「幸」若作「華」，於「蓋」字順矣，而下「號」字無所麗。孫氏《補正》引《史記考異》：「『蓋』讀如『盍』，從文穎訓為『合』，『合號』猶言『合符』也」，似得之。此注及小顏以為語辭，非是。

13. 詩大澤之博

　　注引《漢書音義》曰：「詩，歌詠功德，下四章之頌也。」

　　案：此與孟康說同。《讀書雜志》云：「『詩』為『詩賦』之『詩』，則此語殊不詞。『詩』者，『志』也。『志』者，『記』也。謂作此頌以記大澤之溥博也。『詩』訓『志意』之『志』，《詩序》：『詩者，志之所之。在心為志，發言為詩』是也。又訓『志記』之『志』，《賈子·道德說》：『詩者，志德之理而明其指，令人緣之以自成是也。』」

　　余謂《說文》「詩，志也」，未明何指。凡一字兩義者，如予我之予，即

為賜予之予；刑罰之刑，即為儀刑之刑，正相類。《管子・山權數》：「詩者，所以記物也」，亦足為證。此處上下文「總公卿之議，詢封禪之事，廣符瑞之富」，首一字皆虛字，自不應「詩」字獨作實用。

14. 非惟徧之我，氾布護之

案：《漢書》無「之」字，「我」字屬上讀，是也。今本亦作「徧觀」，顏注云：「布護，言徧布也。」以「徧」字釋下句，則上「徧」字當為「偏」之誤。《史記索隱》引胡廣曰「言雨澤非偏於我。」是司馬本亦作「偏我」，今本作「非唯濡之」。攷《管子》書云：「澤下尺，生上尺。」蓋有雖雨而未深入浸潤者，亦有浸潤霑濡而他處未周普者，此「濡」之承上「潤澤」而言，謂非惟浸潤霑濡而更周普天下也。義得兩通。《史記》下句作「氾尃護之」，徐廣曰：「古『布』字作『尃』。」「濩」與「護」本通用，而屬雨言，則「濩」字尤當。「濩」與「澤」韻者，「濩」从蒦聲，胡郭切。今乃入遇部，且「濩」又有「獲」音也。

15. 般般之獸

注引《春秋考異郵》曰：「虎班文者，陰陽雜也。」

案：如注說，是「般」為班音，《史記》亦作「般」。《漢書》作「殷」，師古曰：「殷與斑同，字从丹青之丹。」《說文》「般」字云：「辟也。象舟之旋，从舟，从殳，殳所以旋也。」古文「舨」，从攴，北潘切。別無从丹之「殷」。「般」亦無「班」音。蓋「文采」字不作「班」，並不作「斑」，當為《辡部》之「辬」也。惟《漢書・賈誼傳》注引《字林》云「殷，從丹」，與此篇注同。是此字始見於呂忱《玉篇・丹部》「殷」字，云：「補姦切，古班字。」而《廣韻》、《集韻》俱於「般」字音「班」。經典亦多借「般」為「班」，《檀弓》「公輸般」，《列子・湯問》作「班」，左氏《成十三年傳》「鄭公子般」，穀梁《襄三十年傳》「蔡世子般」，釋文皆云：「般本作班」是也。若《易・屯卦》釋文引《子夏傳》：「班如，相牽不進貌。」本書《演連珠》注引《易》王肅注：「班如，槃桓不進也。」則又以「班」為「般旋」，字之假借矣。

16. 樂我君囿

《史記》、《漢書》「囿」並作「囿」。下「其儀可嘉」，《漢書》「嘉」作「喜」。何氏校本據之改「囿」為「囿」，改「嘉」為「喜」。

案：「囿」與「圃」，雖相近而義有別。《說文》「種菜曰圃」。左氏《莊十九年傳》疏：「圃以蕃為之，所以樹果蓏。」此上云「般般之獸」，殊不合。《說文》：「囿，苑有垣也。一曰禽獸曰囿。」《詩‧駟鐵》疏：「囿者，域養禽獸之處。」則正當作「囿」。即《詩》之《靈囿》言「麀鹿白鳥」也。「喜」之為「嘉」，與《史記》皆相似而誤。據顧氏《唐音正》：「囿，古音肄。」故《西都賦》「奮大武乎上囿」與「事」韻。《東京賦》「鳩諸靈囿」與「事」、「備」韻。知本處自是「囿」、「喜」為韻。又《易林‧晉之同人》云：「貞鳥雎鳩，執一無尤。寢門治理，君子悅喜。」「喜」與「尤」韻，故亦可與「囿」韻也。

17. 於傳載之，云受命所乘

注引如淳曰：「漢土德，宜有黃龍之應於成紀，故言受命者所乘。」

案：此注與《史記索隱》引同。《漢書》注引《易》「時乘六龍以御天」，皆以此二語專指上「黃龍」而言。依《頌》之分章，當是也。《兩漢刊誤補遺》則兼篇內符瑞三事，曰騶虞、曰麟、曰黃龍言之，義亦通。謂服虔以麟指武帝獲白麟事，在元狩元年。孟康以乘龍指余吾水中神馬事，在三年。獨騶虞，史未紀，然褚先生補傳有之。考《史記》：「建章宮後閣重櫟中，有物出焉，其狀若麋。武帝詔東方朔視之，朔曰：『所謂騶牙者也。』」長卿豈指是乎？《山海經》曰「騶吾為珍獸」，故文有「騶虞珍羣」之語。其《頌》曰：「昔聞其聲，今眡其來。厥塗靡從。天瑞之徵。」蓋以出於建章宮後莫知所從來故也。顏注上文亦云「騶虞自擾而充園囿」，但不悟其為「騶牙」。且曼倩言「遠方當來歸義」，後一歲，昆邪王果降。據其降，在元狩二年，則「騶牙」之出，當是初元也。

余謂「騶虞」異說，已見《東京賦》，彼注引劉芳《詩義疏》云：「騶虞，或作吾。」而亦通「牙」者。「吾」本從五聲。《易‧大畜》「豶豕之牙」，釋文：「牙，鄭讀為互。」「五」、「互」音同。又《詩‧絲衣》「不吳不敖」，《史記‧孝武紀》引作「不虞不驁」，毛傳：「吳，譁也。」蓋以聲得義。釋文：「音話。」「話」，即「譁」之去聲。「譁」、「牙」同韻字，故「虞」、「麻」二部可通。是「騶牙」即「騶吾」，亦即「騶虞」矣。

劇秦美新　楊子雲

18. 疊聞罕漫而不昭察

注云：「疊聞罕漫，不明之貌也。」

案：「疊」，即「疊」之省。《說文》有「娓」無「疊」，「疊」即「娓」也。《廣雅》：「疊，美也。」此注以「疊聞」與「罕漫」字俱作虛用，不知何據。

余疑「疊聞」，本《詩》之「疊疊文王，令聞不已。」「聞」者，聲聞也。謂混茫之時，帝王無聲聞之昭察，至羲皇以後而始顯也，義似較順。注下又云「善惡罕漫」，「善惡」字無所屬，恐亦未然。

又案：《詩》之「疊疊」，毛傳：「猶勉勉也。」《易》之「疊疊」，鄭注：「亦言沒沒。」段氏謂「娓之古音讀如門，勉、沒皆疊韻字。」然則「疊」為「娓」之譌體。「娓」實「勉」之假借。據所說知，此「疊聞」字，亦當如《詩》義，而不得為「疊」音也。

19. 來儀之鳥，肉角之獸，狙獷而不臻

注引《說文》曰：「狙，犬暫齧人。」又曰：「獷，犬不可親附也。」

案：五臣注：「鳳皇、麒麟，皆以秦如惡狗而不至也。狙獷，犬齧人者也。」《讀書志餘》云：「李解『狙』字未當，張則大謬。『狙』讀為『盧』。《廣雅》：『趦獦，盧也。』盧，曹憲音在何反，謂驚去之貌。『盧』與『狙』，古字通。《說文》：『獦，犬獦獦不附人也。南楚相驚曰獦。』又曰：『獷，犬獷獷不可附也。』然則狙、獷皆驚去貌，言麟鳳高飛遠走而不至也。」

余謂《說文》「覤為覤覷。」段氏云：「覷，古多假狙為之。《周禮·蜡氏》注：『蜡，讀如狙司之狙，狙司即覷伺也。』《史》《漢》『狙擊秦皇帝』，應劭曰：『狙，伏伺也。』」「覷」從盧聲，省見，則為「盧」。「盧」與「狙」竝從且聲，故可通也。「獦」之通「狙」者，《方言》：「自關而西曰索，或曰狙。」《說文》：「獦，讀若愬。」段云：「古讀愬如朔。朔、索音同，《易·履卦》『愬愬』，《集韻》『音索』，《韻會》『驚懼謂之愬』，是亦轉通矣。」此「狙獷」二字屬「鳳麟」言，自不得僅泥本義，而五臣以之斥秦語，殊鶻突。

20. 大茀

注云：「茀，彗星也。《穀梁傳》曰：『星孛入北斗。孛之為言猶茀也。』」

案：此所引《傳》見《文十四年》。《說文·宋部》云：「孛，寷也宰，即彙

字。」段氏亦引《穀梁》言：「茀者多艸。凡物盛則易亂，故星字為孛字。孛者，艸木孛字之兒也。」

余謂《穀梁》范注云：「茀星，亂臣之類。」《後漢書·天文志》云：「孛星者，惡氣所生，為亂兵，其所以孛德。孛德者，亂之象，不明之表。又參然孛焉，兵之類也，故名之曰孛。孛之為言猶有所傷害，有所妨蔽。或謂之彗星，所以除穢而布新也。」此以「茀」為「亂」之義也。又「孛」、「茀」聲相近，「孛」，本蒲妹切。而《說文》引《論語》「色孛如也」，今《鄉黨篇》作「勃如」，是「孛」有「蒲沒切」之音。《詩》「茀祿」之茀，古音讀廢，與「佩」近，亦通「勃」。前《上林賦》「晻薆咇茀」，「咇茀」，即咇勃也。《史記·天官書》於武帝時言「朝鮮之拔，星茀於河戒〔1〕；兵征大宛，星茀招搖。」《索隱》曰：「茀，即孛星也。」若《宋書·符瑞志》：「義熙十四年，茀星出北斗魁中。占曰：『星茀北斗中，聖人受命。』」茀本妖星，而乃以為祥，則《宋志》殆貢諛之書矣。

又案：《史記志疑》云：「《春秋》文十四年，昭十七年書星孛，《史·十二諸侯年表》及《天官書》改作『彗』，而《齊世家》又改『孛』作『茀』。《公羊傳》『三稱孛者何？彗星也。』是彗即孛。故漢《五行志》、杜注《左傳》、郭釋《爾雅》俱以彗、孛為一。然《晏子春秋》載齊景公睹彗星，使伯常騫禳之。晏子曰：『孛又將出，彗星之出庸何懼。』《齊世家》引《晏子》曰：『茀星將出，彗星何懼。』《晉·天文志序》：『妖星，一彗星，二孛星。偏指為彗，芒氣四出為孛。其災，孛甚於彗。』《漢書》文穎注：『孛星光芒短，其光四出，蓬蓬孛孛然。彗星光芒長，參參如掃帚。』柯氏《考要》引《革象新書》『日之精變為孛，月之精變為彗』，則判然兩星，特其類似而占同爾。」

余謂彗、孛亦音近字，孛更大於彗，故此處云「大茀」。《天官書》正義曰：「彗，小者數寸，長者，或竟天。」蓋本一物而光之出有異。古書遂或合或分，至文穎轉以為孛短而彗長，恐非。

【校】

〔1〕「河戒」，《史記》作「河戍」。

21. 經天

注引《漢書音義》曰：「經，謂星出東入西，出西入東也。」《史記·始皇

本紀》曰：「有隕星下東郡，至地為石。」

案：如注意似分「經」與「實」為二。據《春秋》莊七年「恆星不見，夜中星隕如雨。」《穀梁傳》曰：「恆星者，經星也。我知恆星之不見，而不知其隕也。」又僖十六年「隕石于宋五。」《左傳》曰「隕星也。」此蓋言經星之隕於地為石也。注以「經」為虛字，似非。且上「大弗」，下「巨狄鬼信」皆一事，不應「經實」獨為二事矣。「隕」作「實」者，從《公羊傳》也。

22. 巨狄

注引《漢書》曰：「始皇時，有大人身長五丈，夷狄之患見臨洮。」

案：所引見《五行志》。今本云：「史記秦始皇帝二十六年，有大人長五丈，足履六尺，皆夷狄服，凡十二人見于臨洮《史記·秦始皇紀》無此文。」《宋書·符瑞志》亦載之，而云：「前史以為秦亡之徵，史臣以為漢興之符也。自高帝至于平帝，十二主焉。」然在秦時，且以為瑞，故其收天下兵，銷以為金人十二，重各千石。《史記正義》謂：「其數十二者，鑄而象此大人也。」《三輔黃圖》亦載其銘曰：「皇帝二十六年，初兼天下，改諸侯為郡縣，一法律，同度量。大人來見臨洮，其長五丈，足跡六尺。」此云「巨狄」者，蓋沿《春秋傳》「長狄」為例耳。

23. 神歇靈繹，海水羣飛

注云：「繹，猶緒也。言神靈歇其舊緒，不福祐之。繹，或為液。」

案：五臣本正作「液」。劉良曰：「天地神祇，以秦無道，故歇其靈潤滋液，不降福祥也。」《讀書志餘》云：「二說俱非。繹者，終也。『神歇靈繹，海水羣飛』，言始皇既沒而天下皆叛也。『繹』，本作『斁』，『繹』、『液』皆借字。又借作『射』。《說文》：『斁，終也。』《廣雅》：『繹，終也。』又，『疆、繹、終、窮也。』《魯頌》『思無疆』、『思無斁』。《白虎通》曰：『九月謂之無射何？射者，終也。言萬物隨陽而終，當復隨陰而起，無有終已也。』此古人謂終為斁之證。張衡《靈憲》『神歇精斁』，義與此同。」

余謂《詩·葛覃》「服之無斁」，毛傳：「斁，厭也。」《泮水》「徒御無繹」，釋文亦云：「繹，厭也。」凡人死為厭世，亦「終」義也。《詩·振鷺》「在此無斁」，《韓詩》「斁」作「射」。《左傳·文六年》「狐射姑」，《穀梁》作「夜姑」。《洪範五行傳》「時則有脂夜之妖」，注：「夜讀曰液」，皆同音通用字。王說蓋以「靈繹」與「神歇」為對文。如李注，則「靈」在「歇」上

矣。劉注釋「靈液」尤牽強。

24. 有馮應而尚缺

注云：「言帝王之興，有馮依瑞應而尚毀缺。」

案：《讀書志餘》云：「『應』讀為『膺』。馮膺，猶服膺也。『服』與『膺』一聲之轉。《中庸》『拳拳服膺』，《士喪禮》『馮尸』，注：『馮，服膺之。』《喪大記》注：『馮，謂扶持服膺。』是服膺，即馮也。『服』與『伏』古通用。《史記・酈生傳》『伏軾』，《漢書》作『馮軾』。《魏世家》『中期馮琴』，《索隱》曰：『《春秋後語》作「伏琴」是也。『膺』與『應』通用。《魯頌》『戎狄是膺』，《史記・建元以來侯者年表》『膺』作『應』。《孟子》『戎狄是膺』，《音義》曰：『膺，丁本作應』是也。此承上『帝王之道不可離』而言，言上覽古昔，有服膺斯道而尚缺失者，未有壞徹斯道而能自全者也。『服膺』與『壞徹』意正相對。」此說迥異舊注而甚確。且《說文》：「應，當也。」《詩・閟宮》毛傳亦云：「膺，當也。」則義本通，不僅以同聲矣。

25. 白鳩

注引「《吳錄》曰：『孫策使張紘與袁術書云：「殷湯有白鳩之祥。」』然古有此事，未詳其本。」

案：《魏書・靈徵志》「高宗和平四年，冀州獻白鳩。」下云：「殷湯時至，王者養耆老，遵道德，不以新失舊。」則至沈約於《符瑞志》亦云：「白鳩，成湯時來至。」又載「元嘉二十四年，中領軍沈演之上白鳩。頌曰：『殷祚方昌，婉翹來遊。』」然約所注《竹書》紀成湯有天下之祥，本之《書緯靈準聽》，但列「黑鳥」、「白狼」等，而無「白鳩」。則二《志》所稱，尚非出處。惟馬氏驌《繹史》引《禮斗威儀》云：「白鳩，成湯時來至。」此乃諸書所本也。

26. 不懇懇，則覺德不愷

注云：「不懇懇，則覺德不和也。毛詩：『有覺德行。』《左氏傳注》：『愷，和也。』」

案：《讀書志餘》云：「覺，大也。愷，明也。言不懇懇，則大德不明於天下也。《孝經》引《詩》『有覺德行』，鄭注：『覺，大也。』《緇衣》引《詩》『覺』作『梏』，鄭注：『梏，大也。』《爾雅》『愷悌』，舍人、李巡、孫炎、

郭璞皆訓『愷』為『明』。字亦作『闓』，《廣雅》：『闓，明也。』」此說固然，但善注以「愷」為「和」，即協和萬邦之義，亦可通。「覺德」二字連文，則「覺」字，即屬「德」言，不似五臣注，訓「覺」為「悟」，謂「悟大德不和其化也。」

27. 明堂雍臺，壯觀也

注引《漢書》曰：「莽奏起明堂、辟雍。」

案：「雍臺」者，「辟雍」與「靈臺」也。漢代以「明堂」、「辟雍」、「靈臺」為三雍宮。蔡邕謂三者一處。或云始於光武中元元年。秦氏蕙田曰：「《漢書》『河間獻王來朝，對三雍宮。』注以三雍為明堂、辟雍、靈臺，則西京已有之。王莽又曾奏立，而《光武紀》言初起者，當是廢而復興耳。」據《莽傳》，「辟雍」下有「靈臺」，注既引《漢書》，不當遺其一，或原有二字，《傳》本佚脫。而胡氏《考異》未之及。

28. 廣彼搢紳講習言諫箴誦之塗

案：《王莽傳》：「莽為安漢公時，奏為學者築舍萬區，益博士員，經各五人。徵天下通一藝教授十一人以上，及有逸《禮》、古《書》、《毛詩》、《周官》、《爾雅》、天文、圖讖、鍾律、月令、兵法、《史篇》文字，通知其意者，皆詣公車。」「即真後，立六經祭酒各一人，復令設進善之旌，非謗之木，欲諫之鼓。諫大夫四人常坐王路門受言事者。又令公卿、大夫、諸侯、二千石舉吏民有德行通政事能言語明文學者各一人。所舉四行從朱鳥門入而對策焉。」即此所云是也。注於上文凡莽事皆引《漢書》，而此處不引，失之。

又案：上句云「恢崇祗庸爍德懿和之風」，注引《周禮》「以樂德教國子」為證。據《莽傳》，先曾奏立樂經，後又以崔發為講樂祭酒，則樂德，殆即指其事，亦非空言也。

29. 羣公先正，罔不夷儀

注云：「《尚書》：『羣公既皆聽命。』又，『亦惟先正夷儀。』言有常儀也。」

案：《讀書志餘》云：「李說失之。『羣公先正』，即上所謂『鬼神』。《大雅·雲漢篇》『羣公先正，則不我助』是也。《爾雅》：『夷，悅也。』郭注引《詩》『我心則夷』。又《鄭風·風雨篇》『云胡不夷』，《商頌·那篇》『亦不夷懌』，毛傳竝與《爾雅》同。言羣公先正之神，無不悅其禮儀，故曰『鬼

神之望允塞」也。下文「姦宄寇賊，罔不振威」，與『夷儀』相對為文。」

余謂《雲漢》詩傳：「先正，百辟卿士也。」疏言：「廣訴明神。古者有德之羣公，及先世之長官、百辟、卿士之等。」又引《月令》：「仲夏，乃命百官雩祀百辟卿士有益於民者。」正此文所本。乃善注不引此四字成語，而別分引以釋之，知考古雖博雅人不免失諸目前耳。

典引 班孟堅

30. 序云 楊雄美新，典而亡實

案：《劇秦美新》，或以為非雄作。近姚氏範辨之曰：「明世泰和胡正甫辨楊雄不事莽。焦弱侯《筆乘》采其說云：『雄來京師見成帝，年四十餘。自七十餘歲卒，距莽篡之日，年當百餘，不應尚校書天祿閣。』又云：『桓譚《新論》雄作《甘泉賦》而死，則卒於成帝時。』此可謂疎矣。《雄傳》既本雄自序，孟堅去雄數十年耳。《漢書》成於班氏父子，叔皮生與雄接，豈有妄也。雄云：『孝成帝時，有薦雄文似相如者，上郊祀甘泉泰時、汾陰后土，以求繼嗣。正月，從上甘泉，還奏《甘泉賦》。』按：漢成帝即位，永始元年十二月，作南郊，罷甘泉、汾陰祠。至永始三年，以皇太后詔復祠。是時，漢成帝在位十九年矣。永始四年正月，始行幸甘泉，郊泰時。元延二年正月，復行幸。三月，遂行幸河東，祠后土。是年冬，幸長楊宮，從胡人校獵。雄既奏《甘泉賦》，又云：三月，以祭后土，奏《河東賦》。其十二月，羽獵，雄從，作《羽獵賦》，事皆在元延二年無疑也。漢成在位二十六年，建始、河平、陽朔、鴻嘉、永始、元延、綏和，凡七改元，四年一改元。惟綏和次年，帝崩，僅二年耳。以次推之，哀帝六年，平帝五年，王莽居攝三年，莽建國五年。建國二年，尋、棻以獻符命死。雄以天鳳五年卒，年七十一。建國二年至天鳳五年，當九年，上推雄來游京師，當在元延元年之間，年四十一，投閣之時，雄年六十二，安得年百餘也。雄事較然不誣。又雄自云：『哀帝時，丁傅、董賢用事。雄方艸《太玄》，作《解嘲》。』又云：『賦近俳優，輒不復為，而潭思渾天。』則《太玄》之作，當為雄四十以後之書。桓譚親從受《太玄》、《法言》，則當据《雄傳》以辨《新論》之偽竄，不當据偽者以辨真也。且《新論》蕭宗嘗令班固校其書，亡《琴道》一篇，豈有載雄死事與己書牾不及知者？則後所傳《新論》妄也。然則《劇秦美新》雄

自為之，無可疑者。王介甫云：『《劇秦美新》，谷子雲作。』谷永，當元延元年為北地太守，以曲陽侯根薦，為大司農，又歲餘死。永不及王莽之篡，其所黨附王音、王根，非莽也。王莽之篡，永之死久矣。」

余謂姚說甚核。《漢書》不載此文，正以其媚新室，故削之耳。而《典引序》明言之，尤為確證。張氏《膠言》尚引徐氏《管城碩記》及諸說，謂是後人誣筆。試思所謂後人，當在何時。若雄已前死，而於莽之時託為此文，將獻之莽乎？抑特欲汙雄而為此以私傳之乎？王莽不久夷滅，光武已立，豈猶有作頌新之文者乎？又云棻以獻符命，投之四裔。假令雄為符命，則莽亦必並投之。然彼所稱符命，乃桓譚於世祖時上疏，以為增益圖書，矯稱讖記，非徒為諛頌之文而已。《文選》此等文曰「符命」，祗是昭明所題，非其舊也。且安知雄作此文，不在莽初好符命之先乎？況孟堅《典引》係奏御之作，何得援後人所偽託者，與相如《封禪》竝稱？此皆必不然之事。且雄作《元后誄》，哀思文母，而盛譽宰衡中，云：「火德將滅，惟后于斯。天之所壞，人不敢支。」又云：「歷世運移，屬在聖新。」又云：「漢祖承命，赤傳于黃，攝帝受禪，立為真皇。」直言莽當代漢，則其為美新，更何以解諸說欲曲為開脫，未免失實。

又案：後人以雄為卒於成帝時者，多據《甘泉賦》標題下善注引《新論》，言作賦「明日遂卒」，故云。然觀《文賦》注引《新論》云：「成帝祠甘泉，詔雄作賦，思精苦，困倦小臥，夢五藏出外，以手收而納之。及覺，病喘悸少氣。」二注不同，錢氏《養新錄》謂：「當以後注為正。蓋子雲因作賦而病，未嘗因病而卒也。前注『卒』字，殆傳寫之誤，不特非《新論》本文，並非善注之舊。何義門以《新論》出於後人附益者，乃未檢《文賦》注之故。」得此證，而雄之死，在仕莽後益明矣。近梁氏耆《庭立記聞》謂翁孝廉嘗言：「漢分十三州刺史，莽並朔方入涼州，為十二州。雄作《州箴》十二，獨缺朔方，可見其為莽大夫也。」此亦人所未及。

31. 降承龍翼

善注云：「翼，法也。言能承龍之法也。龍法，龍圖也。」

案：注以「翼」為「法」，又以「法」為「圖」，未免迂曲。且龍馬負圖，非堯時事。《後漢書》章懷注云：「龍翼，謂稷、契等為堯之羽翼。」《易·乾》曰：「用九，見羣龍無首，吉。」鄭氏注：「六爻皆龍體，羣龍象也。謂

禹與稷、契、咎陶之屬，竝在於朝。」此與下文「有虞亦命夏后，稷、契熙
載」相貫，義似較勝。

32. 故先命玄聖，使綴學立制

注引《春秋孔演圖》曰：「玄圍制命，帝卯行也。」

案：緯書「玄」謂「玄聖」，「圍」，即孔子之名。「制命」，即此文所云
「立制」也。孟堅蓋本緯書，故注引以釋之。言「帝卯」者，近沈氏濤云：
「古文劉、昴等皆省作卯。」《史記索隱》曰：「留，即卯也。」毛傳亦以『留』
為『卯』是。唐時，毛詩本作「維參與卯」，故《北嶽神廟碑》以畢、卯為
畢、昴。《漢魯相史晨祠孔廟奏》引《孝經援神挈》曰：「玄企制命，帝卯行。」
「帝卯」，猶言帝劉，是古「劉」字止作「卯」，此出《孝經右契》《援神》有
中契、左契、右契。《太平御覽》全載其文曰：「魯哀公十四年，孔子夜夢三槐
之間，豐、沛之邦，有赤煙氣起，乃呼顏淵、子夏往視之。驅車到楚西北范
氏街，見芻兒摘麟，傷其左前足，薪而覆之。孔子曰：『兒來，汝姓為誰？』
曰：『吾姓赤誦，名子喬，字受紀。』孔子曰：『汝豈有所見耶？』兒曰：『見
一禽，巨如羊，頭上有角，其末有肉。』孔子曰：『天下已有主也，為赤劉，
陳、項為輔，五星入井從歲星。』兒發薪下麟示孔子，孔子趨而往，麟蒙其
耳，吐三卷《圖》，廣三寸，長八寸，每卷二十四字，其言赤劉當起，曰：
『周亡，赤氣起，火燿興，玄圍制命，帝卯金。』」附案：此文亦見《宋書·
符瑞志》。《日知錄》謂其書不一，魏高祖太和元年詔及《舊唐書·王世充傳》
所稱《孔子閉房記》是也。蓋皆以讖緯之言託諸夫子。「卯金」，當為「卯行」
之誤。緯書諸言卯，或言卯金，皆為「劉」字。《尚書攷靈曜》曰：「卯金出
軫，握命孔符。」注：「卯金，劉字之別。」《帝命驗》曰：「賊起蚩，卯生
虎。」注：「卯，劉字之別也。」傳寫緯書者，不知「卯」為古「劉」字，因
改為「卯金」。觀《文選》此注，正與《孝經緯》同。

余謂昴之從卯，段氏亦云爾，而議惠氏棟、王氏鳴盛言從丣者，似是而
非。乃於「劉」、「留」等字仍從丣聲，則毛傳何以訓昴為留？又漢代有卯金
刀之說，謂東卯西金，從東方王於西也。若卯不為劉，則「帝卯」語不可通
矣。

33. 靡號師矢敦奮撝之容

蔡邕注云：「矢，陳也。敦，勉也。」善注：「言漢取天下，無名號，師眾

陳兵，誥誓勸勉，秉旄奮麾之容。」

案：善以「號」為名號，「敦」為勸勉，不如章懷注：「敦猶迫逼也。言漢取天下，無號令陳師，敦迫奮武摎旄之容。」且「矢」字，蔡既引《詩》「矢於牧野」，而章懷於「敦」字引《詩》「敷敦淮濆」，「奮」字引《詩》「奮發荊楚」，余謂既云奮武，不如引《詩》之「王奮厥武」，「摎」字引《書》「王秉白旄以麾」，謂摎亦麾也。則此四字具有成處矣。

34. 是故誼士華而不敦

善注未釋此語。

案：《後漢書》「誼」作「義」，「華」作「偉」。注云：「偉猶異也，敦厚也。」《左傳》曰：「武王克商，遷九鼎於洛邑，義士猶曰薄德。」杜注：「伯夷之屬也。」《史記》曰：「伯夷、叔齊逢武王伐紂，扣馬而諫。」

余謂《史記》亦言太公稱為義士，「義」與「誼」同也。《選》本「華」字，疑誤。章懷所引證，可補李氏之不及。此與上「虎螭其師」，皆周事而兼殷者，以同為征誅類言之耳。又上文「乘其命賜彤弧黃鉞之威」，據《竹書》「帝辛三十三年，王錫命西伯，得專征伐。」而湯無聞，此亦因周而連及殷也。

35. 護有憗德

注引延陵季子觀樂，見舞大護者云云。蓋本左氏《襄二十九年傳》文。今《傳》「大護」作「韶濩」。

案：湯樂或作「護」。《春秋繁露·楚莊王篇》：「湯之時，民樂其救之於患害也，故曰護。」《白虎通》云：「湯曰大護者，言湯承衰能護民之急也。」故《廣雅·釋詁》有「護，護也」之訓。然《說文·音部》無「護」字，其《言部》「護」字云：「救視也。」湯樂既取「救」義，宜作「護」字矣。《墨子·三辯篇》、《呂氏春秋·古樂篇》、《韓詩外傳》俱作「護」。《玉篇》：「大護，湯樂名。」是也。《周禮》及《左傳》皆作「濩」，《莊子》亦云「湯有大濩。」據《竹書》「成湯二十四年，禱於桑林，雨。二十五年，作大濩樂。」《帝王世紀》略同。是「大濩」，因得雨而名也。《說文》：「濩，雨流霤下兒。」則作「濩」尤合。惟「濩」、「護」二字，古以同音通用。《周禮·大司徒》「大濩」，釋文：「濩，本作護。」《禮記·禮器》注「護」字，釋文又云：「護，本作濩。」而《風俗通·聲音篇》云：「濩，言救民也。」「濩」仍取「救」義者，蓋亦以「濩」為「護」耳。

36. 匿亡回而不泯，微胡瑣而不頤

案：《後漢書》「匿」作「慝」，「回」作「迴」。章懷注：「慝，惡也。迴，遠也。」《讀書志餘》云：「『匿』，古『慝』字。《逸周書·大戒篇》『眾匿乃雍』。《管子·七法篇》『百匿傷上威』。《韓子·主道》『處其主之側為姦匿』。『匿』並與『慝』同。《漢書·五行志》『仄慝』，《周官·保章氏》疏、《後漢書·蔡邕傳》注、《文選·月賦》注引《書大傳》並作「側慝」。『迴』與『瑣』相對為文，則作『迴』是也。『迴』譌為『迴』，因譌為『回』耳。五臣注訓『回』為『邪』，則是惡無邪而不泯，不詞之甚。」

余謂「回」訓「邪」，固非。然「惡」何以云「遠」義，亦未洽。疑「迴」為「迴」之誤，《晉語》「若之何其回於富也。」章注：「回，曲也。」本書《東京賦》「迴行道乎伊闕」，薛注亦云：「迴，曲也。」此言惡之在隱曲者，無不滅也。隱曲之惡，即左氏《僖十五年傳》所謂「展氏有隱慝矣。」

注釋下句云：「頤，養也。何細而不養也。」

案：章懷注：「瑣，小也。言微細者，何小而不養也。」《志餘》又云：「以微為細，細即小也。不得云小胡小而不頤。當讀『微』為『徽』。《爾雅》：『徽，善也。』『徽』、『慝』二字，一善一惡，正相對。」此說得之。「徽」、「微」相通，已見《魏都賦》。

37. 鋪聞遺策在下之訓

案：「鋪聞在下」，蓋用《書·文侯之命》「敷聞在下」語也。「鋪」、「敷」義同。《史記·晉世家》作「布聞」，「布」亦敷也。蔡注上文「昭登之績」，引《書》以證。而李氏於此句但引毛詩「明明在下」，不引《書》，失之。

又案：下句「匪漢不弘厥道」，《後漢書》於「弘」字斷句，意與上句「匪堯不興」為偶。然「厥道」字屬下讀，文義未合，不如從《選》本為是。

38. 乃始虔鞏勞謙

案：「虔鞏」，當即《詩》「虔共爾位」之義。「鞏」、「共」音同。或借用毛傳：「虔，固也。」《爾雅·釋詁》「虔」與「鞏」皆訓為「固」。而蔡邕此注云：「鞏，亦勞也。」諸書「鞏」字絕無「勞」訓，此不知何本。豈「鞏」既通「共」，「共」即古「恭」字，恭而無禮則勞，故蔡氏以「勞」解之歟？又《楚辭·離世篇》云：「心鞏鞏而不夷」，王逸注：「鞏鞏，拘攣貌也。」「拘攣」、「不夷」，義稍與「勞」近，但下有「勞」字，不應上又云「勞」。

章懷注則引「《爾雅》:『虔、劉,固也。』《易》曰:『君子勞謙。』言帝固為勞謙也」,語意較明。

39.「是以來儀集羽族於觀魏」以下數語

注無所證。

案:《後漢書》「來儀」上有「鳳皇」字,注引「元和二年詔曰:『乃者鳳皇、鸞鳥比集七郡。』」「肉角馴毛宗於外圉」,「肉角」,謂麟也。伏侯《古今注》曰:「建初二年,北海得一角獸,大如䖱,有角在耳間,端有肉。又元和二年,麒麟見陳,一角,端如蔥葉,色赤黃。」「擾緇文皓質於郊」,謂騶虞也。《說文》曰:「騶虞,白虎,黑文,尾長於身。」《古今注》曰:「元和三年,白虎見彭城。」「升黃暉采鱗於沼」,謂黃龍也。「建初五年,有八黃龍見於零陵。」「甘露宵零於豐草,三足軒翥於茂樹。」引《古今注》曰:「元和二年,甘露降河南,三足烏集沛國。」「若乃嘉穀靈草」,引《古今注》曰:「元和二年,芝生沛,如人衣冠〔1〕,坐狀。」章和九年詔曰:「嘉穀滋生,芝草之類,歲月不絕。」「奇獸神禽」,謂白鹿、白雉之屬也。「建初七年,獲白鹿。元和元年,日南獻生犀、白雉。」如此於漢事,方有指實,故備舉焉。

【校】

〔1〕「如人衣冠」,《後漢書》作「如人冠大」。

40. 黃麰

注引《韓詩》:「貽我嘉麰」。薛君曰:「麰,大麥也。」

案:今《周頌》作「來牟」,毛與韓異。《說文》「牟」作「麰」。「牟」者,「麰」之假借字。「麰」者,「麰」之別體也。「麰」,從麥,麥本矛聲,矛與牟音同。《說文》「來」為部首,云:「周所受瑞麥來麰也。二麥一夆象其芒束之形。天所來也,故為行來之來。」又云:「齊人謂麥為秾。」是來亦從禾,與「麰」之重文,從艸,為「莘」,一也。段氏以「來麰」二字為名。

余謂周所受「瑞麥」,未聞二種,故《說文》但云:「來麰,麥也。」《漢書·劉向傳》引《詩》作「釐麰」,「釐」與「來」,古字通用。向亦釋之曰:「釐麰,麥也」,竝不言大、小。而麥種實有大、小之分。《御覽》引《淮南子》注云:「牟,大也。」此薛君《章句》所以訓為「大麥」。「麰」既為大,則「來」遂為小。疑古時祇屬統稱,後人乃析言之。《廣雅·釋草》:「大麥,

麶也。」「小麥，麰也。」義亦可通。惟麥已从來，又合麥、來二字為「麳」，於字體殊乖舛耳。

又案：吳氏仁傑以毛、鄭「赤烏、牟麥俱來」為誕，而別說云：「《詩》美后稷，『即有邰家室』。《張敞傳》『后稷封于斄』，斄與邰同。則來牟之來，即斄之省文耳。又《內則》『敦牟』，注：『黍稷器也。』《思文》『貽我來牟，帝命率育。』蓋言帝賜黍稷之器，使后稷祈穀以均養四方之民。與《生民》『于豆于登』義同。《臣工》言『於皇來牟』，終之以『迄用豐年』，所以歌詠祈穀之應也。則所謂來牟者，指後稷初封所賜祭器。」而言說雖不然，亦足廣異義，附存與此。

41. 亦宜勤恁旅力

蔡邕注云：「恁，思也。」

案：「恁」之訓「思」，亦見《廣雅・釋詁》。《後漢書》注引《說文》：「恁，念也。」《玉篇》、《廣韻》竝同。「恁」、「念」，疊韻字。「念」與「思」，義正合。王氏《廣雅疏證》云：「《爾雅》：『諗，念也。』《詩・小雅・四牡篇》『將母來諗』，『恁』、『諗』、『念』，聲近義同。」

余謂今《說文》「恁」字云：「下齎也。」徐氏鍇曰：「心所齎卑下也。」王氏則云：「齎與資同，謂下劣之資也。」此以釋《廣雅》「恁」之訓「弱」可通，而非此處之義。章懷引《說文》與今本迥別，當是許書本有「一曰，念也」之文，而今佚脫。姚嚴《校議》亦云然。

42. 今其如台而獨闕也

注引《尚書》曰：「夏罪其如台。」孔安國《傳》曰：「台，我也。」

案：《典引》一篇，蔡邕舊注。六臣本、五臣本各條多有「蔡邕曰」三字，尤本皆刪之，又間有「善曰」字，乃李氏增注。此條《尚書》上亦必有「善曰」字，而尤本誤脫。否則，晚出孔安國《傳》，豈蔡邕所得見耶？今孔《傳》云「其如我所聞」之言，蓋以「我」代「台」，故李氏遂據為「台，我也。」然《史記》載《湯誓》文「於其如台」，改作「其奈何知」。《今文尚書》說「台」不訓「我」矣。此語亦當作「其如何」解與？蔡邕《郭有道碑文》序云：「今其如何而闕斯禮」，文法正同。詳見余《尚書廣異・西伯戡黎篇》。

43. 將絣萬嗣

注云:「絣,使也。絣與拼,古字通。」

案:此亦善注也,觀其言「字通」可知。《爾雅》:「拼,使也。」「拼」,本與彈抨之抨同,俱借為「使」。前《思玄賦》「抨巫咸以占夢兮」,舊注:「抨,使也。」通作「伻」,《書‧洛誥》「伻來」。「來」,《正義》引鄭注「使二人也。」亦通作「苹」,《堯典》「平秩」,釋文:「平,馬作『苹』,云『使也』。」亦通作「萃」,《詩》「萃云不逮」。毛傳:「萃,使也。」凡皆同音借字,故此處又可通作「絣」矣。而《後漢書》注則引《廣雅》「絣,續也。」今《廣雅‧釋詁》「續」字條脫「絣」字,王氏《疏證》即據此以補,云:「絣者,縫之續也。」下文「緫、幽、紹、繄,絣也」,皆「縫」之義。

余謂衣帛有斷裂者,縫紩,蓋所以續之也。章懷之釋「絣」為「續」,言其將繼續萬世,自較「使」義為長。

晉紀總論　干令升

44. 汎舟三峽,介馬桂陽

注於下句引《漢書》曰:「有桂陽郡,高帝置之。」

案:漢郡治為郴,今之郴州也,所屬有桂陽縣。又今衡州府及所屬之桂陽州,皆郡地也。此上文云「杖王杜之決」,王,謂王濬。注引《晉紀》「濬帥巴蜀之卒,浮江而下」,所謂「汎舟三峽」是已。杜,謂杜預。《晉書‧預傳》言:「預都督荊州諸軍事,既克江陵、沅湘以南,吳州郡皆望風歸命。」《武帝紀》太康元年詔曰:「杜預當鎮靜零桂,懷輯衡陽。」蓋當時預為陸路之師,故曰「介馬」。《方輿紀要》云:「吳蜀分荊州以湘水為界,桂陽以東屬吳」,故於楚地獨舉桂陽。而下文云「江湘來同,夷吳蜀之壘垣」也,注於此語殊未晰。

45. 彼劉淵者,離石之將兵都尉

注引《晉武紀》曰:「太康八年,詔淵領北部都尉。」

案:《晉書》載記「成都王穎拜淵為北單于參丞相軍事,淵至,左國城劉宣等上大單于之號。二旬之間,眾已五萬,都于離石。旋遷左國城,及僭位都蒲子,復遷平陽。」稱「離石」者,其創亂之地也。「離石」,本戰國時趙邑。《漢志》屬西河郡,晉因之。《方輿紀要》云:「離石廢縣,即今汾州

府，屬永寧州治。左國城，在州東北二十里。」

46. 是以目三公以蕭杌之稱，標上議以虛談之名

注云：「蕭杌，未詳。」

案：五臣注云：「言時名目三公，皆蕭然自放，杌而無為。」似特望文生義。今《晉書・懷愍紀》末引寶《論》，無此二句。王氏《商榷》謂因其艱晦而刪之。然則「蕭杌」字乃當時謠諺，造為斯語，非有他成處矣。至後文「子真著崇讓而莫之省，子雅制九班而不得用，長虞數直筆而不能糾。」《晉書》亦刪。「長虞」一句，則又非因其艱晦，殊所未喻。

47. 如室斯構而去其鑿契

注無釋。五臣注云：「鑿契，簨也。」

案：桂氏《札樸》云：「木工穿鑿，謂之卯簨。《晉書・五行志》：『舊為屧者，齒皆達楄上，名曰露卯。太元中，忽不露齒，曰陰卯。』《詩》『巨業維樅』，業，所以飾簨，縣鐘磬，捷業如鋸齒，契約亦刻齒，故鑿契謂之簨。陰卯，俗呼悶簨。」

余謂「悶」與「卯」音相近，「卯」本作「戼」，從兩對之形。余鄉於凡物兩不相合者謂之「不對卯」，又於木器兩頭相銜處曰「筍頭」，筍即簨也。俗又有「卯眼」之語。梁氏同書《直語補正》：「凡剡木相入，以盈入虛謂之筍，以虛受盈謂之卯。」《通俗編・雜字門》「榫」下引《程子語錄》：「榫卯圓則圓，榫卯方則方。」據此，「筍」或作「榫」，然字非古，殆音近而誤。

後漢書皇后紀論　范蔚宗

48. 故康王晚朝，關雎作諷

注引劉向《列女傳》曰：「康王晏出朝，關雎預見。」

案：王氏應麟《詩攷》云：「楚元王受《詩》於浮邱伯，向乃元王之孫，所述蓋《魯詩》也。」又云：「《關雎》，魯、齊、韓以為康王政衰之詩。」與晁說之《詩序論》正同。今考以《關雎》為刺詩者，見於《史記・十二諸侯年表》、《楊子法言》、《漢書・杜欽傳》注、《後漢書・明帝紀》《楊賜傳》《馮衍傳》注引《韓詩薛君章句》、《詩攷》引《韓詩序》並《春秋緯說題辭》、《初學

記》引張超《誚青衣賦》皆然。然《漢書·匡衡傳》疏云：「《關雎》為綱紀之首，王教之端。衡習《齊詩》，則齊固不以為刺矣。」若《史記》於《外戚世家》言「《詩》始《關雎》，人道之大倫」，《韓詩外傳》載子夏語「大哉《關雎》，乃天地之基」，竝發名《關雎》正始之義。則魯、韓亦本不以為刺詩，不幾兩相矛盾乎？

余友魏默深解之曰：「是為陳古以諷今也。《明帝紀》注但云：『人主不正，應門失守，故歌《關雎》以感之』，不云作以刺之也。《薛君章句》但云：『賢人見其萌，故詠《關雎》說淑女、正容儀以刺時』，不云作以刺時也。至張超《賦》明云：『周德將衰，康王晏起，畢公穆然，深思古道，感彼《關雎》，諷喻君父。』猶之蔡邕《琴操》云：『《鹿鳴》者，周大臣見王道衰，不能養賢，故彈琴以諷諫，歌以感之也。』附案：《詩攷》云：《關雎》畢公作，《補傳》謂得之張超，或謂得之蔡邕。胡氏棟言《邕集》中無畢公作《關雎》語，殆《補傳》因《琴操》、《鹿鳴》而誤耳。蓋古者既以《詩》被樂章，後王有不法祖而怠於政者，則矇瞍奏以諷諫，故孔疏引《鄭志》云：『賦《詩》或造篇，或述古。』而《國語》亦言召穆公糾合宗族于成周，作《常棣》。由斯以推《潛夫論·班祿篇》所云：『背宗族而《采蘩》怨。』《鹽鐵論·備胡篇》云：『好事之臣，求責匈奴，使干戈萬里，至今未息，此《兔罝》所刺小人，非干城腹心也。』《風俗通·窮通篇》云：『周德始衰，頌聲既寢，《伐木》有鳥鳴之刺。』其為賦《詩》以諷，皆同斯例。」

余謂此論義甚圓通。晁說之又謂《魯詩》以《卷耳》為康王時詩，當亦是慕古而賦。故《淮南·俶真訓》引《卷耳》「寘彼周行」，言慕遠世，非以《卷耳》之作，本係刺詩也。然則《關雎》作諷可無疑矣。又左氏《定四年傳》秦哀公為申包胥賦《無衣》，王氏夫之《稗疏》即以詩為哀公作，亦與此類。

又案：三家詩如上所引證，齊非刺詩，韓則美刺竝見，惟魯專以為刺。故《杜欽傳》「佩玉晏鳴，《關雎》歎之」，注引臣瓚曰：「此《魯詩》也。」而《傳》下文云：「欽以建始之初，深陳女戒，終如其言，庶幾乎《關雎》之見微。」蓋正用《魯詩》說。本書《思玄賦》亦云「偉《關雎》之戒女」，與馮衍《顯志賦》「美《關雎》之識微兮，愍王道之將崩」一例。顏師古乃曰：「《關雎》，國風之始，言夫婦之際，政化所由，故云見微。」是又混齊、韓而一之。王氏念孫謂顏說未確，是也。

附案：《史記志疑》謂：「《關雎》異說，必漢儒誤解《論語》『《關雎》之

亂』一句耳。《晉書・司馬彪傳》：『《春秋》不修，則仲尼理之。《關雎》既亂，則師摯修之。』以為錯亂又異。」然古賦後作亂辭者甚多，何至誤解？若司馬語雖誤解「亂」字，亦與刺詩無涉。

逸民傳論　范蔚宗

49. 士之蘊藉，義憤甚矣

注引《東觀漢記》曰：「桓榮溫恭有蘊藉。」

案：孫氏《補正》引金云：「蘊藉，始見《史記・酷吏傳》『治敢行，少蘊藉』，及《漢書・薛廣德傳》『溫雅有蘊藉』，俱在桓榮前。至此處二字，意獨有別，似直作蘊蓄解。」

余謂「蘊藉」即「醞藉」，《漢書・馬宮傳》「其醞藉可也」。師古曰：「醞藉，如醞釀及薦藉，道其寬博厚重也。」又《義縱傳》「少溫藉」，師古曰：「言無所含容也。」《兩漢刊誤補遺》云：「一作『溫』者，《禮器》曰：『禮有擯詔，樂有相步，溫之至也。』皇侃云：『溫謂承藉，凡玉以物縕裹，承藉君子，亦以威儀擯相以自承藉。』《易》曰：『藉用白茅，無咎。』疏謂薦獻之物，藉以潔白之茅。合《禮》、《易》二義，溫藉之意顯矣。」據此，諸文「蘊」、「醞」、「溫」、「縕」並同音可通。《禮器》釋文：「溫，紆運反。」山井鼎《考文》云：「溫，古本作薀。薀乃蘊之本字，解者曰醞釀，曰含容，曰縕裹，皆可通蘊蓄之義。」但於「藉」字終未合。金說蓋以此八字作一句讀，若「藉」字斷句，言士之蘊藉者，亦多懷義憤而決然去之也。如此，則不必謂意獨有別。

又案：《南史》云：「宋武帝舉止行事似劉穆之，此非醞藉潦倒士耶。」《北史・崔瞻列傳》：「自太保以後，重吏事，謂容止醞藉者為潦倒。」是當時稱「醞藉」並非佳語，或以士遭世亂而致然，似義亦頗合。

宋書恩倖傳論　沈休文

50. 軍中倉卒，權立九品。又云 州都郡正，以才品人

注引《傅子》曰：「魏司空陳羣始立九品之制，郡置中正，平人才之高下，各為輩目；州置州都，而總其義。」

案：《通典》杜佑論云：「九品之制，州郡各置大、小中正，以本處人任諸府公卿及臺省郎吏有德充才盛者為之，區別所管之人物，定為九等。其有言行修著，則升進之，或以五升四，以六升五；倘有道義虧缺，則降下之，或自五退六，自六退七。是以吏部不能審定核天下人才士庶，故委中正銓第等級，憑之授受。南朝至於梁、陳，北朝至於周、隋，選舉之法，雖互相損益，而九品及中正至開皇中方罷。」

余謂休文此《論》言「軍中倉卒」，故《晉書·劉毅傳》亦以為權時之制，下文引毅語「上品無寒門，下品無世族。」毅又有「三難」、「八損」之說，是臺法不能無弊。而顧氏炎武、秦氏蕙田皆謂其猶存三代直道之遺。秦云：「考晉宋諸史所載，知當時九等高下，原有公論。所謂大、小中正者，亦必擇名德之士授之，非盡失實也。漢時孝秀之舉，得士最多，然亦有『舉秀才，不知書；察孝廉，父別居』之謠。毀譽之失實，豈獨九品中正乎？蓋六朝時士大夫尚畏清議，不若後世徒趨榮利。如陳壽遭父喪，有疾，使婢丸藥，坐是沈滯累年可見也。」休文乃至以佞倖相況，似為不倫。

後漢書光武紀贊　范蔚宗

51. 三河未澄，四關重擾

注云：「三河，洛陽也。四關，長安也。」

案：「三河」，已見《詠懷詩》及李斯《上書》。「四關」者，據《方輿紀要》：「一曰潼關，在西安府華州華陰縣東四十里，東至河南閿鄉縣六十里詳《西都賦》。一曰武關，在西安府商州東百八十里，東去河南內鄉縣百七十里詳《南都賦》。一曰散關，在鳳翔府寶雞縣西南五十二里，漢中府鳳縣東北百二十五里。有大散嶺，置關嶺上。南山自藍田而西，至此方盡。又西則隴首突起，汧、渭縈流。關當山川之會。漢元年，漢王自故道即鳳縣出陳倉，定三秦。說者謂出陳倉必由散關也。故《後漢志》注：『散關故城在陳倉縣南十里，有散谷水，因名。』東漢元初二年，虞詡為武都太守，叛羌遮詡于陳倉崤谷，詡計卻之。胡氏曰：『崤谷，即今之大散關。』是散谷亦稱崤谷矣。一曰蕭關，在平涼府鎮原縣西北百四十里。《括地志》云：『一名隴山關。』襟帶西涼，咽喉靈武。漢景帝三年，吳王濞反書曰：『燕王北定代、雲中，搏胡眾入蕭關，走長安。』」則蕭關亦長安之要扼也。注於此未著，其名殊混。

過秦論 賈誼

52. 於是秦人拱手而取西河之外

案：《史記・秦本紀》：「惠文王八年，魏納河西地。九年，渡河取汾陰皮氏。十年，魏納上郡十五縣。」《正義》曰：「魏前納陰晉，次納同、丹二州，今納上郡，而盡河西濱洛之地矣。」據此，則「取西河」，非孝公時事。然《商君傳》云：「魏惠王使使割河西之地獻於秦以和，而魏遂去安邑，徙都大梁。」陳氏子龍曰：「安邑，本在黃河以東，魏人以大梁為河東，懷、汲為河內，故以蒲、汾為西河。《過秦論》所謂『拱手而取西河之外』者，是也。」此云「河西」，互言耳，此一義也。

余謂孝公初下令曰：「三晉攻奪我先君河西地，諸侯卑秦，醜莫大焉。」是河西之地，先已有入秦者，後復失之，而孝公益思規取其外。觀魏之納數次，知其以漸蠶食，非在一時。此文蓋統前後言之，謂由孝公發憤用商君為佐，乃得拱手而取之，故下文以為「蒙故業，因遺策」也，合之文義亦正可通。

53. 翟景

注云：「未詳。」《史記索隱》同。

案：《讀書雜志》云：「『翟景』，蓋即《戰國策》之『翟強』也。《楚策》曰：『魏相翟強死。』《魏策》曰：『魏王之所用者，樓㿝、翟強也。』又曰：『翟強欲合齊、秦外楚，以輕樓㿝；樓欲㿝合秦、楚外齊，以輕翟強。』『景』字古讀若『彊』，聲與『強』近。故『翟強』或作『翟景』。《白虎通》『舜重瞳子，是謂元景』，與『光』為韻。《春秋考異郵》「景風至。景者，強也，強以成之。」《史記・高祖功臣侯者年表》『杜衍彊侯王郢人』，徐廣曰：『彊，一作景。』是『景』與『彊』通，故又與『強』通也。」此說與梁氏《人表考》疑「翟景」即《趙策》之「翟章」異。若僅依《白虎通》「景」與「光」韻，則「章」亦韻也。又《鄭語》「秦景皇襄」，注：「景當為莊。」「莊」、「章」音同，但不如「景」之通「強」證據較勝。

54. 帶佗兒良王廖田忌

注云：「帶佗，未詳。」

案：《讀書雜志》云：「《易・林益之臨》曰：『帶季、兒良明知權兵，將師

合戰，敵不能當，趙魏以彊。』『帶季』蓋即『帶佗』。帶佗、兒良為趙魏將，故曰『趙魏以彊』，但未知孰為趙將、孰為魏將耳。」

注引《呂氏春秋》曰：「王廖貴先，兒良貴後，此二人者，天下之豪士也。」

案：所引見《審分覽》、《不二篇》，自老聃、孔子而下，共十人。此節取其文，故以為二人。彼高誘注：「王廖謀兵事，貴先建策也；兒良作兵謀，貴後。」《容齋四筆》云「漢四種兵書有《良權謀》一篇。」

余謂《漢書·古今人表》第四等有王廖。本書《四子講德論》注引《韓詩外傳》，即內史王廖，秦穆公之臣，在春秋時，則別是一人矣。

又案：「田忌」，注引《史記》及《國策》，知田忌為齊人。《人表》亦列第四等。《史記索隱》引《國策》曰「田期思」，又引《竹書紀年》曰「徐州子期」，今《竹書》作「田期」。《田完世家》作「田臣思」。梁氏謂「臣」必「臤」之譌，「忌」、「期」、「臣」竝音相近也。

55. 九國之師遁逃而不敢進

案：《史記》作「逡巡遁逃」，《漢書》作「遁巡」，賈子《新書》作「逡遁」。張氏《膠言》本《匡謬正俗》之說，謂：「遁即巡字，逡遁即逡巡之異文，當如《新書》作逡遁，不當云遁逃。」

余謂《說文》「巡，視行也。」「遁，遷也。一曰逃也。」「逡，復也。」《彳部》：「復，往來也。」皆各為字，則「遁」非即「巡」字也。古或借「遁」為「逡巡」字，如《儀禮》鄭注用「逡遁十有一」，及《漢書·平當傳贊》「逡遁有恥」是也。又《說文》：「遯，逃也。」「遯」與「遁」，皆徒困切，故尤多以「遁」為「遯」。《廣雅·釋詁》：「遁，避也。」《楚語》「晉將遁矣」，注：「遁，逃退也。」《易·遯卦》、《詩·白駒》「勉爾遯思」，《爾雅·釋言》：「遜，遯也。」釋文竝云「字又作遁。」此處《史記》當以「逡巡」為遷延之義，「遁逃」為退避之義，原非複沓。《漢書》、《文選》各用二字者，省文也。而《漢書》「遁」字，乃「逡」之誤耳。故前《西征賦》云「或開關而延敵，競遁逃以奔竄」，注引此文「遁」作「遯」，則舊本固如是。張氏但知「逡巡」之可作「逡遁」，遽以《史記》、《漢書》、《文選》為皆誤，泥矣。

56. 吞二周而亡諸侯

注引《史記》曰：「始皇滅二周，置三川郡。」

案：孫氏《補正》引宋吳枋《宜齋野乘》云：「秦昭王滅西周，莊襄王滅

東周,則吞二周,乃始皇之祖與父,非始皇也。」然觀《史記》:「昭襄王五十一年,攻西周,西周君來歸,盡獻其邑。秦王受獻,歸其君於周。」「五十二年,周民東亡,其器九鼎入秦,周初亡。」蓋邑獻鼎遷,故以為亡。而既歸其君,則其君仍在位也。「莊襄王元年,東周君與諸侯謀秦,秦使呂不韋誅之,盡入其國,秦不絕其祀,以陽人地賜周君,奉其祭祀。」是東周亦仍為之立君,尚存片壤。至始皇,乃遂夷滅周社耳,不得竟以此文及所引《史記》為誤也。

57. 士不敢彎弓而報怨

《史記·始皇本紀》載此文「彎」字同,而《陳涉世家》褚先生附論引之,「彎」作「貫」。

案:《說文》:「彎,持弓關矢也。」《孟子》「越人關弓而射之」。本書《吳都賦》注引作「彎弓」。是「彎」即「關」。《漢書·王嘉傳》顏注:「關,貫也。」《儀禮·鄉射禮》《大射儀》「不貫不釋」,注竝云:「古文貫作關。」又《漢書·儒林·轅固傳》「履雖新,必貫於足。」「貫」字,《史記》作「關」。則「關」、「彎」、「貫」三字,皆以音近通用也。

58. 銷鋒鍉鑄以為金人十二

注引如淳曰:「鍉,箭足也。」鄧展曰:「鍉是扞頭鐵也。」

案:《漢書》顏注云:「鍉與鏑同,即箭鏃也。」《說文》無「鍉」字,惟「鏑」字云:「矢鋒也。」古亦作「鍉」者,是聲、啻聲同部也。《史記·秦楚之際月表》「銷鋒鏑」,《集解》引徐廣曰:「鏑作鍉。」而《始皇紀》後論於此作「銷鋒鑄鐻」,其前《紀》文亦作「銷以為鍾鐻」此注引作「銷鋒鍉」為「鍾鐻」,「鋒鍉」二字,因正文而增之。「鐻」與「鍉」,音亦相近。言既為鍾鐻,又以為金人也,義得兩通矣。

59. 陳利兵而誰何

注云:「誰何,問之也。《漢書》有誰卒。廣雅曰:『何,問也。』」

案:「誰卒」,見《五行志》。《史記索隱》引崔浩曰:「何或為呵。」《漢舊儀》「宿衛郎官分五夜誰呵,呵夜行者誰也。」「何」、「呵」字同。

余謂「呵」為「譙呵」字,《漢書·李廣傳》「廣醉歸,霸陵尉呵止之」是也。《史記·衛綰傳》:「景帝立,歲餘不譙呵綰。」《索隱》云:「譙呵,音

誰何。」「譙」、「誰」聲相近。「呵」、「何」音同，即義同也。《六韜·金鼓篇》云：「令我壘上誰何不絕。」楊雄《衛尉箴》云：「二世妄宿，敗於望夷。閻樂矯揆，戟者不誰」，則「誰」亦「呵」也。「呵」亦為「問」，《周禮·比長》注：「出鄉無節，過所則呵問」是也。又通作「苛」，《周禮·射人》「不敬者，苛罰之。」鄭注云：「苛謂詰問之。」《閽人》注：「苛其出入」，釋文：「苛，本又作呵」是也。又或可通作「抲」，《書·酒誥》「盡執拘」，《說文》作「盡執抲」。抲羣飲者，即《周禮》「萍氏掌幾酒」，鄭注云：「苛察沽買過多及非時者」是也。大抵古字展轉相通，義皆不遠。

60. 鋤耰棘矜

注引孟康曰：「耰，鋤柄也。」

案：「耰」，《說文》作「櫌，摩田器也。」《漢書·陳勝項籍傳》贊注引晉灼曰：「櫌，椎塊椎也。」椎雖可擊人而甚短，其用不便。《論語》「耰而不輟」，明是人所持用。《說文》所云「摩田器」者，段氏引《齊民要術》「耕荒畢，以鐵齒鋸鎯再徧杷之」為證。今杷有二：一裁木作方罫形，下有鐵齒，人履其上，牛引之以摩田。一似鋤非鋤，首安五六尖齒。王楨《農書》謂之「鐵搭」，俗稱「釘杷《易·繫辭》釋文引京注：耜，耒下釘」。二器當皆傳於古，此「耰」疑即似鋤之杷。秦銷兵後，或用堅木為齒，未可知。若云「鋤柄」，則不應既言鋤，而又言鋤之柄也。

注又引《爾雅》曰：「棘，戟也。」

案：《陳項傳》顏注亦曰：「棘，戟也。矜與㮯同，謂矛鋋之把也。」《讀書雜志》云：「《方言》『矜謂之杖』，『棘矜』，言伐棘以為杖也。《淮南·兵略篇》『陳勝伐棷棗而為矜』，即上所云『斬木為兵』也。《漢書·徐樂傳》『陳涉奮棘矜』，《嚴安傳》『陳勝、吳廣杖棘矜』，《史記·淮南厲王傳》『適戍之眾，钁鑿棘矜』，義竝與此同。師古以棘為戟，非也。下文『鉤戟長鎩』乃始言戟耳。」

余謂「棘」為「戟」之同音借字，《說文》：「矜，矛柄也」，義固通。但草澤初起，竝無矛鋋，安得有矛鋋之把？此直如《漢書·諸侯王表》所稱「陳、吳奮起白梃」也，證以《淮南》語，則「棘」字，祇當從本義。

非有先生論　東方曼倩

61. 遂及飛廉、惡來革等

注引《說苑》子石曰：「費仲、惡來革長鼻決目，崇侯虎順紂之心，欲以合於意，武王伐紂，四子身死牧之野。」

案：「惡來」，別見於《晏子春秋・諫上》、《墨子・所染篇》《明鬼篇》及《漢書・古今人表》皆但稱惡來。惟《史記・秦本紀》有云「惡來革者，蜚廉子也。」故梁氏玉繩以為惡來名革，又引《楚辭・惜誓》亦曰「來革」。然《楚辭》「來革順志而用國」，朱子《集注》云：「來，惡來也，與革皆紂之佞臣也。」是以為二人。此《論》下文明云「三人皆詐偽，巧言利口，以進其身。」蓋謂飛廉、惡來與革而三也。《說苑》云「四子」，蓋謂費仲、惡來、崇侯虎與革而四也。即《秦本紀》上文兩見，與《趙世家》亦皆云「惡來」，無「革」字。疑此一處因「惡來革」往往連舉而誤衍「革」字耳。

62. 太公釣於渭之陽以見文王

注引《六韜》曰：「文王卜田，史扁為卜曰：『于渭之陽，將大得焉。非熊非羆，非虎非狼，兆得公侯，天遺女師。』」

案：此所引與《運命論》正同。而劉越石《重贈盧諶》詩注亦引《六韜》，則作「非龍非彲，非熊非羆。」又前《東京賦》「儀姬伯之渭陽，失熊羆而獲人」，明云「熊羆」，乃注引《史記》「非龍非彲，非熊非羆」，即今《史記》本也。至《答賓戲》亦引《史記》又作「非龍非虎，非熊非羆。」是李善一人之注，所引一書，已不免參差。梁氏玉繩曰：「章懷、崔駰《達旨》注，《鹽鐵論・刺復篇》『起蟠溪熊羆之士』，沈約《王太尉碑》『卜非熊非羆，惟人是與』，唐人如李瀚《蒙求》『呂望非熊』，魏知古《獵渭川詩》『非熊從渭水』，杜工部《贈哥舒翰詩》『畋獵舊非熊』。其他不勝舉，知今《史記》作『非虎非羆』，誤也。惟《容齋五筆》據《六韜》第一篇《文韜》作『非虎非羆』，與《史記》合，以《達旨》所引《史記》為疑。不知《六韜》是後人偽作，未可憑，況沈約《竹書》注及《宋書・符瑞志》、《藝文類聚》所引《六韜》再證李善各注，足見《容齋》所見《六韜》當是偽作。且可見《史記》之誤自宋已然，宋初猶未誤也，故《御覽・資產部・獵上》引《史》尚作『非熊非羆』，至《皇王大紀》則云『非龍非彲，非虎非羆。』」

余謂古事紀述互異，往往有之。細核此文，當以越石詩注為準。蓋龍與彲

一類，羆即蟵，所謂若龍而黃者也，以臨渭水，故及之。熊與羆一類，古書多連舉。《書》之「如熊如羆」，《詩》之「維熊維羆」是也，以田獵故及之。考《左傳》卜之繇辭，必有韻。此文「龍」與「雄」韻，「羆」與「羆」韻，「羆」、「羆」又與下「師」字為韻，語俱不苟。獵雖可言虎，而與羆稍不類，且不如熊之叶韻。若作「非虎非狼」，則全失韻，其誤無疑。《文選》各注，當係後人傳寫舛錯，未必李氏任意牽引也。《容齋》單據《蒙求》及《達旨》注以為「非熊」出處，惟此而已，亦殊未詳考。

四子講德論　王子淵

63. 昔甯戚商歌以干齊桓

　　注引《呂氏春秋》「甯戚飯牛車下。」又引《淮南子》「甯越商歌車下。」
　　案：梁氏玉繩云：「甯戚始見《齊語》及《管子·小匡》諸篇。而《呂覽·勿躬篇》戚作遫，蓋戚有宿音，故通作遫也。《亢倉子·賢道篇》又作籍，籍、戚音相近也。《淮南·道應訓》誤為甯越，《韓非子·外儲篇》譌為甯武。」

　　余謂此注所引《呂氏春秋》作「戚」，在《舉難篇》。又《直諫篇》「使甯戚母忘其飯牛」亦同，與《勿躬篇》作「遫」互異，知「遫」即「戚」也。所引《淮南子》云云，在《主術訓》，仍作「戚」，不作「越」。其《道應訓》作「越」者，《說文》：「戚，戉也。」斧戉之戉，經典多借「鉞」字為之，而又與「越」通用。本書王元長《曲水詩序》「文鉞碧砮之琛」，注：「鉞當為越」，是也。疑「戚」名而字「鉞」，又以同音，遂為「越」耳。若《過秦論》所稱「甯越」，在戰國時，則別是一人矣戚，衛人；越，趙人。《漢書·古今人表》「甯戚」與「甯越」俱列第三等。至《韓子》作「武」，殆「武」與「戚」字形相近而致誤與？

64. 嫫母倭傀，善譽者不能掩其醜

　　注引《孫卿子》曰：「閭嬺子奢，莫之媒也。嫫母力父，是之喜也。」
　　案：此見《荀子·賦篇》所陳《佹詩》也。「嬺」作「娵」，楊倞注：「閭娵，後語作明娵。」又引《漢書音義》韋昭曰：「閭娵，梁王魏嬰之美女。」而《楚詞》嚴夫子《哀時命》云「隴廉與孟娵同宮」，「孟娵」即「明娵」，「明」、「孟」字通，則與「閭娵」固相傳各異。東方朔《七諫》云「訟謂閭

嫫為醜惡」，王逸注：「言以好為惡，心惑意迷。嫫，一作娶。」洪興祖曰：
「《集韻》：娶音須，人名，引《荀子》『閭娶子奢』。」是又「嫫」、「娶」異
體，移「女」於下耳。《國策·齊策》作「閭姝」，「嫫」、「姝」音近。「姝」，
美也。此注作「㜷」，胡氏《考異》以為誤。然「嫫」音同鄹，《論語》「鄹人
之子」，「鄹」正从聚，「聚」、「取」同部。「嫫」之為「㜷」，猶「蘽」之為
「菆」也。「子奢」，《韓詩外傳》四引作「子都」，即《鄭風》及《孟子》所
稱也。《國策》亦作「子奢」。蓋虞、麻韻通。楊注謂「都」字誤為「奢」，殆
不然。

　　注又云：「倭傀，醜女，未詳所見。」

　　案：《淮南子·脩務篇》「嫫母、仳催也。」高誘注：「仳讀人得風病之痱
今作痲，誤。催讀近咄。」《說文》：「仳催，醜面。」《廣雅》亦云：「仳催，醜
也。」此作「倭傀」，即「仳催」之聲轉。《淮南》以「仳催」與「嫫母」連
言，此處正同。然則「倭傀」，即「仳催」也。又《呂氏春秋·遇合篇》「陳
有惡人曰敦洽讎糜」，本書《魏都賦》、《辨命論》注竝引之。「讎糜」與「仳
催」音相近，疑亦可通。

65. 但懸曼矰

　　注引薛君《韓詩章句》曰：「曼，長也。」

　　案：《讀書志餘》云：「李解未合。懸謂繳也。繳，繩也。矰，弋射矢也。
弋者以繳繫矢而射，故曰懸。懸，繫也。《淮南·說山篇》『好弋者先具繳與
矰』，高注：『繳所以繫矰。』是也。曼者，無也。言但有繳而無矰，則雖蒲
苴不能以射也。《廣雅》：『曼，無也。』『但懸曼矰』與『空柯無刃』相對，
『但』，亦空也。『曼』，亦『無』也。『無』、『曼』一聲之轉，『無』轉為『曼』，
猶『蕪菁』轉為『曼菁』矣。」此說得之。「但懸」為「空懸」，與《報任安
書》之「空弮」正同。《小爾雅·廣詁》「曼」與「蔑」竝訓「無」。「曼」、
「蔑」亦聲之轉，「曼蔑」即「漫滅」。《後漢書·禰衡傳》「刺字漫滅」，言
刺已無字也。「漫」與「曼」通，見《北征賦》注。

66. 乘輅而歌

　　注云：「輅，車也。《白虎通》曰：『名車為輅者何，言所以步之於路也。』」
　　案：《說文》：「輅，車軨前橫木也。从車，各聲。」《儀禮·既夕篇》「當

前輅」，注云：「輅，轅縛所以屬靷。」《漢書·劉敬傳》「脫輓輅」，顏注引蘇林曰：「輅音凍洛之洛。一木橫遮車前，二人挽之，三人推之。」劉昭注《輿服志》引《韻集》云：「軛前橫木曰輅。」據此諸說，則「輅」特車中之一物，不得遂為全車之名。顏注引孟康及《廣韻》「輅音胡格反」，與蘇林合，則音亦異徐氏《說文》音洛故切，非是。故段氏言「近代用輅為路車字，淺俗不足道。」

余謂經典凡言車者，皆作「路」。惟《論語》「乘殷之輅」，左氏《襄二十六年傳》「賜之先輅」，《定四年傳》「分魯公以大輅」，釋文竝云：「輅，本作路。」《書·顧命》「大輅、綴輅，先輅、次輅。」《周禮·典路》注引俱作「路」。此注所引《白虎通》，今本無此語，或係佚文。但上「輅」字，必作「路」，方與下詁義相符。觀《釋名》云：「天子所乘曰路，路亦車也，謂之路者，言行於道路也。」語正相同。可見「輅」之宜為「路」矣。李氏每依正文而易原書之字，殆此類耳。即後代多借「輅」為「路」，亦當引作「路」，而云「輅與路通。」

67. 精練藏於鑛朴

注引「《說文》曰：『鑛，銅鐵璞也。』礦與鑛同。」

案：「練」當作「鍊」。今《說文》「礦」，從石。「樸」，從木，樸下有石字。又《金部》：「鋌，銅鐵樸也。」小徐本「樸」作「朴」，即此所謂「鑛朴」也。《周禮》有「卝人」，鄭注：「卝之言礦也。」賈疏云：「經所云卝是總角之卝字。此官取金玉，於卝字無所用，故轉從石邊廣之字。」蓋「礦」、「卝」雙聲，故借「卝」為「礦」耳。「鋌」亦謂之「鋧」，見《廣雅》。前《七命》「邪溪之鋌」，皆與「礦」同義。

68. 傳曰：詩人感而後思，思而後積，積而後滿，滿而後作

注云：「《樂動聲儀》文也。」

案：桂氏《札樸》云：「兩『滿』字，竝當作『懣』。下文云『是以刺史感懣，舒音而詠至德』，故知作『滿』者，字之誤也。懣謂憤懣。史遷云：『《詩》三百五篇，大抵忠臣孝子發憤之所為作也。』」

余謂「滿」為「懣」之借字。《說文》：「懣，煩也。從心、滿。」是「懣」本以「滿」得義。《廣韻》：「懣，莫旱切。」《禮記·問喪》曰：「悲哀志懣氣盛」，釋文：「懣，亡本切。又音滿。」則聲亦同，故可通用，不必謂其誤。

69. 昔文王應九尾狐而東夷歸周

注引《春秋元命苞》曰:「天命文王以九尾狐。」

案:注語未及東夷之歸。據《後魏書‧靈徵志》云:「高祖太和十年三月,冀州獲九尾狐以獻。王者六合一統則見。周文王時,東夷歸之。曰:『王者不傾於色則至德至,鳥獸亦至。』」魏收之《志》雖非漢以前書,而數語必傳之自古,此亦一證也。

70. 周公受秬鬯而鬼方臣

注云:「受秬鬯,未詳。」

案:金氏甡據《洛誥》周公曰:「伻來毖殷,乃命寧予以秬鬯二卣」為證,甚確。李氏偶失記耳。又引《論衡‧儒增篇》:「周時天下太平,越裳獻白雉,倭人貢鬯草。」

余謂「鬼方」,曩無定說。楊氏慎云:「夷俗呼貴州為鬼州」,如此則越裳屬交阯地,頗近之。但實指「越裳」為「鬼方」,本無據,楊說亦非。「鬼」、「貴」聲相近,特俗語之訛,豈三代以前已有貴州之稱?故《稽古編》亦云:「或謂今貴州,本羅施鬼國地,即古之鬼方者,臆說也。」且《論衡》與「倭人」竝言,非單指「越裳」。殆如《詩》毛傳以「鬼方」為「遠方」與?

71. 宣王得白狼而夷狄賓

注云:「《史記》:『穆王征犬戎,得四白狼以歸。』今云宣王,未詳。」

案:徐氏《管城碩記》云:「《瑞應圖》曰:『王者仁德,則白狼見。周宣王時白狼見,西國滅。』《後魏書‧靈徵志》:『太安三年,有白狼見於太平郡。議者曰:先帝本封之國而白狼見焉,無窮之徵也。周宣王得之,而犬戎服。』」

余謂《史記》宣王敗績於姜氏之戎,無征犬戎事。《詩‧六月》征玁狁,僅至太原,疑即以穆王為宣王,但穆王時,荒服不至,與此亦不合。

72. 匈奴者,百蠻之最彊者也

注引《詩》:「因時百蠻。」

案:《韓奕》詩「奄受北國」,其所屬曰百蠻者,彼疏云:「四夷之名,南蠻北狄,散者可以相通,故北狄亦稱蠻也。」胡墨莊曰:「《詩‧角弓》『如蠻

如髦』，傳：『蠻，南蠻也。』」自以對『髦』為西夷，故言南蠻。此以『百蠻』為蠻服之百國。《抑》『用遏蠻方』，箋云：『蠻方，蠻畿之外。』蓋謂九州之外通為蠻地耳。」

余謂四裔竝言夷，而「蠻」亦或通稱。惟「戎狄」未聞，故《周禮》獨有「夷服」、「蠻服」。《禹貢》「荒服，三百里蠻」，《國語》則曰「蠻夷要服」，本不一致。蔡文姬《悲憤詩》「身執略兮入西關，歷險阻兮之羌蠻。」是「西羌」亦稱蠻矣。《孟子》趙注：「獯鬻，北狄彊者，今匈奴也。」而《史記·匈奴傳》云「居於北蠻」，正「北狄」稱蠻之證。若《東都賦》「內撫中夏，外綏百蠻」，蓋渾言之。

王命論　班叔皮

73. 思有短褐之襲

注引《說文》曰：「襲，重衣也。」

案：《說文》「襲」為「左袵袍」，而「褺」訓「重衣」。段氏云：「《論》本作褺，李注時不誤，後人妄改耳。《漢書·敘傳》作『褻』，師古釋以親身之衣，不知為『褺』之誤也。」

余謂《內則》「寒不敢襲」，注：「襲謂重衣。」《玉篇》義同。他處「襲」之訓「重」者甚多，或為「褺」之假借。但此注即引《說文》，故當是「褺」字。乃注又引《字林》曰：「襲，大篋也。」則李氏本未必作「褺」，不作「襲」矣。若《漢書》作「褻」者，「褺」，從衣，執聲。「褻」，從衣，埶聲。形相近，故誤。

又案：《字林》：「襲，大篋也。」宋祁據蕭該《音義》所引也。字作反則是本「褺」字之音，非「襲」字之訓也。《讀書雜志》云：「『襲』在《二十六緝》，『褺』在《三十帖》，聲相近，故《漢紀》亦作『襲』。」惟《漢書》作「褺」，而又以「褻」字釋之。後人遂不辨「褻」、「褺」之為兩字矣。

74. 斗筲之子

注引《音義》曰：「筲，竹筥也，受一斗。」

案：《廣雅·釋器》：「筲，籮也。」王氏《疏證》云：「籮，即筥字。《說文》：『筥，籚也。』一作『籍，容五升。』《論語》鄭注：『筲，容斗二升。』」

又《士喪禮》下篇注：『筲與簋同容一觳。』觳亦一斗二升也，與《說文》異義，未知孰是。《論語》『斗筲』竝言，則筲與斗不同量。此言『筲受一斗』，失之。」

余謂筥有二，一為飯器，即「筲」是也。一為禾束之名，《聘禮》「記四秉曰筥」是也。自《說文》、《廣雅》及韋昭《國語注》皆誤以禾束之筥為量名，遂致不可通，近人已多駁之矣。此外，凡釋量者，絕不及「筥」。然則「筥」本非量名，特「筲」亦稱「筥」，而器有大小，即容有多寡，或各據所見言之，宜其參差耳。

75.《易》曰：「鼎折足，覆公餗」

注引《說文》曰：「鬻，鼎實也。」

案：「鬻」，當作「䰞」。《說文》：「䰞，鼎實。惟葦及蒲，陳畱謂健為鬻。」重文作「餗」。又「鬻，健也。」「鬻，鬻也。」重文為「餰」、為「飦」、為「健」。段氏謂：「《易》鄭注：餗，菜也。凡肉謂之醓，菜謂之菹，皆主謂生物實於豆者；肉謂之羹，菜謂之芼，皆主孰物實於鼎者。又馬注：餗，健也。蓋鼎中有肉、有菜、有米，以米和羹曰糜。糜者，健之類，故古訓或舉菜言，或舉米言。《正考父鼎銘》：『饘於是，鬻於是，以餬余口。』亦單舉米言也。分別之，則有米和肉、菜之鬻，有不和肉、菜之鬻。」據此，則「鬻」、「鬻」疊韻字，義亦可通矣。

余謂《易》釋文引虞云：「餗，八珍之具也。」是鼎實之有肉、菜者，即《說文》所謂「五味盉鬻也」。《爾雅·釋器》「菜謂之蔌」，《詩·韓奕》「其蔌維何」，「蔌」皆當作鬻。「鬻」、「蔌」音同，故鄭氏《易》注云：「餗，一作蔌。」

又案：錢氏《養新錄》謂：「《說文》『惟葦及蒲』，即《詩》之『維筍及蒲』。許所見《詩》，其『蔌』字亦必作『餗』也。郭景純《山海經圖讚》『赫赫三事，鑒於覆蔌』，蔌與餗同物。《廣韻》分『菜茹』與『鼎實』為兩義，失之。」觀錢說，知「蔌」即「餗」，故《說文》有「餗」無「蔌」。「筍」作「葦」者，段氏以為三家詩。《爾雅》「其萌虇」，今蘆筍可食者也。是葦亦筍也。蓋古者肉必有芼，《內則·昏義》所紀及《周南》之荇菜等皆是。毛傳訓蔌為菜殽，則即鼎食，何疑？

博弈論 韋弘嗣

76. 甯越之勤

注引《呂氏春秋》曰：「甯越，中牟之鄙人也。學十五歲而周威王師之。」

案：此所引在《博志篇》，「威王」作「威公」。據《史記·周本紀》，考王封其弟於河南，是為桓公。桓公卒，子威公立。則注中「王」字誤也高誘以威公為桓公之孫，亦非。《過秦論》注亦引《呂氏春秋》，甯越語孔青事，在《不廣篇》。彼處高誘注：「甯越，趙之中牟人。」是與此為一人矣。而《史記·始皇紀》論載賈生文，「甯」作「寧」。《集解》引徐廣曰：「越，一作經。或別有此人，不必甯越也。」其說獨異。

《文選集釋》卷二十四

養生論 嵇叔夜

1. 夫田種者，一畝十斛，謂之良田，此天下之通稱也。不知區種可百餘斛

注引氾勝之《田農書》曰：「上農區田，大區方深各六寸，相去七寸，一畝三千七百區；丁男女治十畝，至秋收區三升粟，畝得百斛也。」

案：《野客叢書》曰：「安有一畝收百斛米之理。《漢書・食貨志》『治田勤，則畝益三升；不勤，損亦如之。』一畝而損益三升，又何少也。嘗以二說而折之理，俱有一字之失。嵇之所謂斛，漢之所謂升，皆斗字耳。蓋漢隸書斗為�斗，絕似升字。漢史書斗為𣁬，又近似斛字，殆皆傳寫之誤。」

余謂如此說，或以「斛」為「觳」，「觳」、「斛」音同。《考工記・陶人》「甗，實五觳」，鄭司農云：「觳讀為斛，觳受三斗，《聘禮記》有觳。」後鄭謂《旅人》「豆實三而成觳」，則觳受斗二升。《說文》「斗二升曰觳」，與後鄭合。段氏以先鄭所云「三斗」，「斗」乃「豆」之誤，則仍後鄭之義矣。計百斛為百二十斗，較百斗不遠，但此粟也，非米也。氾勝明云「粟」，粟者，連秭之稱。《說文》：「稻重一秭，為粟二十斗，為米十斗。」《九章筭術》亦云：「稻率六十糲，米率三十。」是米之於粟，祇得半之數。考古之尺度，短於今尺，量亦小於今量。《通典》言「六朝量三升，當今一升。」《齊民要術》注云：「其言一石，當今二斗七升。」故《日知錄》云：「《晉書・傅玄

傳》：『白田收至十餘斛，水田至數十斛。』今之收穫最多亦不及此數。是古量比之於今，大抵三而當一也。」今即此《論》所言，以氾勝《書》區數、升數計之，正百斛有奇，則是非誤。總由伊尹「區田」已失傳，人多不信。近吳中潘舍人曾沂講求遺制，初試行之，每畝得米已視常田加倍，況古人墾易之法，糞種之物，迥殊後世。即此下文所云「樹養不同，則功收相懸」者，豈得謂必無其事乎？

又案：王氏禎《農書》說：「區田法，地一畝，長闊相折，通二千六百五十區。空一行，種一行。於所種行內，隔一區，種一區。除隔空外，可種六百六十二區。」古人依此布種，每區收穀一斗，每畝可收六十六石。今人學種，可減半計之。

余考《說苑·辨物篇》云：「十斗為一石。」《周語》韋注：「石，今之斛也。」則較此百斛尚多少懸殊。但禎係元人，朝代非遠，彼時之量，當已大於古。近世斗斛尤參錯不齊，故難得其確數矣。

附案：《元史》言世祖取江南，命輸米用宋斗斛，以宋一石當今七斗故也。是元之量大於宋。

2. 榆令人瞑

注引《博物志》：「啖榆則瞑不欲覺也。」

案：《本草》：「榆，一名零榆，白者名枌。」陶注云：「即今之榆樹，性至滑利。初生莢仁，以作糜羹，令人多睡。」「瞑」，即「眠」字。又《內則》云：「堇、荁、枌、榆、兔、薧、瀡、濔以滑之。」蘇氏《圖經》云：「荒歲，農人取榆皮為粉食之，當糧，不損人。」是「皮」與「莢」，本皆可食之物也。

3. 合歡蠲忿

注引崔豹《古今注》曰：「合歡樹似梧桐，枝葉繁，互相交結，每一風來，輒自相離，了不相牽綴，樹之階庭，使人不忿。」

案：《圖經》又引《古今注》云：「欲蠲人之忿，則贈以青裳。青裳，合歡也。」陳藏器曰：「其葉至暮即合，故云合昏，亦名夜合。」《本草綱目》云：「俗名萌葛，越人謂之烏賴樹。主安五臟，和心志，令人歡樂無憂。此合歡所由名，遂有蠲忿之說。然亦性可治療，非徒取其形狀，樹之階庭也。」

又案：後《新漏刻銘》云「合昏暮卷」，注引周處《風土記》：「合昏，槿也，葉晨舒耳昏合。」但「槿」乃朝開暮落，彼所稱，當亦即「合歡」耳。

4. 萱草忘憂

注引《詩》：「焉得萱草。」毛傳曰：「萱草令人忘憂。」《名醫別錄》曰：「萱草，是今之鹿葱。」

案：「萱」字，《說文》作「藼」，云：「令人忘憂之草也。」引《詩》亦作「藼」，重文為「蕿」，為「萱」。今《詩》作「諼」。其作「萱」者，《韓詩》也。《爾雅》釋文引作「蒗」，蒗者，蕿之省。諼者，蒗之假音也。孔疏以為諼非草名，引《爾雅·釋訓》證之。蓋謂《詩》意似言焉得此忘憂之草，為我解其憂乎？祗屬空說，而後人遂以萱艸實之。《稽古編》曰：「據毛傳文義，實以諼為艸名。《釋訓》：『蒗、諼，忘也。』郭注義見《伯兮》、《考槃》。《詩》明是《伯兮》作蒗，《考槃》作諼。若非艸名，則釋諼足矣，何必兼釋蒗乎？」然則以諼為艸名，先儒之說皆然。又《本草綱目》云：「吳人謂之療愁，董子言欲忘人之憂，則贈之丹棘，一名忘憂故也。其苗烹食，氣味如葱。而鹿食九種解毒之草，萱乃其一，故又名鹿葱。周處《風土記》：『懷姙婦人佩其花，則生男，故名宜男。』李九華《延壽書》云：『嫩苗為蔬，食之動風，令人昏然如醉，因名忘憂。』」此亦一說也。鄭樵《通志》乃謂「萱草，一名合歡」者，誤矣。

5. 齒居晉而黃

注云：「未詳。」

案：孫氏《補正》引「陸佃《埤雅》曰：『世云噉棗令人齒黃。』《爾雅翼》云：『晉人尤好食棗，蓋安邑千株棗比千戶侯，其人實之懷袖，食無時。久之，齒皆黃。』」

余謂《爾雅》「洗，大棗。」郭注：「今河東猗氏縣出大棗，子如雞卵。」猗氏，今屬蒲州。《魏志·杜畿傳》注：「畿為河東太守，劉勳嘗從畿求大棗。」即郭所稱是已。又《史記》蘇秦說魏襄王云：「大王之國，東有煮棗。」徐廣注：「在冤句。」非也，冤句為今曹州，戰國時屬宋，非魏所有。惟《漢書·樊噲傳》云：「屠煮棗。」晉灼注：「清河有煮棗城。」《功臣表》有「煮棗侯」，《正義》云：「煮棗城在信都縣郝氏引此以證《爾雅》之「煮，填棗」，當是也。」當即蘇秦所說矣。《方輿紀要》謂煮棗城有二：在曹州者，乃河南之煮

棗。而此則在河北也。信都,今為冀州,州有棗山,所屬之棗強縣,亦以多棗而名。煮棗城在縣西州至廣平府清河縣百三十里,然則晉地多棗,自古已然。而《本草綱目》亦云:「啖棗多令人齒黃,生䘌」,故云「齒居晉而黃」也。

又案:前《魏都賦》有「信都之棗」,張注云:「信都,屬安平,出御棗。」據《紀要》,漢信都國,後漢安帝時改為安平國。晉因之,故孟陽以為屬安平也。

運命論　李蕭遠

6. 里社鳴而聖人出

注云:「《春秋潛潭巴》曰:『里社明,此里有聖人出。』宋均曰:『里社之君鳴,則教令行,教令明,惟聖人能之也。』明與鳴,古字通。」

案:《春秋緯》「明」字當本作「鳴」。宋注「鳴」字,則當作「明」,文義方合,而此注互譌。宋氏所見緯書本,殆誤「鳴」為「明」,故強為此說。然里社不得有君,若云里社之君明,不得但云里社明也。且既言「教令明,惟聖人能之」,是「明」即屬聖人,何得云此里有聖人出耶?此處上句「黃河清而聖人生」,言瑞應也。下句謂里社之鳴有聲,乃里中聖人出之兆。兩句一例,李注蓋沿宋說而誤耳。

又案:李氏於前陸士衡《擬今日良宴會》詩注云:「《春秋考異郵》曰:『鶴知夜半,雞知旦明。』明與鳴通。」樂府《長安有狹邪行》注同。然彼處正當作「明」,觀上句「鶴知夜半」,則「旦明」謂天將明而雞應之,非以「明」為「鳴」也,與此處亦互譌。《淮南・說山訓》云:「雞知將旦,鶴知夜半」,可為證矣。

7. 張良受黃石之符,誦三畧之說

注引《黃石公記序》曰:「黃石者,神人也。有《上畧》、《中畧》、《下畧》。」

案:《困學紀聞》云:「言三畧者,始見於此。《含神霧》曰:『風后為黃帝師,又為禹師。化為老子,授張良書。』今有《素書》六篇,謂黃石公圯上授子房,世人多以《三畧》為是。」又自注云:「漢光武詔引《黃石公記》,未有《三畧》之名。」今考《四庫全書・兵家類・提要》云:「黃石公事,見《史記》。《三畧》之名,則始見於《隋書・經籍志》云:『下邳神人撰,成

氏注。』唐宋《藝文志》並同。光武詔引黃石公『柔能制剛，弱能制強』之語，出此書《軍識》之文。」據此，似漢詔所引《黃石公記》，即《三畧》，故蕭遠魏人已言之。至《隋志》始以《三畧》之名著錄也。若今《三畧》外，別有《素書》一卷，宋張商英注，《提要》疑即商英所偽撰。

8. 誾誾於洙泗之上

注引《史記》曰：「洙、泗之間，誾誾如也。」今《史記·魯世家》贊「誾誾」作「斷斷」。

案：《說文》：「斷，齒本肉也。」「斷斷」，蓋即「誾誾」之同音假借字，故此處直作「誾誾」。《漢書·地理志》：「魯濱洙泗之間，其民涉渡，幼者扶老者而代其任。俗既薄，長老不自安，與幼者相讓，故曰斷斷如也。」徐廣引之以為斷斷是鬪爭之貌。然《漢志》既云「相讓」，則不得謂「鬪爭」。不如《索隱》讀如《論語》「誾誾如也」為得之。若以《史》贊上句嘆「魯道之衰」為言，則此《論》所謂「揖讓於規矩之內，不能遏其端」者，是也。《索隱》又云：「鄒誕生所『斷斷』，如《尚書》讀」，當以形似而譌。又《漢書·萬石君傳》「僮僕訢訢如也」，注：「訢讀與誾誾同。」「訢」與「斷」，偏傍相涉，意「斷斷」，即「訢訢」與？

又案：繁欽《遂行賦》云：「涉洙泗而飲馬，恥少長之斷斷」，義亦從《漢志》。蓋但謂魯人在洙泗之間者，非屬聖門。若此《論》上文云：「雖仲尼至聖，顏冉大賢，揖讓於規矩之內」，則直指聖人之徒，故其說不同。李康為魏明帝時人，視繁欽稍後，是以「斷斷」為「誾誾」，殆自康始與？然《鹽鐵論·國病篇》云「諸生誾誾爭鹽鐵」，《法言·問神篇》云「何後世之嘗嘗也」，「嘗」與「誾」同，則作「誾」不始於康，特諸書皆以為爭辨，康語似稍別。《說文》：「誾，和說而諍也。」蓋謂柔剛得中，疑康意如此。

又案：《史記志疑》云：「『斷』字當依《索隱》音『誾』，作相讓解，與上文『揖讓』句協。徐廣釋以『爭辨』，非也。惟其音誾，故字亦通，借作『誾』。《文選》注引《史記》作『誾』，繁欽《賦》未足為徵。」說與余合。但據此注以定《史記》之作「誾」，則未必然。李氏凡引書，其依正文而易字者甚多。

9. 孟軻、孫卿體二希聖

注引韓康伯《易繫辭說》曰：「在理則昧，造形而悟。顏氏子之分也，失

之於幾，故有不善，得之於二，不遠而復。故知之，未嘗復行也。」

案：此所引為顏子事，與孟、荀無涉。故注又引《法言》「睎顏之人，亦顏之徒」，以傅會之，未免迂曲。況康伯晉人，安得為李康之所本乎？若以「體二」指上顏、冉二賢，「希聖」指上仲尼，固較勝。余友梁萐林又謂：「二當為仁之壞字，脫去偏傍，即為二矣。」如此，則「體仁希聖」語更直截。

10. 籧篨戚施之人

注引《新臺》詩為證。

案：《說文》「籧」、「篨」字竝从竹。「戚施」，《說文》作「齨齷」，《玉篇》作「規䂓」，則字之別體也。此承上「希世苟合」而言，非謂有是疾。當引《爾雅》：「籧篨，口柔也。」「戚施，面柔也。」下「俛仰尊貴之顏」，注又引鄭箋曰：「籧篨觀人顏色而為辭，故不能俯；戚施下人以色，故不能仰。」於釋義為得。但《晉語》云「籧篨不可使俯，戚施不可使仰」語亦在前。

辯亡論上 陸士衡

11. 飭法脩師

注引《易》曰：「先王明罰飭法。」

案：「飭」，今《易》作「勑」。惠氏棟曰：「當作『飭』。『飭』，古『敕』字。古又作『飾』，《雜卦傳》曰：『蠱則飾也。』高誘《呂氏春秋》注云：『飾讀為敕。敕，正也。』王弼從俗作勑，非。」

余謂《說文》：「飭，致臤也。」「敕，誡也。」而《詩·楚茨》「既匡既敕」，毛傳：「敕，固也。」此謂「敕」即「飭」之假借。《玉篇》：「飭，正也。」與高誘訓「敕」同。則「敕」亦非俗，「飭」與「敕」義畧相近，作「敕」固可通也。後人用「勑」為「敕」，《說文》：「勑，勞也。」或从力，作「勒」，是又同音借字矣。其作「飾」者，「飭」與「飾」字形相似，故古書多互譌耳。

12. 浮鄧塞之舟

注引《水經注》曰：「鄧塞者，即鄧城東北小山也北，原作南，此誤，先後因

之以為鄧塞。」

案：此所引見《清水篇》注，又云：「清水右合濁水，水流逕鄧縣故城南。又東逕鄧塞南，昔孫文臺破黃祖於其下。」《方輿紀要》云：「鄧城在今襄陽府東北二十里，本春秋時鄧國之地也。《元和志》：『鄧塞故城在臨漢縣本漢鄧縣，屬南陽郡東南二十二里，南臨宛口，阻一小山，號曰鄧塞，魏嘗於此治舟艦以伐吳。陸士衡《表》稱「下江漢之卒，浮鄧塞之舟」。』謂此也。」

余謂《志》稱陸《表》上句，與此下句「下漢陰之眾」亦微異，不知《志》偶誤以《論》為《表》，抑或別有文也。

13. 續以濡須之寇，臨川摧銳

注引吳歷曰：「曹公出濡須，作油船，夜渡洲上。權以水軍圍取，得三千餘人，其沒溺者數千人。」

案：此所引見《吳志》，注中蓋建安十八年事。先是十六年，權聞操將南侵，作濡須塢，至是與相拒月餘。操望權軍，歎其齊肅，乃退。後十九年，操南征無功。二十一年復軍居巢，遂攻濡須，旋引還。《方輿紀要》引唐氏云：「曹公以數十萬眾，再向居巢，逡巡而不能進；諸葛誕以步騎七萬，失利而退；由濡須既築塢並堤東興而遏巢湖之扼其吭也〔1〕。」故說者以濡須口為三吳之要害云。「濡須」，本山名，在今無為州東北五十里，接和州含山縣界，濡須之水經焉。

【校】

〔1〕此句《讀史方輿紀要》卷二十六作「以濡須、東興之扼其吭也。」

14. 蓬籠之戰，子輪不反

注引《魏志·臧霸傳》：「霸至皖討吳，吳將韓當逆戰於蓬籠。」楚辭曰：「登蓬籠而下隕兮。」

案：所引《楚辭》見《九歎·逢紛章》，今本作「逢龍」。王逸注：「逢龍，山名。逢，一作逄，古本作蓬。」《魏志》亦作「逢龍」。《方輿紀要》安慶府有逢龍城，在府北，為當霸戰處。又府北三十里有大龍山，地勢正符。則城依山而置，逢龍當即大龍。逢者，大也。但未審何時改稱大龍，殆以相接有小龍山而別之。其作「蓬籠」者，音同字異耳。

15. 衝輣息於朔野

注云：「班固《漢書》述曰：『戎車七征，衝輣閑閑。』《字畧》作『轠，樓也。』《音義》曰：『輣，兵車名也。』」

案：注中「樓」下當有「車」字。《說文》：「輣，兵車名也。」《後漢‧光武紀》「衝輣撞城」，章懷注引許慎則云：「輣，樓車也。」是《說文》「兵」字當為「樓」之誤。然是「輣」非「轠」。又《說文》：「轠，陷陣車也。」《詩‧皇矣》「與爾臨衝」，毛傳云：「臨，臨車也。」「衝，衝車也。」彼處釋文曰：「衝，《說文》作轠，陷陣車也。」左氏《定八年傳》「主人焚衝」，釋文同。段氏謂前、後《漢書》「衝輣」之衝，皆即轠字是也。而此注既脫「車」字，以「轠」為「樓」，又似「轠」為「輣」之別體字，俱誤。

辯亡論下　陸士衡

16.「逮步闡之亂」下云：「陸公以偏師三萬，北據東阬」

注云：「東阬，在西陵步闡城東北，長十餘里。陸抗所築城，在東阬上，而當闡城之北。」

案：《水經‧江水二篇》注云：「江水出西陵峽流逕故城洲，洲頭曰郭洲，上有步闡故城，城周一里〔1〕，吳西陵督步騭所築也。孫皓鳳皇元年，騭息闡復為西陵督。據此城降晉，晉遣太傅羊祜接援，未至，為陸抗所陷。」又云：「江水東逕故城北，所謂陸抗城也，城即山為墉，四面天險。北對夷陵縣之故城，城南臨大江，秦令白起伐楚，三戰而燒夷陵者也。吳黃武元年，更名西陵。」《方輿紀要》引王氏云：「今彝陵州治，即步闡壘，其陸抗城則在州東五里。《荊州記》：『彝陵縣南對岸有陸抗故城，周十里，三百四十餘步。』」

余謂本書《羽獵賦》「跇巒阬」，注引《音義》云：「阬，大坂也。」城在州東，故曰「東阬」。夷陵州，曩屬荊州府，今州升為宜昌府。

【校】

〔1〕「城周一里」，《水經注校證》作「城周五里」。

五等論　陸士衡

17. 三代所以直道，四王所以垂業也

注引《論語》包注：「三代，夏、商、周也。」《禮記》曰：「三王、四代唯其師。」鄭注：「四代，謂虞、夏、商、周也。」

案：此處言「四王」，與《禮記》言「四代」異。有虞稱帝，非王也。且上既稱「三代」，不應下句忽添出「虞」。然則「四王」，當謂禹、湯、文、武耳。

18. 六臣犯其弱綱

注云：「《漢書》賈誼曰：『淮陰王楚最彊，則先反；韓信倚胡，則又反；貫高因趙資，則又反；陳狶兵精，則又反；彭越用梁，則又反；黥布用淮南，則又反；盧綰最弱，最後反。』然誼言八而機言六者，貫高非五等，盧綰亡入匈奴，故不數之。」

案：賈生所列，本七國，注以為「誼言八」，誤也。當是貫高為張敖之臣，高謀逆，而極言敖不知情，得免誅，故捨之。不應遺盧綰也。

19. 企及進取，仕子之常志。修己安民，良士之所希及。夫進取之情銳，而安民之譽遲

案：注引《論語》孔注：「希，少也。」又於「希及」下隔斷為注。

余謂此蓋「希」字斷句。希，冀也。「及」字當下屬，偶語不應參差。意謂仕子中有良士，未嘗不冀安民。及夫進取情銳，而安民之譽則甚遲，遂亦不惜「侵百姓」而「損實事」，如下文所云矣，注似非。

20. 使其竝賢居治，則功有厚薄。兩愚處亂，則過有深淺

案：注以上句言八代同建五等，而廢興殊迹。下句言秦、漢同立郡縣，而脩短異期。蓋因下有「八代之制」、「秦漢之典」語也。審之文義，似不然。觀上文云「五等之君，為己思治；郡縣之長，為利圖物」，而「企及進取」以下正言「為利圖物」之不善；「五等則不然」以下正言「為己思治」之善。故此處總承上文，謂五等與郡縣「竝賢居治」，而「功有厚薄」；五等與郡縣「兩愚處亂」，而「過有深淺」也。注失其旨。

辯命論　劉孝標

21. 子輿困臧倉之訴

注引《孟子·梁惠王》樂正子春見孟子曰：「克告於君，君將今《孟子》將作為來見也。」

案：「春」字誤衍，似以「子春」為「克」字矣。子春名見《禮記·檀弓》與《祭義》，鄭注：「曾參弟子。」公羊《昭十九年傳》何注同。「克」為孟子弟子，見趙注。「克」當係子春之後。若《列子·仲尼篇》有樂正子輿，或疑是「克」之字，然子輿於「克」字無取。且孟子字子輿，師與弟同字，恐亦未然。

又案：樂正氏之族有樂正裘，為孟獻子之友，不知與子春相屬否？而《孟子外書·孝經篇》云：「樂正子春，年九十矣，使其孫克學於孟子」，則克為子春後矣。但《外書》乃譌譔，未遂足據。

22. 龜鵠千歲

注引《養生要》曰：「龜鵠壽千百之數，性壽之物也。」

案：「鵠」當作「鶴」，後人「鶴」與「鵠」往往相亂，不獨此處。《說文》二字並列。鵠云「黃鵠也今作鴻鵠，段從《西京賦》注。」又「鴻，鴻鵠也。」《戰國策》：「黃鵠游於江海，淹於大澤，奮其六翮而凌清風。」賈生《惜誓》曰：「黃鵠一舉兮，知山川之紆曲。再舉兮，知天地之圜方。」則鵠為大鳥，非鶴矣。段氏謂：「《詩》『鴻飛遵渚』、『鴻飛遵陸』，鄭箋：『言大鳥』，學者多云雁之大者。夫鴻雁遵渚、遵陸，其常耳，何以毛傳云『不宜』？以喻周公未得禮，正謂一舉千里之大鳥，常集高山茂林之上，不當循小洲之渚，高平之陸也。經傳『鴻』字有謂『大雁』者，如《曲禮》『前有車騎，則載飛鴻。』《易》『鴻漸于磐』是也。有謂『黃鵠』者，此《詩》是也。單呼鵠，絫呼黃鵠、鴻鵠。黃言其色，鴻之言猚也，言其大也。」故又單呼鴻，若雁之大者曰鴻，字當作雁，而假借也。

余謂《本草綱目》引八公《相鶴經》云：「鶴乃羽族之宗，仙人之驥，千六百年乃胎產。」又引俞氏炎曰：「龜鶴能運任脈，故多壽，無死氣於中也。」則壽者是鶴非鵠。別釋鵠為天鵝，似矣。而又云：「羽毛白澤，其翔極高而善步」，仍似以鶴為鵠。鵠稱黃鵠，疑所謂鵠不日浴而白者，亦鶴之混耳。

23. 歷陽之都，化為魚鱉

注引《淮南子》曰：「歷陽之都，一夕反《御覽》作化而為湖。」高誘曰：「歷陽，淮南國之縣名，今屬九江郡此依李注，見《漢·地理志》及《續志》同，而今本《淮南》作「屬江都」，當因九江郡屬揚州故耳。昔有老嫗常行仁義，有二諸生過之，謂曰：『此國當沒為湖。』嫗視東城門閫有血，便走上北山，勿顧也。自此嫗便往視門閫。閫者問之，嫗對曰如是。其暮，門吏故殺雞，血涂門閫。明旦，老嫗早往視門，見血，便上北山，國沒為湖。」

案：今本李註誤以高注為《淮南》正文，胡氏《考異》乃謂「未審所脫」，豈未檢《淮南》書乎？特依《俶真訓》原本增之如此。《方輿紀要》云：「歷陽廢縣，今和州治所，州西有麻湖，周圍七十里，稱為巨浸。一作瀀湖，又為瀝湖，即《淮南》所云『一夕為湖』者。宋氏白則曰：『歷陽縣南有歷水，縣因以名。』即此湖是也。」

24. 夏后之璜，不能無考

語出《淮南子·氾論訓》，李注引之。又引高誘曰：「考，不平也。」

案：今本《淮南》高誘注：「考，瑕釁也。」又《說林訓》「白璧有考」，注：「釁污」，與此注異。觀本書於注中引《淮南子》多有採許慎注者，此亦當係許注而誤作高誘。但有「瑕釁」，即為「不平」義，亦可通。

25. 雖大風立於青邱

注引《淮南》高誘注曰：「大風，鷙鳥。」

案：今本高注云：「大風，風伯也，能壞人屋舍。」下文「繳大風於青邱之澤」，注云：「羿於青邱之澤繳遮此蓋以繳為徼，使不為害也。一曰以繳繫矢射殺之。」

余謂如後說，則風伯不得云「射」，似宜作「鷙鳥」，但非高注語，李氏不知何據。前王元長《曲水詩序》「繳大風於長隧」，注亦引《淮南》此文，並引許慎曰：「大風，風伯也。」既以高注為許注，此處「鷙鳥」之訓，疑本許注，而反屬之高，殆互譌與。

又案：下句「鑿齒奮於華野」，亦用《淮南》語。彼高注云：「鑿齒，獸名，齒長三尺，其狀如鑿，徹頷下〔1〕，而持戈盾。」李氏於此未引，而前《長楊賦》引服虔畧同。

【校】

〔1〕「徹頷下」，《淮南子集釋》、《淮南鴻烈集解》皆作「下徹頷下」。

廣絕交論　劉孝標

26. 鳧躍

注引潘岳《哀辭》曰：「望歸瞥見，鳧藻踴躍。」

案：「鳧藻」字先見《後漢書·劉陶傳》「武旅有鳧藻之士」，章懷注：「武旅，周武王之旅。鳧得水藻，言喜悅也。」錢氏《考異》云：「今文《太誓》『師乃鼓𪚩譟，師乃搯，前歌後舞。』鳧藻，即𪚩譟，文異義同也。《杜詩傳》『將帥和睦，士卒鳧藻』，亦用斯語。章懷知其為武王事，而不引《太誓》以實之。」

余謂「鳧藻」與「𪚩譟」音同，故借用，錢說固然。但以言師旅則宜，後人或因而泛用之。至如《詩》「魚在在藻」，以興飲酒樂；豈「鳧鷖在涇」，以喻公尸燕樂？飲酒則即謂鳧之依藻，得其性而樂，義亦正可通也。《晉書·應詹傳》詹薦韋泓於元帝曰：「英彥鳧藻」，與此文合。蓋六朝人多如此用。

27. 騁黃馬之劇談，縱碧雞之雄辯

注引《莊子》曰：「惠施其言黃馬驪牛三，辯者以此與惠施相應，終身無窮。」馮衍《與鄧禹書》曰：「衍以為寫神輸意，則聊城之說，碧雞之辯，不足難也。」又王褒《碧雞頌》云云。

案：孫氏《補正》引金氏甡云：「碧雞與黃馬同出《公孫龍子》。馮衍《書》，殆即指此。《碧雞頌》與談辯無涉。」

余謂金說是也。今考公孫龍，六國時辯士也，假物取譬，以守白辯。其《白馬論》曰：「曰求馬，黃黑馬皆可致。求白馬，黃黑馬不可致。」又曰：「以有馬為異有黃馬，是異黃馬於馬也。異黃馬於馬，是以黃馬為非馬也。以黃馬為非馬，而以白馬為有馬，此飛者入池，而棺槨異處，天下之悖言亂辭也。」此可與《莊子》相參。其《通變論》云：「羊合牛非馬，牛合羊非雞。曰：他辯。曰：青以白非黃，白以青非碧。」又曰：「與其碧，寧黃。黃，其馬也，其與類乎！碧，其雞也，其與暴乎！暴則君臣爭而兩明也。兩明者昏不明，非正舉也。」大抵皆洸洋之詞，故《莊子》以公孫龍為辯者之囿也。李氏乃未及此。

28. 附駔驥之旄端

注引《說文》曰:「駔,壯馬也。」

案:今《說文》作「牡馬也。」《校議》云:「《六書故》引唐本作『奘馬也。』《大部》:『奘,駔大也。』壯即奘之省。當依此注及《後漢‧左原傳》注,二徐本誤也。」

余謂《爾雅‧釋言》:「奘,駔也。」郭注云:「今江東呼大為駔,駔猶巤也。」「奘」與「駔」本一聲之轉,而《玉篇》、《廣韻》「駔」皆子朗切,更以同聲為義。又或借為「駔儈」字,則引伸之義也。

29. 伍員濯溉於宰嚭

注於上文「同病相憐」下引《吳越春秋》「伯嚭來奔於吳」,此處又引《吳越春秋》「帛否來奔於吳」,兩注互異。而今《吳越春秋‧闔廬內傳》實作「白喜」,《論衡‧逢遇篇》則作「帛喜」。

案:「嚭」即「嚭」字,《呂氏春秋‧重言篇》亦作「嚭」也。「伯」可作「白」者,《白虎通》、《風俗通》、《獨斷》諸書「伯」皆訓為「白」也。「伯」又可作「帛」者,左氏《隱二年傳》「紀子帛、莒子盟于密。」《公羊》、《穀梁》「帛」作「伯」,《國策‧秦策》「大敗秦人於李帛之下」,《史記》作「李伯」是也。「白」又可作「帛」者,《詩‧六月》「白旆央央」,《爾雅‧釋天》孫注作「帛旆英英」是也。「嚭」,或為「喜」,或為「否」者,各省「嚭」字之半也。古字同音者,多通用。故李氏云「字雖不同,其人一也。」至注引《史記‧伍子胥傳》「以嚭為伯州犁之孫」,蓋本《左傳》。而《國語‧越語》韋注,《呂氏春秋‧當染》、《重言》二篇高注,皆以嚭為州犁子,未詳孰是。若《史記》徐廣注及《潛夫論‧志氏姓》以嚭為卻宛子,宛為伯州犁子,則誤矣。說見梁氏《人表考》。

30. 卿雲蕭蔽河漢

注引《論衡》曰:「漢諸儒作書者,以司馬長卿、揚子雲河漢也,其餘涇渭也。」

案:「河漢」,當謂天之河漢。《詩》「倬彼雲漢,為章于天。」又「維天有漢,鑒亦有光。跂彼織女,終日七襄。」本句上言「蕭蔽」,《爾雅‧釋言》:「蕭蔽,彰也。」《荀子‧禮論篇》云「蕭蔽文章」,此謂二人文章之著,義正相合。若但作河水、漢水,則似四字不屬矣。

31. 輻軹擊轊

注引《說文》曰：「轊今誤作轀，車軸端。」

案：「輻軹」，已見前《天監三年策秀才文》。「轊」，《說文》作「軎」，云：「車軸耑也。从車，象形。」重文為「轊」。軎字象形者，段氏謂「以口象轂耑之孔，而以車之中直象軸之出於外也。軎之言遂也，出也。」阮宮保云：「軎長而細，又在轂外，最易相敲，故敲从軎。《晏子春秋》曰：『齊人好敲轂相犯以為樂。』《史記》『齊田單宗人盡斷其車軸末而傅鐵籠。』皆謂此也。」

余謂《國策》蘇秦說齊，亦云「車轂擊」，實則此作「擊轊」尤合。以所擊者，轊也。特轊以持轂，轊擊即轂擊，故亦云「擊轂」耳。擊从手，為借字，當作「轚」。《說文》：「轚，車轄相擊也。从車、毄，毄亦聲。」下引《周禮·野廬氏》「舟輿轚互者」為證。蓋轄者，鍵也，鍵在軎頭，正謂車軎相擊也。

又案：軎亦謂之軹。阮云：「軹名有二，在輿、在轂本殊。然軸末為軹，與在轂又殊，則是有三矣。其在輿者，《考工記》：『輪人為輿，參分較圍，去一以為軹圍。』鄭注：『軹，輢之植者、衡者是也。』在轂者，《輪人職》曰：『五分其轂之長，去一以為賢鄭作去二，去三以為軹。』鄭司農云：『賢，大穿也。軹，小穿也。』《說文》亦云：『軹，車輪段謂輪當作轂小穿也。』此即轂末也。」阮又云：「軹本轂末之名，今軸末亦名軹者，二物相近，名即相移。《釋名》曰：『軹，指也。如指而見於轂頭是也。』」若段氏謂：「古說軹、軎多不分，《大馭》『右祭兩軹』，故書軹為斬。杜子春云：『斬當為軹，軹謂兩轊也。』是非合轂末、軸末為一乎？」

余謂非渾合為一，乃二者不嫌同名耳。軎又謂之軌，非軌轍之軌也。王氏念孫曰：「《詩》『濟盈不濡軌』，此『軌』字與《少儀》同。《少儀》曰：『祭左右軌』，鄭注云：『軌與軹於事同今本「事」訛「車」，謂轊頭也。』《周禮·大馭》『祭兩軹』與《少儀》『兩軌』同處，是軌即軹也。輪半崇三尺三寸，當軌，《詩》曰『不濡軌言，其淺也毛傳：「綨輈以上為軌」，「上」乃「下」之訛。』」阮又云：「《曲禮》：『國中以策彗卹勿驅，塵不出軌。』此言國中不疾馳，塵高不過三尺以上。若道上之軌即塵也，安得不出乎？《爾雅》曰：『汍泉穴出，穴出，仄出也。』李巡注：『水從旁出為汍。』此甚肖車兩軌之形，故名同矣。」

演連珠　陸士衡

32. 柳莊黜殯

注引《韓詩外傳》史魚尸諫事，下云「經籍唯有史魚黜殯，非是柳莊。」

案：「屍諫」，亦見《大戴禮・保傅篇》，皆謂史魚。而《禮記・檀弓》言衛有太史曰：「柳莊疾革，獻公方祭，不釋服而往，遂以襚之。」與此言「殯」相類。疑士衡因以致誤。梁氏《人表攷》於史魚引高氏《姓名考》云「史魚為史朝子」，並謂「即《檀弓》之柳莊」，不知何據。豈因士衡此文而傅會之與？

33. 是以蒲密之黎，遺時雍之世

注云：「密令卓茂。或者以密為宓子賤。但子賤為政，雖則有聞，以邑對姓，恐文非體也。」

案：《顏氏家訓》云：「張揖、孟康皆云：『虙、伏，古今字。』而皇甫謐《帝王世紀》云：『伏羲氏，或謂之宓羲。』考諸經史緯候，無宓羲之號。孔子弟子虙子賤，即虙羲之後，俗字亦為宓。今兗州永昌縣城東門《子賤碑》，漢世所立，云：『濟南伏生，即子賤之後。』是虙與伏古通，誤以為宓，可知矣。」

此說陸氏《釋文》、張氏《五經文字》皆從之。則子賤之姓，當作虙，或以同從必聲，借作宓。而此處固是密，非宓也。汪氏師韓乃云：「沈約《宋書・良吏傳》序『蒲、宓之化，事未易階』，正作宓。李氏蓋偶未記及。」

余謂《說文》「宓，安也。」正「密」字之解，是「宓」即「密」，《宋書》語當本之。士衡偶用《說文》字，不定謂子賤。且《劇談錄》言「狄惟謙有蒲密之政」，亦作「密」，不作「宓」也。觀劉孝標原注云「卓茂之仁恕」，安見茂不可與仲氏子竝稱，而必聖門弟子斯為同類乎？仍以注說為允。

又案：《宋書・顧覬之傳・定命論》曰：「畢萬保軀，密賤璲領。」郝氏《宋瑣語》謂：「密賤即宓子賤也，宓當作虙，俗書亂之耳。」據此，則子賤之姓，因誤「宓」而遂為「密」，故此「蒲密」之「密」，或說竟欲屬諸子賤也。郝又云：「璲，蓋與劌同」，其事未聞。

34. 是以迅風陵雨，不謬晨禽之察

劉注云：「雞善司晨，雖陰晦而不輟其鳴。」

案：《詩・鄭風》「風雨如晦，雞鳴不已。」序云：「風雨，思君子也，亂世則思君子不改其度焉。」故鄭箋云：「雞不為如晦而止不鳴」，正此文所本。與偶句「勁陰殺節，不凋寒木之心。」皆謂其貞度不改也，而李注失引《詩》為證。

女史箴　張茂先

35. 翼翼矜矜，福所以興

案：今《說文》：「矜，矛柄也。从矛，今聲。」《漢石經論語》、《溧水校官碑》、《魏受禪表》皆作「矜」。段氏謂：「矜，从令聲，古音在真部，讀如鄰。毛詩與天、臻、民、旬、填等字韻，蓋假矜為憐，故《鴻雁》傳曰：『矜，憐也。』言假借也。《釋言》曰：『矜，苦也。』其義一也。張華《女史箴》與潘岳《哀永逝文》慈姑兮垂矜，與升、膺為韻始入蒸韻。由是巨巾一反僅見《方言》注、《過秦論》李注、《廣韻・十七真》，而他義則皆入蒸韻，今音之大變於古也。矛柄之字，改而為種，云故作矜。他義字亦皆作矜，从今聲，又古今字形之大變也。」又姚嚴《校議》云：「《華嚴音義》引《說文》、《字統》：『矜，怜也』，皆從矛、令。若從今者，『矛柄也。』《玉篇》二字皆從矛、令，無矛、今者也。如慧苑說，則舊《玉篇》有矜無矜，舊《說文》有矜復有矜。《兄部》兢讀若矜，是矜字。《虍部》虔讀若矜，當作矜。《說文》無怜字。據慧苑，先引毛傳：『矜，憐也』，知怜即憐。然訓憐之字，何緣從矛？惟依《詩》協韻，改矜篆為矜，或可耳。」

余謂「矜」或為「鰥」之借字，真、刪韻可通也，从今聲，宜入侵韻。韋玄成《戒子孫詩》「矜」韻「心」是也。至「兢」之讀若矜，則《說文》但取聲近之字，不必其入蒸韻也。然已从今聲矣，疑如舊《說文》「矜」、「矜」本二字，从今者，祇為矜夸、矜持、矜式字。而以矜、憐字入蒸韻者，殆混為一字，而誤其音與？

封燕然山銘　班孟堅

36. 標題下注引 《後漢書》竇憲事，於燕然山無證

案：洪氏《圖志》云：「今之喀爾喀四部，古漠北地。秦漢時，匈奴所

居。漢初，冒頓強盛，並有漠南。武帝時，累歲征伐匈奴，徙居於此。後漢
為北匈奴地。唐貞觀四年，以其地為瀚海、燕然、金微、幽陵、龜林、盧山
六部，號都督府。又置皋蘭、高闕、雞田、榆溪、雞鹿、蹛林、寘顏等七州，
以部長為都督，刺史、長史、司馬皆隷燕然都護府。又燕然山及涿邪山等，
皆在界內。」據此，則燕然為部，蓋以山名。而《序》中所云「凌高闕，下
雞鹿」、「蹕涿邪」者，亦可得其處。今考「高闕」為塞，見《後漢書·竇固
傳》注云：「高闕，山名，在朔方。」「雞鹿」，亦為塞，見《南單于傳》注
云：「塞在朔方郡窳渾縣北。」惟下云「跨安侯」，此注亦引《南單于傳》云：
「北單于遠去，依安侯河西。」而《竇憲傳》注但言「安侯，水名」，未詳
所在，並記於此。

37. 東湖烏桓

注引《後漢書·南單于傳》：「願發國中諸部胡會虜北。」

案：《方輿紀要》云：「東湖之種有奚、有霫、有鮮卑等，烏桓亦其類也。」
《後漢書·烏桓傳》：「其地在丁令西南，烏孫東北。武帝遣霍去病擊破匈奴
左地，因徙烏桓于上谷、漁陽、右北平、遼西、遼東五郡。塞外為漢偵察匈
奴動靜，始置護，烏桓校尉監領之。後漢初，漸為邊患，遼東太守祭肜討平
之，尋皆附降。」

余考匈奴，此時蓋分為南、北庭，南單于與北單于搆難，而烏桓亦嘗擊破
匈奴，故以兵會也。

38. 元戎輕武

注引司馬彪《續漢書》曰：「輕車，古之戰車。」《孫吳兵法》曰：「有巾
有蓋，謂之武剛車者。」

案：《說文》：「輕，輕車也。」段氏謂：「《周禮》『輕車之萃』，鄭注云：
『輕車，所用馳敵致師之車也。』漢之發材官輕車，亦謂兵車。」

余謂《曲禮》「武車綏旌」，鄭注：「武車，亦兵車。」疏云：「武車，亦革
路也。」是古已稱「武車」。而《竇憲傳》注云：「元戎，兵車也。輕武，言疾
也。」則以「輕武」為虛用，與本書《羽獵賦》「徽車輕武」注引《廣雅》「武，
健也」同義竝通也。

劍閣銘　張孟陽

39. 巖巖梁山

注引楊雄《益州箴》曰：「巖巖岷山，古曰梁州。」

案：如注意，似謂劍閣為梁州之山，殊未合。攷「梁山」有數處：《詩》之「奕奕梁山」，《正義》謂在左馮翊夏陽縣西北。夏陽，今陝西同州府韓城縣地也。而《詩》後文云「溥彼韓城，燕師所完。」王氏應麟《詩地理考》別引王肅說：「燕，北燕國，今涿郡方城縣有韓侯城。」《水經・聖水篇》注亦引之，並《灅水》注曰：「又東南逕良鄉縣之北界，歷梁山南，高梁水出焉。」《四庫書提要》以肅義為確，是梁山已有二。《孟子》之「梁山」，在今乾州西北五里。即前《西京賦》注所引《漢書》「右扶風好畤縣有梁山」。「好畤」，已見潘安仁《關中詩》。正今乾州地，蓋岐山之東北，故太王遷岐踰梁山也。若此，則《中山經》「崌山東三百里曰高梁之山」，畢氏沅云：「山在劍門北。」《太平御覽》引《江源記》云：「南浦郡高梁山尾東跨江，西首劍閣，東西數千里，山嶺長峻，其峯崔嵬，於蜀市望之，若長雲垂天。一日行之，乃極其頂，俯視眾山，泯若平原，《劍閣銘》所稱是也。」又《寰宇記》曰：「大劍山，亦曰梁山。《山海經》言『高梁之山，西接岷、崌，東引荊衡。』」即此下云「遠屬荊衡，近綴岷嶓」者也。「劍閣」，已見前《蜀都賦》，與「梁山」固非二地矣。

40. 積石峨峨

注引《詩》毛傳曰：「巖巖，積石貌也。」

案：注以山為石所積絫而成，非山名也。據《禹貢》「導河積石」，胡氏《錐指》謂：「積石山有二：大積石，在塞外吐谷渾界。小積石，在鄯州龍支縣界，為今西寧府地。」皆與蜀遠，不應銘劍閣而遠及他山。此與上句文法參差，固當作虛用為是。

石闕銘　陸佐公

41. 夏首憑固

注引《楚辭》：「過夏首而西浮。」王逸曰：「夏首，水口也。」後《安陸

昭王碑文》「夏首藩要」注引與此同。

案:「夏首」,謂夏水之首。《方輿紀要》云:「今荆州府東南三十里有夏水口。《荆州記》:『夏水分江東出謂之夏首,其入江處謂之夏汭,蓋夏水之尾也。』亦曰夏浦,《楚辭》又云『背夏浦而西思』是也。」據《梁書·武帝紀》:「帝自襄陽起兵,長史王茂等逼郢城即荆州也,其刺史張沖迎戰,破之。冠軍將軍鄧元起等數千人,會大軍於夏首。沖旋死,郢城主程茂、薛元嗣請降。」故下文云「兇渠泥首」也。次句言「庸岷負阻」者,當以郢城控巴、夔之要路耳。

42. 巴黔厎定

注無所證

案:《武帝紀》:「天監元年,前益州刺史劉季連據成都反。二年,鄧元起克成都、曲赦、益州。四年,交州刺史李凱據州反,長史李畟討平之。」「曲赦」、「交州」,殆即此所云也。

43. 北通二轍

五臣注引《周禮》曰:「應門二轍。」胡氏《考異》謂後人以善注並五臣,而此失著。

案:《考工記·匠人職》云:「應門二徹參个」,鄭注:「二徹之內,八尺三個,二丈四尺。」此則謂門可通二車耳。「轍」當作「徹」。《老子》「善行無徹迹」,釋文引梁注云:「徹應車邊,今作彳者,古字少也。」「轍」字在《說文·新附》中。

夏侯常侍誄　潘安仁

44. 弱冠厲翼

注引《呂氏春秋》曰:「征鳥厲疾。」

案:注意以鳥為比,與次句「羽儀」有關會也。但既云羽翼,不應下又言「羽」,且非「厲翼」字連文。宜引《書》「庶明厲翼」,謂弱冠時即勉厲輔翼之事也。「厲」,今《書》作「勵」。「勵」字,《說文》所無,正當作「厲」矣。

馬汧督誄 潘安仁

45. 柹棍枇之松

注引《說文》曰：「柹，削柹也。」

案：今《說文·木部》：「柹，削木札樸也。从木，宋聲。」宋為部首，从八聲，讀若輩，故此注以為「孚廢切」也。即隸變亦从市，市字，从巾，从一。蓋中丨，自上連下，並非从市井之市。市字，从𠂆，从乁。「乁」，古文「及」字，屮省聲，隸變作市，字形與市相似，遂致淆混。若《說文》「柹」字云：「赤實果。从木，𣏗聲，鉏里切。」則當音士，與「柹」訓迥別，俗乃作柿，以為果名。並此「柹」字亦作「柿」，不知市與市之分。其實字書絕無木旁从市之字也。

又案：余氏《音義》謂：「今俗呼匠人治木所落曰柹，音若廢，當用此字。《詩》毛傳：『許許，柹貌。』《後漢·楊由傳》注：『柹，孚廢反。』並與此柹字義同。」考今本毛傳作「柿」，正「柹」之誤。阮宮保《校勘記》引《五經文字》：「柹，芳吠反。見《詩》注謂此也。乃釋文出兩音，一孚廢反，一側几反。上音是，下音即宜從𣏗，非矣。」

46. 牧人逶迤

注引毛詩曰：「逶迤逶迤。」

案：今毛詩作「委蛇」，釋文引《韓詩》作「逶迤」，云「公正貌。」與毛傳「行可蹤迹也」訓異。此注訓用毛而字從韓，又無「委蛇與逶迤同」之語，殆誤也。

陶徵士誄 顏延年

47. 夫璇玉致美

注引《山海經》曰：「升山，黃酸之水出焉，其中多琁玉。」說文曰：「琁，亦璿字。」

案：此所引見《中山經》。「琁」，今本作「璇」，古無其字。郭注引《荀子·賦篇》「璇玉瑤珠不知佩」，《韓詩外傳》引同，並誤也。今《說文》「琁」字廁於「瓊」、「璚」、「瓗」三字之下，解云：「瓊，或从旋省。」故郝氏以善所引

為非。段氏則即據此注以訂今本之誤，云：「《說文》：『璿，美玉也。』《山海經》言琁者，亦皆美玉也。而郭云：『琁，石次玉者也。』又云：『璇，玉類。』又云：『璿瑰，亦玉名。』是未知璿、琁同字矣。」

余謂依《說文》「瓊」、「璇」為一字，而「璿」別一字，「瓊」、「璇」音同，已見《招魂》。「璿」亦音旋，古書與「瓊」、「璇」多通用，故書之「璿璣」或作「琁機」。《左傳》之「瓊弁」，一作「璿弁見《西京賦》」。段說必以「璇」合「璿」，而「瓊」、「璇」轉分，與《說文》異，似不然。

宋孝武宣貴妃誄　謝希逸

48. 喝邊簫於松霧

注引《廣雅》曰：「喝，嘶喝也。」

案：所引為今本《廣雅》之佚文。王氏《疏證》即據此以補云：「《方言》：『廝、噎，喝也。楚曰廝，秦晉或曰噎，又曰嘖。』噎與喝同。《子虛賦》『榜人歌，聲流喝。』郭注：『言悲嘶也。』《論衡・氣壽篇》曰：『兒生號啼之聲，鴻朗高暢者壽，嘶喝濕下者夭。』《後漢書・張酺傳》『王青被矢貫咽，音聲流喝。』注云：『流或作嘶。』」又引《廣倉》云：「喝，聲之幽也。」《說文》：『嘳，悲聲也。』《周官》『內饔鳥皽色而沙鳴』，鄭注：『沙，澌也。』《內則》注作『嘶』，《正義》作『斯』，云：『斯謂酸嘶』，竝字異而義同。」

余謂《說文》「喝，㵣也。」蓋謂音之㵣也。亦嘖、噎之義。故《莊子・庚桑楚》「終日嗥而嗌嗄」，崔譔本作「不喝」，云「啞也」。此處謂其聲之悲，至「邊簫」亦有淒咽之韻也。若《戰國策》云「恫疑虛喝」，則別為懼人之意矣。

宋文皇帝元皇后哀策文　顏延年

49. 龍輀纏紼

注引《儀禮》曰：「遷于祖，用軸。」鄭氏曰：「軸，輁軸也。軸狀如轉轔，刻兩頭為軹。輁狀如長牀，穿程，前後著金而關軸焉。」

案：此所引見《既夕禮》，彼疏云：「下記言『夷牀輁軸』，注云：『轉轔者，以漢法況之，漢時名轉軸為轉轔。轔，輪也。』故《士喪禮》『升棺用

軸」，注云：「軨狀如牀，軸其輪，挽而行。」是以輪為轔也。軨既云長如牀，則有先後兩畔之木，如牀椑，厚大為之，兩畔為孔，著金釧於中，前後兩畔皆然，然後關軸於其中。言楻者，以其厚大可以容軸，故名此木為楻也。」

今考《說文》有「輂」字云：「大車駕馬者也。从車，共聲，居玉切。」段氏謂：「小司徒正治輂輦，注曰：『輂，駕馬，所以載任器。』與許同。《左傳》『陳畚梮』，梮者，土輂。《漢書·五行志》作『輂』，是梮乃輂之或字。《史記·河渠書》『山行即橋』，《夏本紀》作『樺』。《漢書·溝洫志》作『山行則梮』，韋昭曰：『梮，木器，如今輂牀，人舉以行也。』然則《周禮》輂之制，四方如車之輿，故曰輂，或駕馬，或人舉。用之徒土，則謂之土輂，即《公羊》之『筍』，《史記》之『箯輿』也。用之舁人，則謂之橋，橋即《漢書》「輿轎而越嶺」之轎字也。《禮經》軨軸，軨即輂字之異者。《士喪禮》軨，九勇反。淺人不知與輂為同字。」

余謂如注疏說，即今之喪車，民間所用。或中惟一楻，楻名曰杠。段所云則如今之肩輿，兩旁有楻，制頗小，亦有長而可臥者，以舁人，而人舉之。《說文》言「駕馬」，今之「贏轎」，殆其遺制與？

又案：《儀禮》注云：「大夫諸侯以上，有四周，謂之輴。」疏云：「大夫殯葬，雖不用輴，士朝廟用軨軸，則大夫朝廟當用輴。諸侯天子殯葬、朝廟皆用輴。天子畫轅為龍，謂之龍輴。《檀弓》『天子敢塗龍輴』是也。」然則此宜云「輴」而作「軨」者，「軨」即「輴」，散文則通，但「畫龍」為異耳。

50. 仰陟天機

注云：「天機，喻帝位也。《尚書考靈耀》曰：『璿璣玉衡，以齊七政。』《尚書》為此璣。曹植《秋胡行》曰：『大魏承天機。』然璣與機同也。」

案：陳氏壽祺《左海經辨》引此正文及注「天機，喻帝位。」兩「機」字，俱從玉，作「璣」。說曰：「『璿璣玉衡』四字，《尚書》本文，李善何以舍經而引緯。考毛詩《思文》正義引《尚書旋機鈐》，依《今文》作『旋機』，不作『璿璣』，《考靈耀》同，是書緯理應一致。《文選》注作『璿璣』者，傳寫相涉而誤。李善欲明璣、機同字，故先引書緯『旋機』，下云《尚書》為此『璣』，正謂《孔傳尚書》從玉之璣，與書緯從木之機異。注中『此』字指顏文『仰陟天機』而言，明『璣』字本《尚書》，下引曹植詩，則明『天機』二字所本也。段君若膺乃謂《選》注當云《尚書》為此『機』，不思《選》

注上文竝無从木機字。如段氏言，則注所謂『此機』者，前何所承耶？」

余謂段氏蓋因今尤氏本正文及注「天機，喻帝位」，兩「機」字俱从木，故為是說。不得謂《選》注上文竝無从木「機」字也。但《尚書》本不作「機」，「此」字又無所指，且既本子建詩之「天璣」，正文自宜作「璣」。陳氏推論文義為順，而陳氏不明言所據何本，並今本何以於前兩「機」字俱不从玉，仍滋疑寶矣。若引書緯作「璣」，則《史記・天官書》索隱引《春秋緯機》亦作「璣」，不獨此注。惟此注既辨明「璣」、「機」二字不當無所分別，殆傳寫失之耳。

又案：《說文》：「璣，珠不圓也。」義本與《尚書》不合，作「璣」者，當亦「機」之借字。陳氏又云：「《今文尚書》作旋機，馬、鄭《古文尚書》作璇機，東晉《孔傳尚書》作璿璣。」

余謂《孔傳》雖不免偽造，而於《今文》所有之篇，其經文仍依馬、鄭本。子建用「天璣」字，既本《尚書》，尚在東晉之前，疑馬、鄭已作「璣」。故《史記・五帝本紀》集解、正義引鄭注，《天官書》索隱引馬、鄭注並同。至《御覽・時序部》引《書大傳》：「璣者，幾也，微也。」《北堂書鈔・儀飾部》引《大傳》「璣為轉運」，皆不作「機」。此以《今文尚書》，而「璣」已从玉，自是後人據《孔傳》本改之。總之，古人於通借字每互用，非若今人必斤斤偏傍不可移易。故諸書所引，多有參錯，未足為異也。

齊敬皇后哀策文　謝玄暉

51. 哀日隆於撫鏡

注引《西京雜記》：「宣帝繫郡邸獄，臂上猶帶史良娣合綵宛轉絲繩係身毒寶鏡一枚。及即位，每持此鏡，感咽移辰。」

案：何氏云：「於時佛法未入中國，安得身毒寶鏡為甲觀之佩，明是六朝人附會之書也。『撫鏡』，當引明帝覩陰后鏡奩中物事。」

余謂《後漢書・陰皇后紀》：「后崩，葬原陵。明帝性孝愛，十七年正月，上陵。帝從席前伏御牀，視太后鏡奩中物，感動悲涕，令易脂澤裝具。左右皆泣，莫能仰視。」於此處固可合，但《漢書・張騫傳》已言「賈人市邛杖於身毒國」見前《蜀都賦》「邛竹」下，則不必佛法入中國始可得鏡，且鏡奩中物，與專言持鏡亦有別，注未可非。

郭有道碑文　蔡伯喈

52. 享年四十有二，以建寧二年正月乙亥卒

案：《水經·汾水篇》注云：「又西南逕界休縣故城西，城東有徵士郭林宗碑。」下即引此文曰：「享年四十有三，建寧四年正月丁亥卒。」趙氏一清云：「《漢隸字源》載此碑作『乙亥』，《文選》同。《後漢書·靈帝紀》建寧四年正月甲子，是有乙亥，無丁亥，注文誤。」

余謂正月甲子，則有乙亥，亦有丁亥，趙說非是。據《後漢·黨錮傳》：「郭泰於建寧元年哭陳蕃、竇武。明年春，卒於家，時年四十二。」注引謝承《書》曰：「泰以建寧二年正月卒。」是酈注作「四年」，誤耳。若《靈帝紀》二年正月丁丑，當有丁亥，而無乙亥。然則此「乙亥」，轉以酈注作「丁亥」為得之。

53. 棲遲泌邱

注引《詩》：「泌之洋洋。」

案：《讀書志餘》云：「毛以『泌』為泉水，此言『泌邱』，則與毛異。《廣雅》『邱上有木為柲邱。』《周巨勝碑》『洋洋泌邱』，與此碑同。又束晳《玄居釋》曰：『學既積而身困，夫何為乎祕邱？』《抱朴子·正郭篇》『為祕邱之俊民』。『泌』、『柲』、『祕』字異而義同。蔡邕、張揖、束晳、葛洪竝以『泌』為邱名，蓋本於三家也。」

余謂碑言「棲遲」，正用《衡門》詩。《詩》云「洋洋」，明是屬水，《周巨勝碑》亦然。當謂所「棲遲」者，泌水上之邱，其作「祕」者，同音借字耳。未必三家以「泌」為邱名而非水名。《廣雅》別為一義，似不容強就。

褚淵碑文　王仲寶

54. 敦穆於閨庭

注引王隱《晉書》曰：「氾勝之穆敦九族。」

案：汪氏《談書錄》云：「考《晉書·儒林傳》：『氾毓字稚春，濟北人，奕世儒素，敦睦九族，客居青州，逮毓七世時，人號其家兒無常父，衣無常主。』氾勝之當毓之先人。《漢·藝文志·農家》有《氾勝之》十八篇。注

云：『成帝時為議郎。』自成帝至晉，二百數十年，正可七世。但勝之漢人，不應述於晉史。而『敦睦九族』語與今《晉書》稱毓者無異。則《選》注所引亦是毓，而傳抄誤為勝之也。」

余謂既曰「七世」，自宜從勝之說起。王隱必是因毓而推原勝之，非以晉史述漢人也。隱《書》不傳，注所采祇一語耳。唐修《晉書》，即用隱《書》之文，明言其先世，非專指毓。汪氏以注中勝之字為毓之誤，殆不然。

55. 鳴控弦於宗稷

注云：「宗，宗社也。蔡邕《獨斷》曰：『天子立宗社曰泰。』社稷，宗社之稷。」

案：郝氏《晉宋書故》云：「古今文字、章奏牋啟，每言『宗社』。因讀《宋書》知六朝間多作『宗稷』，如《鄧琬傳》『大懼宗稷，殲覆待日』，《袁顗傳》『神鼎將淪，宗稷幾泯』，史臣論亦曰：『宗稷之重，威臨四方』，惟《沈攸之傳》『宗社已成他人之有』，獨此一處，更作宗社也。」胡墨莊曰：「觀此處李善注，則宗社舊有斯稱，宗為尊義，後人以指宗廟、社稷則非耳。」

余謂《大雅·鳧鷖篇》「既燕于宗」，鄭箋云：「宗，社宗也。」是「社」本稱「宗」之證，蓋所以尊之，社稷為一。既稱「宗社」，即可稱「宗稷」。而「七廟」稱宗廟，亦以宗之為尊也。後世則「宗社」習稱，罕有稱「宗稷」者矣。

附案：《漢書·郊祀志》「官社」、「官稷」正同此。

頭陀寺碑文　王簡棲

56. 周魯二莊，親昭夜景之鑒

注引「顧微《吳縣記》曰：『魯莊七年，夜明，佛生之日也。』《左傳》：『莊公七年四月辛卯夜，恆星不見，夜明也。』周莊王、魯莊公為同時。」

案：《傳燈錄》云：「周昭王二十四年，釋迦佛生剎利王家，放大智光明，照十方世界。」《論衡》亦言：「周昭王二十四年甲寅四月八日，恆星不見，五星貫於太微。王問太史蘇繇，對曰：『西方有聖人生，卻後千年，其教法來此矣。』」又《佛運統紀》略同。近長洲沈氏謙《學海蠡測》云：「論其年，則昭王為西京，后夜明為東周事，相去懸絕。若據二莊之文，則魯莊七年，

為周莊十年，莊王在位年止十五，又不符所稱二十餘年也。論其月，則《春秋》遵時王之制，以子月為歲首，所書四月，實夏正之二月。三代時，西域未通中國，縱令其國自精推步之法，能由東漢永平時，逆推數百年前佛生之始歲月日，恰符中土？然彼既云四月合為孟夏之月，豈應亦用周正為仲春之月，而恰與夜明會也。論其日，則《麟經》所書辛卯，杜元凱推以長歷，為初五日，又非所云八日夜者，是歲月日無一相合也。」

余謂佛之生辰，固屬釋氏附會，但既相傳，亦必有故，不當太遼闊。據《竹書紀年》：「昭王十四年夏四月，恆星不見。十九年伐楚，喪六師於漢，王陟。」則昭王不得有二十四年。「二」，疑為衍字。《廣宏明集》釋法琳對傅奕廢佛僧事，引《周書異記》云「周昭王二十四年甲寅，四月八日夜，五色光氣入貫太微云云」，與《論衡》語相似。近人孫氏之騄引之作「十四年」，蓋亦謂「二」字衍也。但《竹書》昭王元年為庚子，則十四年，當是癸丑。諸書所稱甲寅者，乃其後一年，未免參差耳。後人不知昭王時有恆星不見之事，祗見《春秋》所載，遂以為莊王。又不知辛卯為四月五日，非八日，合兩事為一事，因展轉貤謬。若此至昭王時，彼國之用夏正，用周正，更何從定之耶？

又案：《異記》既云佛是西周第五主昭王時生，復云是周時第十五主莊王九年生，已自相矛盾。殆因一五、一十五易淆，故兩存之。而昭王在位，《刀劍錄》作五十一年，金仁山《前編》同，亦與《竹書》不合。若《魏書·釋老志》云：「釋迦生當周莊王九年，《春秋》魯莊公七年」，此即《異記》九年癸巳之說。然莊公七年甲午，正莊王十七年，又差一年。沈氏所引《傳燈錄》，乃是昭王二十八年，皆誤也。

又案：《春秋》所書夏四月辛卯，世傳為初八日，殆亦有因。馮景亭孝廉云：「秝法以本朝時憲最為精密，而古秝則數元郭守敬之《授時術》。依法推之，皆得初五日。此外，若《三統秝》，史稱說《春秋》推法密要。北周甄鸞《五經算術》有周秝法，皆得初七日，與所傳竝不合。惟後漢《四分術》，則得初八日。蓋明帝永平八年，佛法始入中國，時官秝用《四分術》。史載用四分，自建武至永元七十餘年是也。意當時沙門初至，附會於經傳夜明之文，以神其誕降，臺臣必以見行之法推算得初八日，遂相傳云爾。古秝本疏闊，固不得以後世之密算，細繩其不合也。」此說似得其理，但即用《四分術》，亦為建卯月朔，其餘諸術竝同。《春秋》係周正，則彼處四月，乃夏正

二月，非今之四月也。至以為初五日者，前已引杜氏長秝，亦不始於《授時》
矣。

齊故安陸昭王碑文　沈休文

57. 獻替帷扆，實掌喉脣

注引孔融《張儉碑》曰：「聖皇克亮，命作喉脣。」

案：《野客叢書》云：「《尚書》為喉舌，而此云喉脣。如趙宋伯《表》曰：
『無宜復掌喉脣。』宋文帝目送王華等曰：『此四賢同掌喉脣』皆是。又崔駰
《尚書箴》『山甫翼周，實司喉吻。』不獨喉脣，並有喉吻矣。」

余謂《詩·烝民》「王之喉舌」，指仲山甫，即崔駰所本。休文則本之孔融，
融之作「脣」，與駰之作「吻」正同，皆詞家習氣耳，不必更舉後人語也。

58. 西通鄾鄧

注引《左氏傳》曰：「鄧南鄾人。」杜預曰：「鄾，今鄧鄉縣南，江水之北
也。」

案：此所引為《桓九年傳》。胡氏《考異》但謂「鄧南下脫『鄙』字。」
而杜注本作「鄾，在今鄧縣南，沔水之北。」此注亦誤，江水固不應經鄧縣也。
《說文》：「鄾，鄧國地也」，下亦引此《傳》。《續漢志》「鄧有鄾聚」。《水經·
淯水篇》注云：「淯水又南逕鄧塞東，又逕鄾城東，古鄾子國也。」《寰宇記》：
「鄾城在鄧城南八里，晉置鄾縣，屬襄陽郡，後廢。」《方輿紀要》謂「在今
襄陽府東北十二里。」

59. 蓷蒲攸在

注引《左傳》「聚人於蓷蒲之澤。」今《傳》「聚」作「取」，「蓷蒲」作「萑
苻」。

案：「聚」為「取」之誤。近陳氏校本據《傳》改，是也。《說文·草部》
「蓷」字云：「藗也。從艸，蓷聲。」「蓷」為部首云：「雖屬，從隹，從艹，
有毛角，讀若和。」段氏曰：當若桓，云若和者，合韻也。蓷葦字以為聲胡官切。又《草
部》「萑」字「從隹聲，艸多皃。」今本《爾雅》以萑為蓷，郭注「茺蔚也。」
今本《說文》亦云：「萑，蓷也。」段本改萑為隹，從《詩·中谷有蓷》毛傳：「蓷，雖也。」

雛，蓋與隹同。蒤、隺、崔三字篆形本相似，自隸變俗省，遂致淆紊無別。而蒤、隺俱誤為「艸多兒」之「崔」矣。此又作「雚」者，《說文》：「雚，从蒤，吅聲，小爵也。」引《詩》「雚鳴于垤」。《爾雅》：「雚，芄蘭。」《說文》「雚」作「莞」。雚當从艸，與小爵之雚，从丫者異。然皆非蒤也。惟《爾雅》：「葭、蘆、菼、薍，其萌虇。」郭注：「蒤葦之類，其初生者名虇。」虇省則為雚矣。但古字音同者，往往通用。故《韓非子‧內儲說》引《左傳》此事，蒤亦作雚。《唐石經》初刻作「崔蒲」，後改作「雚苻」。《詩‧小弁》「蒤葦淠淠」，《韓詩外傳》「蒤，亦作雚也。」「苻」字，《爾雅》三見，一「苻，鬼目。」一「薃，苻止。」皆與此無涉。其一為「莞，苻蘺。」《說文》作「蔬，夫蘺也。」《爾雅》郭注：「西方人呼蒲為莞蒲，則苻乃蒲之類。」《左傳》釋文：「苻音蒲。」然「苻」字，《說文》無之。是此二字正當作「蒤蒲」。鄭之澤多蒤與蒲，故名。與同在《昭二十年傳》晏子對齊侯語「澤之蒤蒲，舟鮫守之」為一例。

60. 雖鄧訓致劙面之哀

案：注引《訓傳》但云「或以刀自割」，無「劙面」字。「劙」當作「剺」。《說文》：「剺，劃也。」「剺」與「劙」字形相似。「剺」，一作「𠛱」，一借作「梨」。《後漢書‧耿秉傳》：「匈奴聞秉卒，舉國號哭，或至梨面流血。」《唐書‧回紇傳》亦有「剺面哭」之語。注宜兼引《秉傳》，今尤本作「劙」，殆誤也。

61. 階毀罍欑

注引《禮記》曰：「君殯用輴，欑至于上。」鄭氏曰：「欑，猶叢也。殯君棺以龍輴，叢不題湊象槨。」

案：此所引見《喪大記》。「欑」當從木作「欑」。彼文下又云「畢塗屋」，注云：「欑，猶菆也。屋，殯上覆如屋者也。天子之殯，居棺以龍輴，欑木題湊象槨，上四柱如屋以覆之，盡塗之。諸侯輴不畫龍，欑不題湊象槨。」然則龍輴有題湊，此云「不題湊」，誤也。「菆」為「叢」之借字，「叢」或作「藂」，省之則為「菆」。故《檀弓》「菆塗」，疏云：「菆，叢也。」疏又云：「題，頭也。湊，鄉也。謂以木頭相湊鄉內也。象槨上之四柱以覆之如屋形，以泥塗之於屋之上，又加席三重與殯上。其諸侯則居棺以輴，亦菆木輴外，木高於棺，後加布幕於棺上，又菆木於塗上，不題湊象槨也。」《漢書‧霍

光傳》：「光薨，賜便房、黃腸題湊各一具。」蘇林曰：「以柏木黃心致累棺外，故曰黃腸。木頭皆向內，故曰題湊。」如淳曰：「便房，冢壙中室也。」此其遺制，而特賜以隆之。與後《祭古冢文》「循題興念」注亦引《漢書》。此文但古冢，不應有木題湊，當謂循其棺之頭耳。且光初薨，未葬，如云「冢壙」，亦非。「便房」，殆即殯宮也。

齊竟陵文宣王行狀　任彥昇

62. 詩析齊韓

注引應劭《漢書》注曰：「申公作魯詩，韓嬰作韓詩，后倉作齊詩。」

案：應注見《藝文志》，「倉」作「蒼」。《志》列「《齊后氏故》二十卷。又《齊后氏傳》三十九卷。」劭但據此而言。然《儒林傳》序明云：「言《詩》，於魯則申培公，於齊則轅固生，燕則韓太傅。」《傳》又云：「固之弟子昌邑太傅夏侯始昌最明，后蒼事夏侯始昌。」是蒼尚為固之再傳弟子也。《志》於《詩》後總論亦云：「魯申公為《詩》訓故，而齊轅固、燕韓生皆為之傳。」則固本有傳而亡之，故不列於《志》。后氏之《故》與《傳》，即本其師說可知。魯、韓既皆溯其始授經者，不應於齊獨異。注宜引班氏《序》文，不必及應氏注矣。

又案：引應注云云者，乃尤氏本也。六臣本無「《漢書》注」三字。於《韓詩》下別引臣瓚曰：「韓固作《齊詩》，韓當為轅，涉上而誤。」臣瓚語未檢出《漢書》何篇。然一事必兼採兩人之說，反置《漢書》原文而不引，則亦非也。

63. 又詔加公入朝不趨，讚拜不名，劍履上殿。蕭傅之賢，曹馬之親，兼之者公也

注云：「《漢書》曰：『上賜蕭何帶劍履上殿，入朝不趨。』又『周緤賜入殿門不趨〔1〕。』而緤於傅寬同傳，寬無「不趨」之言，疑任公誤也。」

案：注於曹馬引曹真及汝南王亮等人，皆云「劍履上殿，入朝不趨。」而周緤惟「入殿門不趨」，與此本不甚合，且非其人。彥昇未必如此誤用，疑上句專指蕭何，本之《西征賦》「非所望於蕭傅」語也。但彼處謂蕭望之為太子太傅，故稱「蕭傅」。何不聞為傅，則祇當作「蕭相」耳。

【校】

〔1〕「周緤」，胡刻本《文選》注作「周綜」。

64. 詔給溫明秘器

注引《漢書》曰：「霍光薨，賜東園溫明秘器。」服虔曰：「東園處，此器象如桶，開一端，漆畫，懸鏡其中，置尸上，斂并蓋之。」

案：郝氏《晉宋書故》云：「晉代名臣飾終之典，有東園秘器、溫明秘器，而《安平獻王孚傳》則東園、溫明兼之。《鄭沖傳》復但言秘器，不言處所。秘器者，盛冰之器。《周禮·凌人》『大喪，共夷槃冰』是也。《宋書·禮志》：『孝武帝大明六年，詔立凌室藏冰。有臣妾喪，贈秘器。自夏至立秋，不限稱數，以周喪事，繕制夷盤，隨冰借給。』此則秘器即夷槃，其冰隨器俱往。東園溫明，蓋藏冰之地。」胡墨莊曰：「據《漢書·霍光傳》服注並《董賢傳》顏注引《漢舊儀》云：『東園秘器作棺梓，素木長二丈，崇廣四尺。』似非夷槃。或者宋制即以秘器盛冰，則是漢、宋同名而異用耳。師古以東園為署名，蓋作器之所，似晉之東園溫明，猶仍漢署舊名，非凌室也。」

余謂小顏所引《漢舊儀》，亦見《續漢志補注》及《通典·禮門》，彼作「長丈三尺」。雖畧異，要其器甚大，不得為「夷槃」。《後漢書·皇后紀》注引作「長二尺」，「尺」當為「丈」之訛。如《宋·禮志》所稱「夷槃」，殆秘器中之一，故上言秘器，下又言「夷槃」也。且《董賢傳》云：「豫以賜賢，未聞冰而可豫賜者。」考《東觀漢紀》：「梁商薨，賜東園轀車、朱壽器、銀鏤、黃金匣。」則轀車等竝屬東園明祕器，非止一物矣。若師古但言「東園，署名，屬少府」，而未及「溫明」。疑「東園」者，造此器之所，「溫明」乃祕器之名。「溫明祕器」，即東園所作之祕器也。郝說分為二事，墨莊以二者同為署名，恐都非是。

弔屈原文　賈誼

65. 斡棄周鼎

注引「如淳曰：『斡，轉也。』《史記》音烏活切。」

案：《史記》之音，見《索隱》。而《漢書》注引應劭曰：「斡，音筦，筦，轉也。」與此義同而音異。《日知錄》曰：「《說文》『斡，蠡柄也。從斗，倝

聲。」楊雄、杜林說皆以為輻車輪，烏括切。但軑字，古案切。斡既从軑聲，則不得為烏括切矣。」

《匡謬正俗》云：「《聲類》、《字林》竝音管。《服鳥賦》『斡流而遷』，張華《勵志詩》『大儀斡運』，皆為轉也。《楚辭》『筦維焉繫』，義與斡同，字即為筦，故知斡、管二音不殊。近代流俗音烏括切，非也。《漢書·食貨志》：『浮食奇民，欲擅斡山海之貨。』師古曰：『斡謂主領也。讀與管同。』」

余謂《廣雅·釋詁》及本書《幽通賦》「斡流遷其不濟兮」，注引項岱，亦俱訓「斡」為「轉」。至「烏括」之音，即管之雙聲。故《廣韻》「斡」字在《十三末》與「捾」、「腕」等字同紐。顧氏必以為流俗之音，恐未然。若《漢書·百官公卿表》「斡官鐵市兩長丞」，注引如淳曰：「斡或作幹」，當是字之相似而誤。

66. 寶康瓠兮

注引《爾雅》曰：「康瓠謂之甈。」李巡曰：「大瓠，瓢也。」

案：《爾雅》此文，與上「盎謂之缶，甌瓿謂之瓵」竝列，皆言瓦器。故郭注云：「瓠，壺也。」《說文》「甈」字云：「康瓠，破罌也。」郝氏謂：「《廣雅》云：『甈，裂也。』《法言·先知篇》云：『甄陶天下者，其在和乎？剛則甈，柔則坏。』是甈為破裂之名。《周禮·牧人》注：『故書毀為甈。』杜子春曰：『甈當為毀。』皆《說文》之義也。釋文：『康，《埤蒼》作甌，《字林》作瓺，口光反，李本作光。』光猶康也，大也。李巡蓋以光瓠為大瓠，故《史記索隱》亦引巡說，與此注同。當以郭義為長。」段氏謂：「康之言空也，瓠之言壺也，空壺謂破罌也。罌已破矣，無所用，空之而已。」

余謂《史記集解》云：「康，空也。」《詩》「酌彼康爵」，鄭箋云：「康，虛也。」「虛」即「空」也。「壺」、「瓠」字，古本通用。《禹貢》「壺口」，《史記》作「瓠口」是也。《詩》之「斷壺」及《鶡冠子》「中流失船，一壺千金。」言繫瓠於腰，渡水不沈，皆借壺為瓠。而此則借瓠為壺，自當從《爾雅》、《說文》，李巡說非也。《漢書》注又引鄭氏曰：「康瓠，瓦盆底也。」義雖微異，亦不以為「大瓠」矣。

67. 襲九淵之神龍兮

注引《莊子》：「千金之珠，必九重之淵而驪龍頷下。」

案：《容齋隨筆》引《列子·黃帝篇》云：「鯢旋之潘為淵，止水之潘為

淵，流水之潘為淵，濫水之潘為淵，沃水之潘為淵，氿水之潘為淵，雍水之潘為淵，汧水之潘為淵，肥水之潘為淵，是為九淵。」前三者與《莊子》載壺子見季咸事同，後六者俱本之《爾雅‧釋水》。又云《淮南子》有「九璇之淵」，許叔重曰「至深也。」顏師古注此《賦》正用其語。

余謂「九淵」，即九天之義，一言其極高，一言其極深，非必淵之名有九也。故本書顏延年《贈王太常詩》「聆龍暸九泉」，注惟引《莊子》此文。《海賦》「吹焖九泉」，注又云「地有九重，故曰九泉。」皆不從《列子》所說。

68. 侐蟂獺以隱處兮，夫豈從蝦與蛭蟥

注云：「侐然自絕於蟂獺，況从蝦與蛭蟥也。」

案：此與《漢書》注引孟康同，《史記索隱》亦從之，頗為影響。《漢書》注又引應劭曰：「侐，背也。欲舍蟂獺，從神龍游也。」承上「九淵之神龍」而言，意亦略似，而語較明。《史記》「蝦」作「蝗」。《正義》曰：「言寧投水合神龍，豈陸葬從蝗與蛭蟥？」義迥異，而於屈原投淵之意為合。

又案：《史記》於上句作「彌融爚以隱處兮」，《正義》引「顧野王云：『彌，遠也。融，明也。爚，光也。』沒深藏以自〔1〕，彌遠明光以隱處也。」義亦迂曲。《集解》引徐廣曰：「一本云『侐蟂獺』」，《史記志疑》以為徐本是也，下句從「蝗與蛭蟥」正相對。

【校】

〔1〕據《史記》，「自」下脱「珍」字。

69. 見細德之險徵兮，遙曾擊而去之

注云：「險徵，謂輕為徵祥也。」

案：「險徵」，《史記》作「險微」。《正義》曰：「言見細德之人，又有險難微起」，於義亦通，不如作「徵」為得。《漢書》顏注云：「言見苛細之人，險阨之證。」既云「證」，則當作「徵」，而今本作「微」，蓋誤。

注又引如淳曰：「遙，遠也。增，高高上飛意也。」李奇曰：「增，益也。」

案：顏注：「增，重也。言重擊其羽而去之。」「重」即「益」也。《讀書雜志》云：「當從如淳，以增為高飛。《漢書‧梅福傳》：『戴鵲遭害，則仁鳥增逝；愚者蒙戮，則知士深退。』『增逝』與『深退』對文，是『增』為高也。『增』，一作『曾』。《淮南‧覽冥篇》『鳳皇曾逝萬仞之上』，高注：『曾，

猶高也。」高擊謂上擊也。宋玉《對楚王問》『鳳皇上擊九千里』是也。遙者，疾也。與搖通。《方言》：『搖，疾也。』又曰：『遙，疾行也。』此言鳳皇必覽德輝而後下，若見細德之險徵則速高擊而去之也。如訓『遙』為『遠』，亦失之。」

余謂《周禮・司弓矢》「矰矢」注：「矰，高也。」「矰」，從曾，故有高義。與「增」為「高」正同。《史記》於此句作「搖增翮逝而去之」，《正義》曰：「搖，動也。增，加也。」「增」之訓「加」，與訓「益」、訓「重」無別。而云「加，動羽翮」，殊為不詞。

祭古冢文　謝惠連

70. 縱鍤漣而

注引《爾雅》：「鍬謂之鍤。」

案：今《爾雅》作「斛鏂」，郭注：「皆古鍬鍤字。」《說文・斗部》：「斛，斛旁有斛也。一曰利也。」引《爾雅》『斛謂之鏂』，古田器也。」其《金部》：「銚，臿器也。一曰田器。」又「錢，銚也。」「錢」，即《周頌》之「錢鎛」，然則「銚」為正字。許書以斗旁之斛為田器，已說假借。而「鍬」乃俗字也。《臼部》：「蕼隸變从臿，斛也。古田器也。」別有「鍤」字，為「郭衣鍼」，與「蕼」迥異。「蕼」之作「鍤」，亦借聲，字當作「臿」。《方言》曰：「臿，燕之東北，朝鮮洌水之間謂之斛。趙、魏之間謂之梟。」「梟」與「銚」音相近。又《釋名》云：「鍤，插也，插地起土也。或曰銷。銷，削也，能有所穿削也。」郝氏謂「銷即鍬之聲轉假借字。若《有司徹》注：『挑謂之歃』，疑『斛鏂』之異文，而義又別。」據此諸說，知善注引作「鍬鍤」，本之郭注，則古今字體不同，由來已久。

注又引《易》：「泣血漣如」。《左傳》杜注：「而，助語也。

案：「如」與「而」通。《易・象傳》「用晦而明」，虞注：「而，如也。」左氏《隱七年傳》「及鄭伯盟歃如忘」，服注：「如，而也。」蓋互相訓。故《詩・都人士》「垂帶而厲」，《禮記・內則》注引「而」作「如」。《常武》「如震如怒」，釋文：「如，本作而也。」六臣本「而」作「漣」，「漣漣」疊字。上句「捨畚悽愴」，「悽愴」亦疊字，似偶語相稱。然《說文》引《易》「泣涕憑如」，云「憑，泣下也，字从心。」而「漣」別為「瀾」之重文。是

《易》之「漣如」，及《詩》之「泣涕漣漣」，皆同音，借「漣」為「㦁」也。《說文》「洏」字云：「洝也。一曰煮孰也。」又「洝」字云：「渜水也。」渜水為溫水之義，與後人解「洏」為「涕流貌」迥異。顧詩中往往以「漣洏」成文者王粲詩「涕流連洏」，唐人陳子昂、韓愈等皆有之，當即本《易》「漣如」。「如」、「而」通用，遂又借「洏」為「而」。故此處「而」，亦或作「洏」，「漣洏」字皆从水傍，竟與「汍瀾」同矣。

跋　後

　　先君晚歲歸田，惟以箸書為事。喜習靜，下榻於家塾之松竹軒，葆元朝夕侍側。嘗語館中羣從曰：『學問之道無盡期。由漸而入，愈研而愈深。箸書立說，有曩日以為是，今日以為非者；或今日觀之自以為無疵，他日檢閱又有可指摘者。昔人云「成書忌早」，正為此耳。』平生持己誨人皆然。故所箸詩文稿，至晚年始行訂定付梓。其餘考證經籍諸書稿，俱屢易，始付鈔胥錄藏家塾。詎經粵寇，稿俱散佚，亂後蒐羅，僅《文選集釋》一書尚稱完善，乃濟川再侄孫為瑤圃明經購得者。然尚係初撰之稿，其重訂及最後定本俱不可得。姪維垣亦於亂後收購舊書，偶得重訂之後半部，喜甚！今秋携至漢皋，葆元與姪應坊細加校對，較初稿所增不下百餘條，俱依次編入，間有刪改者，亦即更正。今此刻前十二卷據初稿，後據重訂之稿，惜乎！最後定本無從而得，不無遺恨。倘此本尚存天壤，幸有獲者，肯惠然見示，俾將所增之條，附刊于後，則我先君之子孫永永感且不朽矣！

時同治十二年歲次癸酉仲冬葆元謹白

主要參考文獻目錄

B

1. 《拜經日記》，清臧庸撰，廣東學海堂清道光 9 年刻本。
2. 《北堂書鈔》，唐虞世南輯，清光緒 14 年活字印本。
3. 《本草衍義》，宋寇宗奭撰，商務印書館，民國 26 年（1937）。
4. 《北史》，唐李延壽撰，中華書局，1974 年。
5. 《博物志校證》，晉張華撰，范寧校證，中華書局，1980 年。
6. 《泊宅編》，宋方勺撰，徐沛藻等點校，中華書局，1983 年。
7. 《抱朴子內篇校釋》，王明著，中華書局，1985 年。
8. 《抱朴子外篇校箋》，楊明照撰，中華書局，1991 年。
9. 《白虎通疏證》，清陳立撰，吳則虞點校，中華書局，1994 年。
10. 《帛書老子校注》，高明撰，中華書局，1996 年。
11. 《本草綱目》，明李時珍編纂，劉衡如等校注，華夏出版社，2011 年。

C

1. 《春秋地名考略》，清高士奇撰，清康熙刻本。
2. 《楚辭燈》，清林雲銘撰，清康熙刻本。
3. 《蒼頡解詁》，晉郭璞撰；清顧震福輯，小學鉤沉續編清光緒刻本。
4. 《初學記》，唐徐堅等著，中華書局，1962 年。
5. 《春秋左傳注》，楊伯峻編著，中華書局，1981 年。
6. 《楚辭補注》，宋洪興祖撰，白化文等點校，中華書局，1983 年。

7. 《曹植集校注》，魏曹植著，趙幼文校注，人民文學出版社，1984 年。

8. 《春秋左傳詁》，清洪亮吉撰，李解民點校，中華書局，1987 年。

9. 《春秋繁露義證》，清蘇輿撰，鍾哲點校，中華書局，1992 年。

10. 《春秋公羊傳注疏》，漢公羊壽傳，漢何休解詁，徐彥疏，北京大學出版社，1999 年。

11. 《春秋穀梁傳注疏》，晉范寧集解，唐顏士勛疏，北京大學出版社，1999 年。

12. 《楚辭集注》，宋朱熹撰，蔣立甫校點，上海古籍出版社，2001 年。

13. 《陳瑤田全集》，清陳瑤田撰，陳冠明等點校，黃山書社，2008 年。

14. 《〈春秋公羊傳〉通釋》，陳冬冬校注，四川大學出版社，2015 年。

D

1. 《丹鉛總錄》，明楊慎撰，明嘉靖 33 年刻本。

2. 《獨斷》，漢蔡邕撰，清乾隆 55 年抱經堂刻本。

3. 《帝王世紀》，晉皇甫謐著，商務印書館，民國 25 年（1936）。

4. 《杜詩詳註》，唐杜甫著，清仇兆鰲注，中華書局，1979 年。

5. 《大戴禮記解詁》，清王聘珍撰，中華書局，1983 年。

6. 《東觀漢紀》，漢班固等撰，中華書局，1985 年。

7. 《東坡志林》，宋蘇軾撰，中華書局，1985 年。

8. 《讀史方輿紀要》，清顧祖禹撰，賀次君等點校，中華書局，2005 年。

9. 《讀書雜志》，清王念孫撰，徐煒軍等點校，上海古籍出版社，2014 年。

10. 《段玉裁全書》，段玉裁全書編委會編，江蘇人民出版社，2015 年。

E

1. 《爾雅翼》，宋羅願撰，商務印書館，民國二十八年（1939）。

2. 《爾雅義疏》，清郝懿行撰，中國書店，1982 年。

3. 《爾雅今注》，徐朝華注，南開大學出版社，1987 年。

4. 《爾雅注疏》，晉郭璞注，宋邢昺疏，北京大學出版社，1999 年。

5. 《爾雅正義》，清邵晉涵撰，上海古籍出版社，2018 年。

F

1. 《方言》，漢楊雄記，晉郭璞注，商務印書館，民國二十五年（1936）。

2. 《風俗通義校注》，漢應劭撰，王利器校注，中華書局，1981 年。

3. 《方言箋疏》，清錢繹撰集，上海古籍出版社，1984 年。

4. 《法言義疏》，汪榮寶撰，陳仲夫點校，中華書局，1987 年。

G

1. 《古今韻會舉要》，元熊忠撰，明嘉靖 15 年刻本。

2. 《干祿字書》，唐顏元孫撰，清抄本。

3. 《格致鏡原》，清康熙丁酉刻本。

4. 《古韻標準》，清江永撰，商務印書館，民國 25 年（1936）。

5. 《古詩十九首解》，清張庚纂，商務印書館，民國 25 年（1936）。

6. 《鬼谷子新注》，俞棪撰，商務印書館，民國 26 年（1937）。

7. 《國語》，上海古籍出版社，1978 年。

8. 《古本竹書紀年輯證》，方詩銘等著，上海古籍出版社，1981 年。

9. 《高適詩集編年箋注》，劉開揚著，中華書局，1981 年。

10. 《廣東新語》，清屈大均著，中華書局，1985 年。

11. 《癸辛雜識》，宋周密撰，吳企明點校，中華書局，1988 年。

12. 《管子校注》，黎翔鳳撰，梁運華整理，中華書局，2004 年。

13. 《鬼谷子集校集注》，許富宏撰，中華書局，2008 年。

14. 《管城碩記》，清徐文靖撰，范祥雍點校，上海古籍出版社，2013 年。

15. 《廣雅疏證》，清王念孫撰，張靖偉等校點，上海古籍出版社，2016 年。

16. 《國語集解》，三國吳書昭注，徐元浩集解，王樹民等點校，中華書局，
2019 年。

H

1. 《黃象本急就章》，漢史游撰，江氏湖南使院清光緒刻本。

2. 《皇王大紀》，宋胡宏撰，明萬曆辛亥高安陳邦瞻閩中刻本。

3. 《浩然齋雅談》，宋周密撰，武英殿清乾隆活字印本。

4. 《華陽國志》，晉常璩撰，商務印書館，民國 25 年（1936）。

5. 《皇覽》，清孫馮翼輯，商務印書館，民國 26 年（1937）。

6. 《漢書》，漢班固撰，唐顏師古注，中華書局，1962 年。

7. 《後漢書》，宋范曄撰，唐李賢等注，中華書局，1965 年。

8. 《韓詩外傳集釋》，漢韓嬰撰，許維遹校釋，中華書局，1980 年。

9. 《何遜集》，梁何遜著，中華書局，1980 年。

10. 《鶴林玉露》，宋羅大經撰，王瑞來點校，中華書局，1983 年。

11. 《漢官六種》，清孫星衍等輯，周天游點校，中華書局，1990 年。

12. 《淮南子集釋》，何寧撰，中華書局，1998 年。

13. 《韓非子集解》，清王先慎撰，鍾哲點校，中華書局，1998 年。

14. 《侯鯖錄》，宋趙令時撰，孔凡禮點校，中華書局，2002 年。

15. 《鶡冠子校注》，黃懷信撰，中華書局，2014 年。

J

1. 《劇談錄》，唐康駢撰，明刻本。

2. 《晉宋書故》，清郝懿行撰，清嘉慶 21 年刊。

3. 《經義雜記》，清臧琳撰，清道光 9 年刻本。

4. 《解春集》，清馮景撰，廣東學海堂清道光 9 年刻本。

5. 《荊州記》，南朝宋盛宏之撰，東吳曹元忠箋經室清光緒 19 年刻本。

6. 《晉書地道記》，晉王隱撰，商務印書館，民國 25 年（1936）。

7. 《急就篇》，漢史游撰，商務印書館，民國二十五年（1936）。

8. 《焦氏易林》，漢焦延壽撰，商務印書館，民國二十六年（1937）。

9. 《九經古義》，清惠棟撰，商務印書館，民國 26 年（1937）。

10. 《嵇康集校注》，戴明陽校注，人民文學出版社，1962 年。

11. 《晉書》，唐房玄齡等撰，中華書局，1974 年。

12. 《舊唐書》，後晉劉昫等撰，中華書局，1975 年。

13. 《經典釋文彙校》，黃焯撰，中華書局，1980 年。

14. 《經典釋文》，唐陸德明撰，黃焯斷句，中華書局，1983 年。

15. 《集韻》，宋丁度等編，上海古籍出版社，1985 年。

16. 《江文通集彙注》，明胡之驥注，李長路等點校，中華書局，1984 年。

17. 《建安七子集》，俞紹初輯校，中華書局，1989 年。

18. 《今文尚書考證》，清皮錫瑞撰，盛冬鈴點校，中華書局，1989 年。

19. 《〈九章算術〉導讀與譯注》，李繼閔著，陝西科學技術出版社，1998 年。

20. 《焦氏易林校注》，劉黎明注，巴蜀書社，2011 年。

21. 《經傳釋詞》，清王引之撰，李花蕾點校，上海古籍出版社，2014 年。

22. 《急就篇校理》，張傳官撰，中華書局，2017 年。

23. 《經學卮言》，清孔廣森撰，張詒三點校，中華書局，2017 年。

24. 《經義述聞》，清王引之撰，虞思徵等校點，上海古籍出版社，2018 年。

25. 《荊楚歲時記》，梁宗懍撰，隋杜公瞻注，姜彥稚輯校，中華書局，2018 年。

K

1. 《孔子家語》，魏王肅注，清抄本。

2. 《困學紀聞》，清王應麟撰，清乾隆刻本。

3. 《困學紀聞集證》，清萬蔚亭輯，嘉慶癸亥年刻本。

4. 《括地志輯校》，唐李泰撰，賀次君輯校，中華書局，1980 年。

5. 《匡謬正俗》，唐顏師古撰，中華書局，1985 年。

6. 《匡謬正俗平議》，劉曉東著，山東大學出版社，1999 年。

L

1. 《離騷草木疏》，宋吳仁傑撰，羅田縣庠宋慶元 6 年刻本。

2. 《禮書》，宋陳祥道撰，宋刻本。

3. 《六經正誤》，宋毛居正撰，明嘉靖 2 年刻本。

4. 《兩漢刊誤補遺》，宋吳仁傑撰，清抄本。

5. 《淥水亭雜識》，清納蘭成德撰，昭代叢書本。

6. 《離騷纂義》，游國恩主編，中華書局，1930 年。

7. 《履齋示兒編》，宋孫奕撰，商務印書館，民國 24 年（1935）。

8. 《老子翼》，明焦竑撰，商務印書館，1959 年。

9. 《列子集釋》，楊伯峻撰，中華書局，1979 年。

10. 《陸機集》，金濤聲點校，中華書局，1982 年。

11. 《老子校釋》，朱謙之撰，中華書局，1984 年。

12. 《類篇》，宋司馬光編，上海古籍出版社，1988 年。

13. 《陸雲集》，黃葵點校，中華書局，1988 年。

14. 《離騷集傳》，宋錢杲之撰，清阮元輯，江蘇古籍出版社，1988 年。

15. 《禮記集解》，清孫希旦撰，中華書局，1989 年。

16. 《李審言文集》，李詳著，李稚甫編校，江蘇古籍出版社，1989 年。

17. 《論語》，魏何晏注，宋邢昺疏，北京大學出版社，1999 年。

18. 《兩漢文舉要》，高步瀛選註，陳新點校，中華書局，1990 年。

19. 《論衡校釋》，黃暉撰，中華書局，1990 年。

20. 《呂子校補》，清梁玉繩撰，中華書局，1991 年。

21. 《禮記訓纂》，清朱彬撰，中華書局，1996 年。

22. 《梁昭明文選越裁》，清洪若皋輯評，《四庫全書存目叢書》本，齊魯書社，1997 年。

23. 《路史》，宋羅泌撰，北京圖書館出版社，2003 年。

24. 《李商隱詩歌集解》，劉學鍇等著，中華書局，2004 年。

25. 《老子道德經注校釋》，魏王弼注，樓宇烈校釋，中華書局，2008 年。

26. 《呂氏春秋集釋》，許維遹撰，梁運華整理，中華書局，2009 年。

27. 《六臣注文選》，梁蕭統編，唐李善等注，中華書局，2012 年。

M

1. 《夢溪筆談全編》，宋沈括撰，明刻本。

2. 《毛詩稽古編》，清陳啟源撰，清抄本。

3. 《毛詩紬義》，清李黼平撰，清道光 9 年刻本。

4. 《毛詩後箋》，清胡承珙撰，清光緒刻本。

5. 《毛詩草木鳥獸蟲魚疏》，吳陸璣撰，商務印書館，民國 25 年（1936）。

6. 《捫蝨新語》，宋陳善撰，商務印書館，民國 28 年（1939）。

7. 《穆天子傳》，郭璞注，洪頤煊校，商務印書館，1959 年。

8. 《孟子正義》，清焦循撰，沈文倬點校，中華書局，1987 年。

9. 《墨子校注》，吳毓江撰，孫啟治點校，中華書局，1993 年。

10. 《毛詩後箋》，清胡承珙撰，郭全芝等審訂，黃山書社，1999 年。

11. 《毛詩正義》，漢毛亨傳，漢鄭玄箋，唐孔穎達疏，北京大學出版社，1999 年。

12. 《墨子閒詁》，清孫詒讓撰，孫啟治點校，中華書局，2001 年。

N

1. 《南方草木狀》，晉嵇含撰，商務印書館，民國 25 年（1936）。

2. 《農政全書》，明徐光啟著，中華書局，1956 年。

3. 《南齊書》，梁蕭子顯撰，中華書局，1972 年。

4. 《南史》，唐李延壽撰，中華書局，1974 年。

5. 《南北朝文舉要》，高步瀛選注，孫通海點校，中華書局，1998 年。

6. 《廿二史考異》，清錢大昕著，方詩銘等校點，上海古籍出版社，2004年。

P

1. 《埤蒼》，三國魏張揖撰，清稿本。
2. 《佩觽》，宋郭忠恕撰，清康熙 49 年刻本。
3. 《瞥記》，清梁玉繩撰，廣東學海堂清道光 9 年刻本。
4. 《評注昭明文選》，清于光華編，民國掃葉山房本。
5. 《曝書雜記》，清錢泰吉撰，《叢書集成初編》，中華書局，1985 年。

Q

1. 《群經識小》，清李惇撰，清道光 6 年安愚堂刻本。
2. 《屈宋古音義》，明陳第撰，商務印書館，民國 26 年（1937）。
3. 《清波雜志》，宋周煇撰，商務印書館，民國 28 年（1939）。
4. 《齊民要術》，後魏賈思勰撰，商務印書館，民國 29 年（1939）。
5. 《群經音辨》，宋賈昌朝撰，商務印書館，民國 28 年（1939）。
6. 《七修類稿》，明郎瑛著，中華書局，1959 年。
7. 《潛夫論箋校正》，漢王符著，清汪繼培箋，彭鐸校正，中華書局，1985年。
8. 《禽經》，師曠撰，中華書局，1991 年。
9. 《清波雜志》，宋周煇撰，劉永翔校注，中華書局，1994 年。
10. 《屈原集校注》，金開誠等校注，中華書局，1996 年。
11. 《全祖望集匯校集注》，清全祖望撰，朱鑄禹匯校集注，上海古籍出版社，2000 年。
12. 《清代文選學名著集成》，許逸民主編，廣陵書社，2013 年。

R

1. 《日知錄》，清顧炎武著，商務印書館，民國二十三年（1934）。
2. 《容齋隨筆》，宋洪邁著，上海古籍出版社，1978 年。
3. 《阮籍集校注》，陳伯君校注，中華書局，1987 年。
4. 《日知錄集釋》，清顧炎武著，黃汝成集釋，上海古籍出版社，2006 年。

S

1. 《詩緝》，宋嚴粲撰，味經堂明刻本。

2. 《拾遺記》，晉王嘉撰，明刻本。

3. 《十七史商榷》，清王鳴盛撰，乾隆丁未刻本。

4. 《宋瑣語》，清郝懿行撰，清嘉慶刻本。

5. 《詩識名解》，清姚炳撰，清嘉慶 22 年刻本。

6. 《聲類》，三國魏李登撰，清稿本。

7. 《說文校議》，清姚文田，清嚴可均撰，歸安姚覲元清同治 13 年刻本。

8. 《詩毛氏傳疏》，清陳奐撰，商務印書館，民國 23 年（1934）。

9. 《史通》，唐劉知幾撰，商務印書館，民國 25 年（1936）。

10. 《水經注》，北魏酈道元著，商務印書館，民國 25 年（1936）。

11. 《世本》，漢宋衷注，商務印書館，民國 26 年（1937）。

12. 《說苑》，漢劉向撰，商務印書館，民國 26 年（1937）。

13. 《慎子》，戰國慎到撰，清錢熙祚校，商務印書館，民國 28 年（1939）。

14. 《十三經注疏》，清阮元等校定，中華書局，1957 年。

15. 《史記》，漢司馬遷撰，宋裴駰集解，唐司馬貞索隱，唐張守節正義，中華書局，1959 年。

16. 《隋書》，唐魏徵、令狐德棻撰，中華書局，1973 年。

17. 《宋書》，梁沈約撰，中華書局，1974 年。

18. 《山海經校注》，袁珂校注，上海古籍出版社，1980 年。

19. 《宋詩話輯佚》，郭紹虞輯，中華書局，1980 年。

20. 《說文解字注》，漢許慎撰，清段玉裁注，上海古籍出版社，1981 年。

21. 《史記志疑》，清梁玉繩撰，中華書局，1981 年。

22. 《史記漢書諸表訂補十種》，清梁玉繩等撰，中華書局，1982 年。

23. 《宋本廣韻》，北京市中國書店，1982 年。

24. 《三國志》，晉陳壽撰，宋裴松之注，中華書局，1982 年。

25. 《十駕齋養新錄》，清錢大昕撰，上海書店出版，1983 年。

26. 《詩地理考》，宋王應麟撰，中華書局，1985 年。

27. 《山海經箋疏》，清郝懿行著，巴蜀書社，1985 年。

28. 《尚書今古文注疏》，清孫星衍撰，陳抗等點校，中華書局，1986 年。

29. 《宋本冊府元龜》，宋王欽若等編，中華書局，1989 年。

30. 《司馬相如集校注》，漢司馬相如著，金國永校注，上海古籍出版社，1993年。

31. 《三輔黃圖校注》，何清谷校注，三秦出版社，1995年。

32. 《尚書正義》，漢孔安國撰，唐孔穎達疏，北京大學出版社，1999年。

33. 《水經注》，北魏酈道元原注，陳橋驛注釋，浙江古籍出版社，2001年。

34. 《書目答問補正》，清張之洞撰，范希曾補正，上海古籍出版社，2001年。

35. 《水經注校證》，北魏酈道元著，陳橋驛校證，中華書局，2007年。

36. 《尚書後案》，清王鳴盛著，顧寶田等校點，北京大學出版社，2012年。

37. 《詩經異文彙考辨證》，袁梅著，齊魯書社，2013年。

38. 《說文繫傳》，南唐徐鍇撰，中華書局，2014年。

39. 《釋名》，漢劉熙撰，中華書局，2016年。

40. 《山海經箋疏》，清郝懿行撰，沈海波校點，上海古籍出版社，2019年。

41. 《尸子》，戰國尸佼撰，張景等譯注，中華書局，2020年。

T

1. 《陶淵明集》，晉陶潛撰，南宋刻遞修本。

2. 《通志》，宋鄭樵撰，三山郡庠元大德刻本。

3. 《通鑑前編》，宋金履祥撰，元刻本。

4. 《唐六典》，唐李隆基撰，浙江按察司明嘉靖23年刻本。

5. 《通雅》，清方以智輯著，姚文燮較訂，清康熙丙午刻本。

6. 《庭立記聞》，清梁學昌輯，清嘉慶17年刻本。

7. 《通俗文》，晉李虙撰，清稿本。

8. 《通俗編》（附直語補證），清翟灝撰，商務印書館，民國47年（1958）。

9. 《苕溪漁隱叢話前後集》，宋胡仔纂集，商務印書館，民國26年（1937）。

10. 《太平御覽》，宋李昉等撰，中華書局，1960年。

11. 《通鑑地理通釋》，宋王應麟撰，中華書局，1985年。

12. 《通典》，唐杜佑編撰，中華書局，1988年。

13. 《唐鈔文選集注匯存》，周勳初編選，上海古籍出版社，2000年。

14. 《陶淵明集箋注》，袁行霈撰，中華書局，2003年。

15. 《太平寰宇記》，宋樂史撰，王文楚等點校，中華書局，2007年。

16. 《太平廣記》，宋李昉等編，中華書局，2020年。

W

1. 《文子》，明嘉靖刻本。

2. 《文選纂注評林》，明張鳳翼纂注，明萬曆 19 年刻本。

3. 《吳越春秋》，漢趙曄撰，明刻本。

4. 《五經文字》，唐張參撰，項絪清康熙 54 年刻本。

5. 《緯略》，宋高似孫撰，清抄本。

6. 《文選學》，周貞亮著，國立武漢大學印，1931 年。

7. 《文苑英華》，宋李昉等編，中華書局，1966 年。

8. 《五行大義》，隋蕭吉撰，商務印書館，1970 年。

9. 《魏書》，北齊魏收撰，中華書局，1974 年。

10. 《文選》，唐李善注，清胡克家刻本，中華書局，1977 年。

11. 《文選考異》，清胡克家撰，附於《文選》李善注胡克本，中華書局，1977 年。

12. 《王粲集》，俞紹初校點，中華書局，1980 年。

13. 《文選筆記》，清許巽行撰，《叢書集成續編》本，臺北新文豐出版公司，1983 年。

14. 《文選紀聞》，清余蕭客撰，《叢書集成續編》本，臺北新文豐出版公司，1983 年。

15. 《文選考異》清孫志祖撰，《叢書集成初編》本，中華書局，1985 年。

16. 《文選李注義疏》，高步瀛撰，曹道衡、沈玉成點校，中華書局，1985 年。

17. 《文選理學權輿》，清汪師韓撰，《叢書集成初編》，中華書局，1985 年。

18. 《文選平點》，黃侃著，上海古籍出版社，1985 年。

19. 《文選》，唐李善注，清胡克家刻本，上海古籍出版社，1986 年。

20. 《文選學》，駱鴻凱撰，中華書局，1989 年。

21. 《魏晉文舉要》，高步瀛選註，陳新點校，中華書局，1989 年。

22. 《文選注引書引得》，洪業等著，上海古籍出版社，1990 年。

23. 《文選尤》，明鄒思明編，《四庫全書存目叢書》本，齊魯書社，1997 年。

24. 《王維集校注》，唐王維撰，陳鐵民校注，中華書局，1997 年。

25. 《文選旁證》，清梁章鉅撰，穆克宏點校，福建人民出版社，2000 年。

26. 《文選箋證》，清胡紹煐撰，《續修四庫全書》本，上海古籍出版社，2002 年。

27. 《文選理學權輿》，清汪師韓撰，《續修四庫全書》本，上海古籍出版社，
    2002 年。

28. 《文選理學權輿補》，清孫志祖撰，《續修四庫全書》本，上海古籍出版社，
    2002 年。

29. 《文選雙字類要》，宋蘇易簡撰，北京圖書館出版社，2004 年。

30. 《文子疏義》，王利器撰，中華書局，2009 年。

X

1. 《孝經》，唐玄宗注，相臺岳氏刻本影摹。

2. 《新斠注地理志》，清錢坫撰，清嘉慶 2 年刻本。

3. 《西溪叢語》，宋姚寬撰，商務印書館，民國 28 年（1939）。

4. 《學林》，宋王觀國撰，商務印書館，民國 28 年（1939）。

5. 《小爾雅》，孔鮒著，宋咸注，商務印書館，商務印書館，民國 28 年(1939)。

6. 《新加九經字樣》，唐玄度撰，商務印書館，民國 25 年（1936）。

7. 《選學膠言》，清張雲璈撰，《叢書集成續編》本，臺北新文豐出版公司，
    1983 年。

8. 《選學糾何》，清徐攀鳳撰，《叢書集成初編》本，中華書局，1985 年。

9. 《小學紺珠》，宋王應麟撰，中華書局，1985 年。

10. 《荀子集解》，清王先謙撰，沈嘯寰等點校，中華書局，1988 年。

11. 《先秦文舉要》，高步瀛選註，胡俊林點校，中華書局，1991 年。

12. 《西溪叢語》，宋姚寬撰，孔凡禮點校，中華書局，1993 年。

13. 《新書校注》，漢賈誼撰，閻振益等校注，中華書局，2000 年。

14. 《新編汪中集》，清汪中著，田漢雲點校，廣陵書社，2005 年。

15. 《新輯本桓譚新論》，漢桓譚撰，朱謙之校輯，中華書局，2009 年。

Y

1. 《雍錄》，宋程大昌撰，李經明嘉靖 11 年刻本。

2. 《演繁露》，宋程大昌撰，國家圖書館藏明抄本。

3. 《義門讀書記》，清何焯撰，清乾隆 34 年刻本。

4. 《一切經音義》，唐釋玄應撰，清乾隆 51 年刻本。

5. 《逸周書》，晉孔晁注，抱經堂叢書刻本，清乾隆 51 年。

6. 《禹貢錐指》，清胡渭撰，清道光 9 年刻本。

7. 《輿地廣記》，清歐陽忞撰，金陵書局，清光緒 6 年刻本。

8. 《元和姓纂》，唐林寶撰，清孫星衍等校，清光緒 6 年金陵書局校刊。

9. 《異物志》，漢楊孚撰，商務印書館，民國二十五年（1935）。

10. 《玉篇零卷》，梁顧野王撰，商務印書館，民國 24 年（1935）。

11. 《酉陽雜俎》，唐段成式撰，商務印書館，民國 25 年（1936）。

12. 《易緯是類謀》，漢鄭玄注，商務印書館，民國 26 年（1937）。

13. 《易緯乾鑿度》，漢鄭玄注，商務印書館，民國 26 年（1937）。

14. 《易緯乾坤鑿度》，漢鄭玄注，商務印書館，民國 26 年（1937）。

15. 《易緯坤靈圖》，漢鄭玄注，商務印書館，民國 26 年（1937）。

16. 《儀禮釋宮》，宋李如圭撰，商務印書館，民國 26 年（1937）。

17. 《越絕書》，漢袁康撰，商務印書館，民國 26 年（1937）。

18. 《宜齋野乘》，宋吳枋著，商務印書館，民國 28 年（1939）。

19. 《藝文類聚》，唐歐陽詢撰，汪紹楹校，上海古籍出版社，1965 年。

20. 《顏氏家訓集解》，北齊顏之推撰，王利器集解，上海古籍出版社，1980 年。

21. 《元和郡縣圖志》，唐李吉甫撰，賀次君點校，中華書局，1983 年。

22. 《義門讀書記》，清何焯著，崔高維點校，中華書局，1987 年。

23. 《野客叢書》，宋王楙撰，王文錦點校，中華書局，1987 年。

24. 《鹽鐵論校注》，王利器校注，中華書局，1992 年。

25. 《揅經室集》，清阮元撰，中華書局，1993 年。

26. 《揚雄集校注》，漢揚雄著，張震澤校注，上海古籍出版社，1993 年。

27. 《逸周書匯校集注》，黃懷信等撰，上海古籍出版社，2007 年。

28. 《繹史》，清馬驌撰，商務印書館，2014 年。

29. 《玉海》，宋王應麟輯，廣陵書社，2016 年。

30. 《援鶉堂文集》，清姚範撰，清代詩文集彙編二九八冊，上海古籍出版社。

Z

1. 《正字通》，清廖文英輯，清康熙刻本。

2. 《字林》，晉呂忱撰，清乾隆刻本。

3. 《左海經辨》，清陳壽祺撰，廣東學海堂清道光 9 年刻本。

4. 《湛園札記》，清姜宸英撰，廣東學海堂清道光 9 年刻本。

5. 《周易述》，清惠棟撰，廣東學海堂清道光 9 年刻本。

6. 《昭明文選大成》，清方廷珪撰，碧梧山莊書局石印本，民國 14 年(1925)。

7. 《竹譜》，晉戴凱之撰，商務印書館，民國 25 年（1936）。

8. 《竹譜詳錄》，元李衎述，商務印書館，民國 25 年（1936）。

9. 《字鑑》，元李文仲編，商務印書館，民國 25 年（1936）。

10. 《莊子集釋》，清郭慶藩撰，王孝魚點校，中華書局，1961 年。

11. 《戰國策》，漢劉向集錄，上海古籍出版社，1985 年。

12. 《資暇集》，唐李匡乂撰，《叢書集成初編》，中華書局，1985 年。

13. 《周禮正義》，清孫詒讓撰，王文錦等點校，中華書局，1987 年。

14. 《昭明文選箋證》，清胡紹煐撰，江蘇廣陵古籍刻印社影印，1990 年。

15. 《札樸》，清桂馥撰，趙智海點校，中華書局，1992 年。

16. 《周禮注疏》，漢鄭玄注，唐賈公彥疏，北京大學出版社，1999 年。

17. 《子夏易傳》，周卜商撰，中國書店出版社，2018 年。